Wolfgang-M. Auer
Sinnes-Welten

Wolfgang-M. Auer

Sinnes-Welten

Die Sinne entwickeln, Wahrnehmung schulen, mit Freude lernen

Kösel

Umschlag: Kaselow Design, München
Umschlagmotiv: Margit Brettmann
Bildnachweis: siehe Seite 286
Druck und Bindung: GGP Media GmbH, Pößneck
Printed in Germany
ISBN: 978-3-466-30755-5

*Gedruckt auf umweltfreundlich hergestelltem Offsetpapier
(säurefrei und chlorfrei gebleicht)*

www.koesel.de

Inhalt

Vorbemerkung

Sinneswahrnehmungen braucht der Mensch, um leben zu können, genauso dringend wie Nahrung und Luft. Das mag vielleicht überraschen, aber ohne Wahrnehmung können wir nun mal nichts lernen und uns in Folge dessen auch nicht entwickeln. Sinneswahrnehmungen zu haben ist eine existentielle Notwendigkeit und damit eine der wichtigsten Entwicklungsbedingungen des Menschen. Ob ein Kind Wahrnehmungen mit allen Sinnen und in der nötigen Vielfalt hat oder nicht, davon hängt viel für sein Leben ab. Dass ein Kind die Wahrnehmungen haben kann, die es braucht, das aber liegt zum großen Teil in der Verantwortung von uns Erwachsenen. Denn wir bestimmen ja die Umgebung des Kindes und müssen sie daher so gestalten oder eben andere Situationen aufsuchen, damit das Kind die nötigen Erfahrungen machen kann. Man muss also über die Sinne und ihre Bedeutung Bescheid wissen, wenn man Kinder und Jugendliche in ihrer Entwicklung begleiten und fördern will.

Also noch ein Buch über Sinne! Haben wir davon nicht schon genug? Schließlich weiß doch heute fast jeder über die Sinne und wie sie funktionieren Bescheid. Das stimmt. Aber wovon ist dann die Rede? Von Sehen, Hören, Riechen, Schmecken und Tasten, also von den klassischen fünf Sinnen, vielleicht noch ergänzt durch die Bereiche von Bewegung und Gleichgewicht. Das sind aber nicht alle Sinne. Mit ihnen allein kämen wir nicht aus, könnten nicht einmal das Sprechen erlernen. Außerdem wird in der Regel, wenn es um die Sinne geht, mehr von den Sinnesorganen, von Auge und Ohr, gesprochen als von den Sinnen. Wenn wir aber auf die Entwicklungsbedingungen des Menschen schauen, sind nicht die Organe das Entscheidende. Wir können nämlich alle Sinnesorgane in funktionsfähigem Zustand besitzen und doch nicht existenzfähig sein, weil die Organe nichts zum Wahrnehmen bekommen. Ein Sinneskonzept, das *die Wahrnehmung als Bedingung menschlicher Entwicklung* beschreibt, ist also nicht ein Konzept der Sinnesorgane, sondern der

Sinne als *Modalitäten von Erfahrung*. So verstanden denken wir bei der Bezeichnung Sinn also nicht an das Sinnesorgan und bei Wahrnehmung nicht an die physiologischen Prozesse. Unter Wahrnehmung verstehen wir vielmehr den Zugang zu unseren verschiedenen Erfahrungsfeldern und unter Sinn die Fähigkeit, in einem dieser Erfahrungsfelder wahrnehmen zu können. Letztlich heißt das: Es gibt so viele Sinne wie Erfahrungsfelder. Und die sollen in diesem Buch untersucht werden.

Also ein *anderes* Buch über die Sinne. Hier wird ein Sinneskonzept neben das übliche physiologische und neurologische Konzept gestellt, das die Sinne als spezifische Formen von Erfahrung beschreibt und dadurch diese Erfahrung zugleich als Bedingung menschlicher Entwicklung und Sinngebung fasst. Das führt zu einem anderen Verständnis der Sinne und öffnet einen neuen Zugang zu ihnen, ja erweckt vielleicht sogar Neugier und Freude an dem, was durch die Sinne alles erfahren werden kann. Möge es den Kindern zugute kommen.

Einleitung

Was wir von der Welt wissen, das wissen wir durch Wahrnehmung. Das gilt ohne Ausnahme. Diese elementare Tatsache macht das Wahrnehmen zu einem so selbstverständlichen und unbewussten Vorgang, dass wir in der Regel ganz vergessen, welchen bedeutenden Schatz wir mit unseren Sinnen besitzen.

Denken wir uns einmal, möglichst konkret, es würde uns ein Sinn nach dem anderen genommen. Was würde sich dann alles ändern? Könnten wir z.B. nicht mehr sehen, dann würde uns die ganze sichtbare Welt fehlen. Dann müssten wir uns die Welt allein durch die übrigen Sinne erschließen. Schon dieser Umstand brächte eine tiefgreifende Veränderung unseres Daseins mit sich. Blinde Menschen können davon berichten. Wäre uns neben dem Sehen auch noch das Hören genommen, würde ein zweiter wichtiger Teil unseres Lebens verschwinden. Wir könnten dann etwas riechen, könnten schmecken, was wir ablecken oder in den Mund nehmen, könnten die Wärme unserer Umgebung spüren und durch Berührung wissen, wo sich etwas befindet. Was wir aber durch diese Sinne, z.B. durch anfassen, nicht erreichen könnten, davon wüssten wir nichts. Stellen wir uns nun vor, alle diese verbliebenen Sinne würden uns auch noch genommen. Wir wären zur völligen Isolation verurteilt. Wir könnten dann nicht wissen, ob es außer uns überhaupt etwas gibt. Von unserem Leib würden wir noch etwas spüren. Aber durch das Fehlen des Tastsinns wäre das bereits eingeschränkt. Und würde uns jetzt auch dieser Rest an Eigenwahrnehmung entzogen, dann könnten wir weder von der Welt noch von unserem eigenen Leib etwas erfahren. Es gäbe sie nicht. Damit wäre uns die Existenzgrundlage entzogen. Ein Mensch kann ohne Wahrnehmungen nicht existieren.

Dieses Gedankenexperiment kann uns aufwecken, indem es uns klar macht, wie wichtig Wahrnehmung für uns ist. Dabei können wir froh sein, dass es diesen gedachten Fall unter natürlichen Umständen nicht gibt. Es gibt aber einen anderen Fall. In den letzten Jahren ist in der wissenschaftlichen Literatur mehrfach das tragische Beispiel des Mädchens Genie aufgetaucht.[1] Genie wurde von ihrem Vater bis zu ihrer Entdeckung im Alter von 13 Jahren in völliger Isolation gehalten. Sie befand sich in einem kleinen kahlen Raum ohne Gegenstände oder Spielsachen, nachts in einer Art Käfig, tags festgebunden. Kontakt mit dem Vater bestand nur beim Füttern und sonstigen Versorgen. Niemand durfte mit ihr sprechen. Der Vater knurrte und kläffte nur, wenn er bei ihr war. Sie wird auch sonst kaum etwas gehört haben, weil der Vater extrem lärmempfindlich war und nichts Lautes duldete. Gab sie selbst einen Laut von sich, wurde sie geschlagen. Genies Mutter, die blind und selbst Gefangene ihres Mannes war, gelang schließlich mit ihrer Tochter die Flucht. Zu diesem Zeitpunkt, also mit 13 Jahren, wog Genie nur etwa 29 kg und war nur 128 cm groß, konnte ihre Ausscheidungen nicht kontrollieren und keine feste Nahrung kauen. Sie konnte kaum gehen, geschweige denn hüpfen, springen, klettern. Ihren Blick konnte sie nur etwa vier Meter weit scharf stellen, und sie war unfähig Worte zu sprechen oder zu verstehen.

Nach ihrer Entdeckung wurde Genie intensiv betreut und gefördert. Vor allem wurde versucht, ihr das Sprechen beizubringen. Der Erfolg war eingeschränkt. Trotz jahrelangem intensiven Förderunterrichtes kam sie sprachlich nicht über das Niveau eines ein- bis zweijährigen Kindes hinaus. Sie lernte einzelne Worte und konnte sie auch sinnvoll einsetzen und sich damit, wie ein Kleinkind eben, ausdrücken, wobei das Sprechen undeutlich blieb. Sie konnte jedoch keine Sätze bilden und lernte es auch nicht mehr. Und damit waren ihrer weiteren Entwicklung unüberwindbare Grenzen gesetzt.

Genie hatte alle Sinne zur Verfügung. Von daher hatte sie also die gleichen Chancen wie jeder andere Mensch. Das Schlimme war, dass ihre Sinne nichts oder viel zu wenig zum Wahrnehmen bekamen. Daher konnte Genie ihre Sinne nicht ausbilden, denn das geht nur, wenn die Sinne etwas wahrzunehmen haben, und zwar in ganz bestimmten Zeitabschnitten kindlicher Entwicklung. In Folge dieses Mangels konnte sie nichts lernen und sich auch nicht entwickeln. Es ist also nicht nur das Fehlen einzelner Sinne, was unser Leben und unsere Entwicklungsmöglichkeiten verändert und beeinträchtigt, sondern auch das Fehlen von Wahrnehmung. Der Entzug von Wahrnehmung bei vorhandenen Sinnen gehört zum Grausamsten, was einem Menschen geschehen kann. Wahrnehmung ist für uns bedeutsam und lebenswichtig. Wer Kinder und Jugendliche in ihrer Entwicklung begleiten will, sollte davon wissen, sollte vor allem wissen, welchen Beitrag die einzelnen Sinne für unsere Erfahrung, unser Leben und unsere Entwicklung von Kindheit an leisten.

Aber um welche Sinne geht es? Wie viele Sinne hat der Mensch denn? Darüber besteht bis heute keine Einigkeit. Die wird auch nicht herzustellen sein, solange man dabei verschiedene Maßstäbe anlegt. Zählt man nämlich nur die Sinne, deren Organe dem bloßen Auge zugänglich sind, dann beschränkt man sich auf die klassischen Sinne Sehen, Hören, Riechen, Schmecken und Tasten. Von diesen fünf Sinnen sprach bereits der griechische Philosoph Aristoteles (384–322 v. Chr.) und bis heute gehört es zum normalen Wissensstandard, von diesen fünf Sinnen zu sprechen. Dabei ist das nur eine der Möglichkeiten. Legt man nämlich die Funktion der Sinnesrezeptoren als Maßstab zugrunde, kommt man zu einem anderen Ergebnis. Dann erhöht sich die Zahl der Sinne, weil man z.B. den kinästhetischen Sinn in einen Bewegungssinn, Kraftsinn und Stellungssinn, den Tastsinn in einen Berührungssinn, Vibrationssinn und Schweresinn aufgliedert. Unterscheidet man dagegen die Sinne nach den biologischen Prozessen, welche die Wahrnehmung ermöglichen, dann haben wir nur vier verschiedene Arten, nämlich mechanische, elektrische, chemische und auf Temperatur reagierende Sinne zu unterscheiden.[2]

Wieder anders ist es, wenn die Sinne, wie es hier geschieht, *nach ihrem jeweiligen Erfahrungsfeld* unterschieden werden. Wir wählen hier den Erfahrungsaspekt, weil für den Menschen nicht die Unterschiedlichkeit der Sinnesorgane oder Sinnesrezeptoren, wohl aber die Unterschiedlichkeit der Erfahrungen, die er durch die Sinne macht, von entscheidender Bedeutung ist. Dieser Gesichtspunkt ist nicht neu. Charles Sherrington (1857–1952) hat in der Sinnesforschung damit den Anfang gemacht, als er die Körperwahrnehmung als eigenen Wahrnehmungsbereich einführte (1906) und diesen Propriozeption nannte.[3] Maurice Merleau-Ponty (1908–1961) hat mit seiner 1945 erschienenen *Phänomenologie der Wahrnehmung* diesen Ansatz konsequent fortgeführt, indem er die Erfahrungsfelder der körperbezogenen und der weltbezogenen Sinne vom Gesichtspunkt der Erfahrung untersucht und beschrieben hat.[4] Wenige Jahre nach Sherrington fügte Rudolf Steiner (1861–1925) in seinem Entwurf zu einer umfassenden Sinneslehre weitere Sinne hinzu (1909/1917).[5] Er differenzierte den Komplex der Propriozeption in die vier körperbezogenen Sinne Tastsinn, Vitalsinn, Bewegungssinn und Gleichgewichtssinn, fügte unter die weltbezogenen Sinne den Wärmesinn und nahm die Wahrnehmung von Sprache, die Wahrnehmung mitgeteilter Gedanken und die Erfahrung des anderen Ich in den Kreis der Sinne auf. Gerade diese letzten drei von Steiner beschriebenen Sinnesbereiche sind bislang nur wenig aufgegriffen und fortgeführt worden.[6] Seit Oliver Sacks (geb. 1933) in den achtziger und neunziger Jahren des 20. Jahrhunderts seine populär gewordenen Fallbeispiele von Wahrnehmungsstörungen veröffentlicht hat,[7] ist die Frage aber erneut aktuell geworden, ob wir es beim Verstehen von Sprache oder beim Erkennen von Gegenständen und Identifizieren von Personen nicht doch mit Wahrnehmung zu tun haben. Und wir werden sehen, dass eine Entscheidung in dieser Frage nicht ohne Bedeutung ist.

Hier eine Übersicht über die im Buch vorgestellten Sinne:

Körpersinne	**Weltsinne**			
	Kommunikative Sinne			**Wächtersinne**
	Bereich *Sehen*	Bereich *Hören*	Bereich *Tasten*	
Tastsinn	Sehsinn	Hörsinn	Tastsinn	Geschmackssinn
Vitalsinn	Gestaltsinn	Gestaltsinn	Gestaltsinn	Geruchssinn
Bewegungssinn	Bedeutungssinn	Bedeutungssinn	Bedeutungssinn	Wärmesinn
Gleichgewichtssinn	Stilsinn	Stilsinn	Stilsinn	

Die Körpersinne

Körpersinne? Nie gehört! Wofür brauchen wir die? So wird es manchem gehen, der zum ersten Mal von den Körpersinnen hört. Wer sie aber nicht mehr zur Verfügung hat, der weiß sehr gut, was er an ihnen besaß. So z.B. Christina, eine junge Frau,[8] die durch eine Entzündung des Rückenmarks plötzlich jegliche Eigenwahrnehmung verloren hat. Sie kann sich nicht mehr bewegen und nicht aufrecht halten. Aber nicht nur das. Sie spürt keine Berührung, weiß auch nicht, wo sich ihre Arme oder Beine befinden. Ja, sie weiß von ihrem Körper nur etwas, wenn sie ihn sieht. Aber es könnte auch ein fremder Körper sein. Identifizieren kann sie sich mit diesem Körper nicht. Später, als sie den Schock überwunden hat, muss sie sich das Gehen und jede andere Tätigkeit neu beibringen. Dabei muss sie jede ihrer Bewegungen wie etwas Fremdes mit dem Blick kontrollieren. Auch nach Jahren braucht jede Bewegung ihre volle Aufmerksamkeit, weil es für sie ein fremder Körper ist, den sie da bewegt. Wird ihre Aufmerksamkeit einmal abgelenkt, verliert sie die Kontrolle über ihre Bewegungen. Sie kann nie loslassen, muss sich ständig von außen kontrollieren. Ein schrecklicher Zustand. Eigentlich hat sie das Gefühl, ihr Körper sei tot, sei nicht wirklich, sei gar nicht da. Wird ihre Haut leicht berührt, dann nimmt sie etwas wahr, und das schafft vorübergehend Erleichterung. Daher liebt sie es, im offenen Wagen zu fahren. »Es ist herrlich«, sagt sie dazu. »Ich spüre den Wind auf der Haut, auf den Armen und im Gesicht, und dann merke ich undeutlich, dass ich tatsächlich Arme und ein Gesicht habe. Es ist nicht das echte Gefühl, aber es ist immerhin etwas – es nimmt eine Zeitlang diesen schrecklichen Todesschleier von mir.«[9]

Dieses Beispiel zeigt uns, wie sehr das Leben verändert, ja beeinträchtigt wird, wenn die Körperwahrnehmung (Propriozeption) fehlt. Ohne funktionierende Körpersinne sind wir gegenüber unserem eigenen Körper »blind«. Und dann besitzen wir keinen Körper, selbst wenn er faktisch vorhanden ist. Denn nur die Wahrnehmung durch die eigenen »Augen« macht ihn zu unserem Körper. Und diese »Augen« sind die vier Körpersinne, deren Leistungen wir im Folgenden untersuchen. Da diese Sinne, wie an dem Beispiel zu sehen ist, eng mit unserer eigenen Existenz verbunden sind, können wir ihre Entwicklung nicht beschreiben, ohne zugleich unsere eigene Entwicklung, insbesondere in Kindheit und Jugend, in den Blick zu nehmen.

Wo sind wir zu Hause? – Der Tastsinn

Das Wahrnehmungsfeld

Wir alle kennen sicher die folgende Situation: Wir stehen nachts auf und gehen durch die Wohnung, und da wir den Weg vom Schlafzimmer zur Küche gut kennen, verzichten wir darauf, das Licht anzumachen. Dann stoßen wir plötzlich an. Hier steht doch sonst nichts! Das Abtasten mit den Händen bestätigt unsere Vermutung: Da hat jemand den Stuhl an einer Stelle stehen lassen, wo er nicht hingehört. Wir stellen ihn an den richtigen Platz, damit wir nicht noch einmal dagegenlaufen. Hätten wir einen anderen Weg genommen, hätten wir den Stuhl nicht bemerkt. So aber hat uns der Zusammenstoß eine Wahrnehmung des Stuhls verschafft. Doch nicht nur das. Wir haben durch das Anstoßen auch eine Wahrnehmung von der Stelle unseres Körpers, an der uns der Stuhl getroffen hat. So ist es bei jeder Tastwahrnehmung:[10] Berühren wir mit der Hand einen Gegenstand, dann nehmen wir an ihm glatte oder raue Oberfläche wahr, Härte oder Nachgiebigkeit, Wölbungen, Kanten und vieles mehr. Gleichzeitig haben wir immer die Wahrnehmung der Stelle unseres Körpers, mit der wir den Gegenstand berühren. Jede Tastwahrnehmung an Dingen der Welt ist also immer zugleich eine Eigenwahrnehmung. Und diese Seite des Tastens ist es, die uns jetzt beschäftigen wird, wenn wir den Tastsinn als Körpersinn betrachten. Die andere Seite werden wir bei den Weltsinnen untersuchen.

Unsere Haut ist das Organ des Tastsinns. An jeder Stelle sind Tastwahrnehmungen möglich. Dabei unterscheidet sich die Sensibilität verschiedener Hautpartien sehr stark. Es gibt Stellen, da befinden sich auf einem Quadratzentimeter etwa 135 Tastrezeptoren, wie auf der Zungenspitze, den Fingerspitzen oder den Lippen, wo wir besonders sensibel sind. An anderen, weniger sensiblen Stellen, z.B. am Rücken, sind es nur sieben.[11] Außerdem gibt es in der Haut verschiedene Rezeptoren mit ganz unterschiedlichen Aufgaben.[12] Jedes Haar beispielsweise ist an der Wurzel von einem Nerv umgeben (Haarbalgrezeptor). Er reagiert auf die Berührung des Haares und registriert jede Ablenkung. Dicht unter der Hautoberfläche befinden sich Rezeptoren (Merkelzellen), die auf Druck und Verformung reagieren. Etwas tiefer liegen Rezeptoren (Meißnersche Körperchen), die auf Berühren und leichtes Antippen sensibel sind, darunter andere, die eine Dehnung und Verformung der Haut registrieren (Ruffini-Körperchen), zuunterst solche, die auf Vibration ansprechen (Paccini-Körperchen). Durch diese Rezeptoren werden alle Formen des Hautkontaktes registriert. Zusammen bilden sie das Organ des Tastsinns.

Wir haben ständig Tastwahrnehmungen im Leben. Ob wir stehen, sitzen oder liegen, immer nehmen wir die Berührung mit dem Untergrund wahr, der uns trägt. Im Wasser nehmen wir die Berührung mit dem Wasser, in der Luft die Berührung mit dieser wahr. Wir spüren die Kleidung auf der Haut, jede Berührung mit einem Gegenstand oder mit einem anderen Menschen, gleichgültig ob die Aktivität von uns oder vom anderen ausgeht. Wir nehmen natürlich auch wahr, wenn wir uns selbst berühren. Berührungen können uns wecken. So erwachen wir z.B. an einer Falte im Bettlaken oder weil uns jemand anfasst. Und wir können uns durch eigene Berührung wach halten. Jeder von uns hat hier vielfältige Erfahrungen. Es gibt, das gilt es festzuhalten, keine Situation im Leben ohne eine Tastwahrnehmung.

Und was nehmen wir mit dem Tastsinn wahr, wenn er nur Körpersinn ist? Mit jeder Berührung nehmen wir eine Stelle unserer Körperoberfläche wahr, lernen sie dadurch kennen und können sie lokalisieren. Würden wir keine Berührung erleben, bliebe uns unsere Körperoberfläche unbekannt. Das Sehen kann hier nichts nützen, es kann uns nur das Aussehen dieser Oberfläche zeigen. Dass die gesehene Oberfläche zu unserem Körper gehört, das kann uns allein das Tasterlebnis vermitteln. Menschen, die den Tastsinn verloren haben, sind in einer schrecklichen Situation: Sie haben einen Körper und haben keine Wahrnehmung von ihm. Sie spüren nicht, wenn sie irgendwo anstoßen oder wenn sie berührt werden, und deswegen spüren sie auch die Grenze ihres Körpers nicht. Wir kennen alle eine vergleichbare Situation, nämlich wenn uns Hand oder Arm, wie wir sagen, eingeschlafen sind. Berühren wir dann den eingeschlafenen Arm, so fühlt er sich fremd an, weil er selbst keine Wahrnehmung von der Berührung hat.

Durch unsere Berührungserlebnisse erfahren wir also die Oberfläche unseres Körpers, und das heißt, wir erfahren mit seiner plastischen Gestalt und seiner Ausdehnung zugleich die eigene Grenze. Denn wir hören als körperlich-räumliches Wesen da auf, wo etwas anderes beginnt. Und so setzen wir uns mit jeder Berührung vom anderen ab und erfahren uns als Eigenwesen. Das ist aber nur die eine Seite der Erfahrung. Berührung bedeutet nämlich nicht nur Trennung. Denn mit jeder Berührung wird auch eine Verbindung zum Berührten hergestellt. Deshalb führt jede Wahrnehmung des Tastsinns immer zu zwei Erfahrungen, zu Trennung und Verbindung, oder anders ausgedrückt: Wir erfahren uns selbst nur durch die Wahrnehmung eines anderen.

Entwicklung und Erfahrung

Der Tastsinn steht unter allen Sinnen als Erster zur Verfügung. Der fünfeinhalb Wochen alte Embryo spürt die Berührung von Lippen und Nase, mit neun Wochen die von Kinn, Augenlidern und Armen, nach zehn Wochen auch Berührungen an den Beinen und von der zwölften Woche an fast an der gesamten Körperoberfläche (an der Ober- und Rückseite des Kopfes am wenigsten).[13] Der Fötus ist bis zur Geburt von Flüssigkeit umgeben und eingehüllt und erlebt darüber hinaus ständig Berührungen der ihn umgebenden Mutterhülle. Mit der Geburt tritt dann das wohl eindrücklichste Tasterlebnis ein, das ein Mensch haben kann, wenn die Geburt auf natürlichem Wege stattfindet. Durch die Wehen und das Hindurchpressen durch den Geburtskanal wird der kleine Körper durchgeknetet und massiert,[14] sodass eine starke Erfahrung der eigenen Körperoberfläche, und das heißt des Eigenseins, eintritt, eine Erfahrung, die das Kind für den nun beginnenden Weg der Eigenständigkeit stärkt. Die anschließende Nacktheit, in der kaum eine Berührung vorhanden ist, bedeutet unter diesem Blickwinkel einen Schock, einen Mangel an Selbstwahrnehmung und das Gefühl verloren zu sein. Soll das Neugeborene positive Erfahrungen mit seinem neuen Zustand verbinden, muss man seine Situation der früheren Situation vor und während der Geburt möglichst ähnlich machen,[15] das Kind also viel berühren und streicheln, gut einhüllen, warm und fest, und möglichst viel am eigenen Körper tragen. Dadurch kann es sich spüren, bekommt eine Bestätigung seiner selbst und erlebt außerdem Schutz und Geborgenheit durch einen anderen Menschen. Erlebt das Kind zu wenig Berührung und Umhüllung, dann fühlt es sich verloren, und es entsteht Angst. Die Sorge, man würde das Kind beengen und in seiner freien Entfaltung beeinträchtigen, wenn man es fest einwickelt oder in einen Puck- oder Strampelsack steckt, ist in den ersten Wochen und Monaten unbegründet. Man bewirkt vielmehr, dass das Kind bei jeder Bewegung und beim Strecken sich selbst spürt, den Körper und seine Ausdehnung wahrnimmt und damit eine positive Selbstbestätigung erfährt.

Kinder, die durch Kaiserschnitt zur Welt kommen, haben einen sehr viel schwierigeren Start, denn ihnen fehlen die Tasterlebnisse der natürlichen Geburt, die das Starterlebnis zur Eigenständigkeit darstellen. Sie beginnen ihr Leben ohne Bestätigung des Eigenseins, mit einer Verunsicherung also, die bestehen bleibt, wenn kein Ausgleich für das fehlende Geburtserlebnis geschaffen wird. Diese Kinder brauchen deshalb nach der Geburt besonders viel Berührung, besonders starke Umhüllung und eine besonders enge und sorgfältige Begleitung, damit der Mangel einigermaßen ausgeglichen werden kann.[16] Auch Frühgeborenen fehlen Berührungserlebnisse, weil sie zu früh aus der Umhüllung und Geborgenheit der Gebärmutter entlassen wurden. Wenn sie dann nackt im Brutkasten liegen, ist dies das Gegenteil dessen, was sie brauchen. Man sollte sie einhüllen und ihnen Nester bauen, den Eltern in die Arme legen und sie streicheln, damit sie das Fehlende nachholen können.[17]

Außerdem haben Berührungs- und Tasterlebnisse eindeutig positive Auswirkung auf die Gesundheit. Es liegen Studien vor, die zeigen, dass z.B. regelmäßiges Massieren bei Kindern, besonders bei Frühgeburten, einen schnelleren Heilungs- bzw. Entwicklungsprozess bewirkt.[18] Das bestätigt die Erfahrungen vieler Eltern und Ärzte, welche gesundende und die Immunität stärkende Wirkung es hat, Kinder zu streicheln und zu liebkosen, einzuölen, zu massieren, abzurubbeln oder gar zu bürsten.[19] Und nicht nur für die ersten Jahre gilt das, sondern das ganze Leben über, wenn auch in abgeschwächter Form. Auch für das Gehirn sind die Tastwahrnehmungen von großer Bedeutung. Die Erkenntnisse der Gehirnforschung der letzten Jahre machen deutlich, dass unter den Sinneserfahrungen ganz besonders die Tast- und Berührungserlebnisse die Entwicklung des Gehirns begünstigen und fördern, ja das Gehirn lebenslang »ernähren«.[20]

Der tragende Grund

Zu den neuen Erfahrungen nach der Geburt gehört, dass es einen festen Grund gibt, der uns trägt. Für uns Erwachsene ist das so selbstverständlich, dass wir darauf nicht mehr achten. Lenken wir die Aufmerksamkeit aber einmal darauf, dann erleben wir ganz konkret die Stellen, wo der Untergrund uns Widerstand bietet. Wir spüren den Druck der Fläche, auf der wir sitzen, der Lehne, die uns stützt, der Unterlage, auf der wir liegen oder stehen. Dadurch erfahren wir Halt und Stütze, und zwar dauernd. Das ist eine Grunderfahrung, die uns unbewusst das ganze Leben begleitet. Stellen wir uns vor, wir hätten keine Wahrnehmung von diesem tragenden Grund: Es gäbe dann für uns keinen Halt, wir hätten das Gefühl, ins Bodenlose zu sinken. Daher kommt die anfängliche Angst, wenn uns im Wasser der tragende Grund entzogen ist. Für den Neugeborenen ist die Erfahrung des festen Grundes, das heißt das Erlebnis, getragen zu werden, ein Elementarerlebnis, in dem das Grundvertrauen begründet ist, das jedes Kind der Welt und den Menschen gegenüber zeigt.[21] Denn das Kind erlebt: Da ist immer etwas, das mich trägt. Und ist es die Mutter, die das Neugeborene viel in den Armen trägt, dann erstreckt sich das Grundvertrauen ganz besonders auf sie, ist es jemand anderes, dann eben auf diese Person. Dieses Erlebnis spielt beim Aufbau enger Bindungen zur Bezugsperson eine wesentliche Rolle.[22] Auch später suchen Kinder immer wieder das Erlebnis getragen zu werden, nicht nur wenn sie müde sind und nicht mehr laufen können, sondern wenn sie emotional Halt und Unterstützung brauchen. Wenn ältere Kinder es zum Spiel machen, sich fallen zu lassen, damit der Erwachsene sie auffängt, dann ist das ein Spiel, bei dem das Vertrauen auf die Probe gestellt wird, um jedes Mal neu bestätigt zu werden.

Hier kommt noch etwas Weiteres hinzu. Das Kind ist nach der Geburt darauf angewiesen, dass die Erwachsenen ihm Schutz, Hülle und Geborgenheit geben. Es braucht Umhüllung, Kleidung, Wärme, Nähe. Davon sind das Leben des Kindes und seine Entwicklung abhängig. Und auch hier zeigt das Kind ein grenzenloses Vertrauen in seine Umgebung. Sie wird schon für die richtigen Bedingungen sorgen. Es wird die Grundeinstellung zum Leben prägen, ob dieses Vertrauen durch die Erlebnisse der ersten Wochen und Monate bestärkt oder zerstört wird. Bestärkt wird das Vertrauen des Kindes, wenn es durch Berührung und Umhüllung und dadurch, dass es in den Arm genommen und liebkost wird, Schutz und Geborgenheit erfährt. Dann wird es auch weiterhin offen auf die Welt zugehen. Zerstört wird das Vertrauen, wenn ihm die liebevolle Berührung und die schützende Umhüllung versagt werden.

Das Kind beginnt nach der Geburt seine Tastsinneserfahrungen in erster Linie mit großflächigen Tastwahrnehmungen. Wenn es auf einer Unterlage oder im Arm der Mutter liegt, wird ein großer Teil der Haut berührt und gedrückt, ebenso wenn es kriecht und krabbelt. Erst wenn es aufrecht gehen kann, werden die Berührungspartien kleiner und zugleich vielfältiger. Und so entsteht von Berührung zu Berührung ein Bild vom eigenen Körper, gewissermaßen eine Landkarte seiner Oberfläche, seiner plastischen Gestalt und Ausdehnung. Dieses Bild, Körperschema genannt, wird in den ersten Lebensjahren unbewusst aufgebaut und später immer wieder erneuert und ergänzt oder korrigiert. Ist das Bild vollständig, klar und deutlich, dann wissen wir, wie weit unser Körper reicht, z.B. wie breit unsere Schultern sind, und können Entfernungen einschätzen und uns in der körperlichen Welt bewegen, ohne jemals anzustoßen.

Stoßen wir dann doch einmal an, wird an dieser Stelle das Bild vervollständigt. Sind wir sehr erschöpft oder mit Problemen beschäftigt, kann es passieren, dass wir uns ungeschickt bewegen und häufig irgendwo anecken. Dann haben wir uns gewissermaßen von unserer Körperoberfläche zurückgezogen und stoßen an, weil wir nicht bei den Grenzen unseres Körpers sind. Nun gibt es Kinder, deren Verhalten ständig so ist. Sie stoßen überall an, merken nicht, wenn sie dabei etwas umwerfen, können Entfernungen nicht abschätzen und stellen deshalb z.B. ihren Becher so hart auf den Tisch, dass das Getränk herausschwappt. Im Extremfall verletzen sie sich, ohne es zu merken. Sie haben ihr Körperbild nicht so aufbauen können, dass sie sich damit auch identifizieren. In jedem Kindergarten gibt es solche Kinder. Wir können ihnen helfen, die fehlenden Berührungserlebnisse nachzuholen, wenn wir mit ihnen Berührungsspiele machen oder mit ihnen kneten, sie häufig im Sand und Matsch spielen und in einer Kiste mit Kastanien oder Bällen baden lassen.

Die Körpergrenze

Die Erfahrung unserer Körpergrenze ist eine der grundlegendsten Erfahrungen, die unser Leben weitreichend bestimmt. An ihr bildet sich die Unterscheidung von innen und außen, von Selbst und Welt, und damit ist sie der Auslöser unseres Selbstbewusstseins.[23] Wir können uns dank unserer Berührungserfahrungen als geschlossene Einheit, als Identität erleben und uns von allem anderen unterscheiden. Diese Unterscheidung von mir und dir beginnt beim Kind im ersten Lebensjahr,[24] wenn es bemerkt, dass es durch eine eigene Bewegung einen Ball zum Rollen, ein Mobile zu heftigem Schaukeln bringen und mit einer eigenen Äußerung bei der Mutter eine Reaktion hervorrufen kann. Sie wird in den nächsten beiden Jahren immer mehr zu einer bleibenden Erfahrung, bis das Kind im dritten Lebensjahr als Folge dieses Identitätserlebnisses zur Bezeichnung »ich« übergeht, wenn es sich selbst meint. Für diesen Prozess ist neben dem Erlebnis der eigenen Grenze die Erfahrung der Interaktion mit der Welt, vor allem mit dem Erwachsenen nötig. Das heißt, der Erwachsene muss mit dem Kind sprechen, muss reagieren, wenn das Kind vor Freude gluckst, und sich auch freuen,[25] und diese Freude durch Berührung zeigen. Die Berührung ist wichtig, denn sie festigt die emotionale Beziehung zwischen Kind und Erwachsenem, ja macht sie für das Kind erst wirklich, und bestärkt es in seiner Identität.[26]

Das Erlebnis der eigenen Identität hängt damit zusammen, dass wir das Gefühl haben, dass uns der Körper als Hülle umgibt.[27] Damit das eintreten kann, muss das Kind in den ersten Jahren durch die Erwachsenen und deren Berührungen Hülle erlebt haben. Dann kann später der eigene Körper diese Hülle sein, und das Kind wird das Gefühl haben, in sich zu ruhen und in seinem Körper zu Hause zu sein. Hat ein Kind zu wenig Hülle konstituierende Berührungen erlebt, ist die eigene Begrenzung also lückenhaft, ist eine tiefe Verunsicherung die Folge. Sie kann sich in einem Verhalten des Kindes äußern, das einem Luftballon gleicht, den man aufgeblasen hat und den man unverschlossen in die Luft wirft, sodass er, von der ausströmenden Luft getrieben, in wirrem Zickzack hin und her fliegt, bis er irgendwo erschlafft auf den Boden sinkt.[28] Der Mangel an geschlossener Hülle kann die Ursache für den »Zappelphilipp« sein, der in der Kollision mit den anderen die Berührung und Begegnung sucht, die ihm die fehlende Begrenzung seiner Identität ersetzen soll. Durch Kollision kann Hülle jedoch nicht wirklich entstehen, wohl aber, wenn es gelingt, solche Kinder in Situationen oder gemeinsame Spiele einzubinden, bei denen sie Hülle konstituierende Berührungserfahrungen machen können.

Mit der Hülle ist nun ein weiteres Grundgefühl verbunden, nämlich das der Sicherheit. Machen wir uns das an einem Vergleich klar. Stellen wir uns vor, wir sind auf einer Wanderung und erreichen gegen Abend wie geplant eine Hütte. Sie liegt einsam in einem großen, dichten Wald. Während es draußen dunkel wird und aus dem Wald unbekannte Geräusche ans Ohr dringen, sitzen wir drinnen gemütlich beisammen und fühlen uns sicher, weil die Hütte gut verschlossen werden kann. Würden wir feststellen, dass die Türen nach draußen nicht abzuschließen sind, dann würden wir aus Angst vor Einbrechern die ganze Nacht kein Auge zumachen. Auf den Menschen übertragen heißt das: Haben wir genügend Berührungserlebnisse gehabt, sodass ein vollständiges und geschlossenes Hüllengefühl entstanden ist, dann können wir sicher in uns ruhen. Hat das Gefühl der Hülle nicht recht entstehen können, ist unsere Grenze brüchig oder hat sie Lücken, dann sind wir ständig begleitet von dem Grundgefühl der Unsicherheit und der Angst. Was hier vorliegt, wird im mythischen Bilde z.B. beim griechischen Helden Achilleus beschrieben. Seine Mutter Thetis badet den Neugeborenen im unterirdischen Fluss Styx, um ihn unverwundbar zu machen. Sie muss ihn aber irgendwo festhalten und tut dies an der Ferse. Hier reicht die schützende Flüssigkeit also nicht hin. Und an dieser Stelle wird Achilleus im Kampf vor Troja dann tödlich verwundet.

Was in diesem Bilde geschildert wird, gilt auch für die tastsinnvermittelte Grenze: An ihren Lücken oder dünnen Stellen sind wir verletzlich und verwundbar, und davor haben wir Angst. Das kann sich in taktiler Abwehr,[29] besonderen Berührungsängsten, Einschlafängsten, in der ständigen Angst, im Stich gelassen zu werden, oder in totalem Rückzug von der eigenen Oberfläche zeigen. Als eine der verheerendsten Ursachen muss hier der Missbrauch von Kindern genannt werden. Er reißt die verletzendsten Löcher in die Grenze des Eigenwesens, denn Missbrauch hat immer mit Berührung zu tun, und zwar einer Berührung, welche die Würde des Kindes angreift.[30] Daher sind die durch Missbrauch entstandenen Grenzverletzungen so tief verunsichernd und so schwer zu heilen. Vor diesem Hintergrund lassen sich auch die Phänomene von Körperbemalung und Tätowierung sowie Selbstverletzung verstehen, nämlich wenn man die Haut als die Grenze der eigenen Identität ansieht. Körperbemalung und Tätowierung sind im ursprünglichen Sinn dann zu verstehen als Ritual, um das Erleben der eigenen Grenze, die Identität mit dem eigenen Leib und letztlich die Eigenständigkeit zu bestätigen oder zu verstärken. Selbstverletzungen sind dagegen eine Verzweiflungstat, weil der Betreffende beides, die eigene Grenze und die eigene Identität, durch normale Berührungen nicht zu erleben in der Lage ist.

Nähe und Distanz

Zu den vom Tastsinn vermittelten Erfahrungen gehören auch soziale Grunderfahrungen. So entwickeln wir als Kinder an den menschlichen Berührungsbegegnungen die soziale Grunderfahrung von Distanz und Nähe. Stellen wir uns vor, ein Kind kommt mit dem Bedürfnis sich anzulehnen, anzuschmiegen, zu kuscheln, und der Erwachsene schiebt es von sich, vielleicht mit der Bemerkung, er habe keine Zeit oder es solle sich erst mal waschen, oder er reagiert aggressiv oder handgreiflich, dann erlebt das Kind Distanz. Erfährt das Kind diese Situation immer wieder, dann wird die Distanz zur Qual. Dann erlebt das Kind zu viel Grenze und fühlt sich von dieser beengt. Es sucht aber echte Begegnung und wird also an dieser Grenze, die zur Mauer geworden ist, rütteln, es wird aggressiv. Das Gegenstück: Das Kind kann immer kommen und die Berührung des Erwachsenen einfordern, immer darf es kuscheln, auch wenn es wirklich unpassend ist, vielleicht sogar weh tut, weil der Erwachsene es nicht fertig bringt, seine eigenen Grenzen zu wahren, nein zu sagen und das Kind auch einmal wegzuschieben. Ist das immer so, dann erlebt das Kind zu wenig Grenze, es weiß gar nicht, wo sie ist. Da es aber die Begegnung sucht, wird es distanzlos und, weil es damit Erfolg hat, schließlich herrschsüchtig.[31] Erleben wir als Kinder Nähe und Distanz im richtigen Sinn und richtigen Verhältnis, dann erfahren wir, dass beides zu einer menschlichen Beziehung gehört. Dabei ist wichtig: Im ersten Lebensjahr ist nur Nähe dran. Erst wenn das Kind laufen kann und langsam selbstständiger wird, muss die Distanz dazukommen. In den ersten Lebensjahren wird so durch die Situationen, die das Kind erlebt, ein ganz bestimmtes soziales Verhalten veranlagt. Es kann, wenn es einseitig ist, in den folgenden Jahren, längstens bis zur Pubertät, durch entsprechend andere Erfahrungen gemildert oder ausgeglichen, im besten Fall verwandelt werden, oft aber nur mit erheblichem pädagogischen oder therapeutischen Aufwand.

Wir sehen, die Tast- und Berührungserlebnisse sind eine entscheidende Basis sowohl für die Entwicklung der Selbstständigkeit wie auch für die Entwicklung der Sozialfähigkeit. Grundlegende Lebensgefühle und Haltungen werden durch sie veranlagt, Selbstbewusstsein wird durch sie erst möglich. Auch physiologisch sind die Tasterlebnisse nötig, um den Organismus in seiner Eigentätigkeit, Immunität und Gesundheit zu stärken und die Ausbildung des Gehirns zu fördern. Es gilt also ganz elementar: Ohne Berührungen kann kein Mensch existieren. Kinder, die ohne Berührung aufwachsen, verkümmern oder sterben.[32] Das heißt aber nichts anderes, als dass Berührung ein Grundbedürfnis des Menschen und vor allem des Kindes ist, ein Grundbedürfnis wie Essen und Schlafen, von dessen Befriedigung die Qualität des späteren Lebens abhängt.[33] Wenn uns das klar ist, dann werden wir die Kinder mehr berühren und in den Arm nehmen als bisher, natürlich mit dem nötigen Takt. Aber wir werden ihnen auch selbst mehr erlauben. Sie dürfen dann wirklich alles anfassen, dürfen mit jedem Material spielen (es sei denn, es geht Gefahr davon aus), ja sich darin wälzen, einwickeln und einbuddeln, auch wenn sie danach von Kopf bis Fuß dreckig sind. Eltern und Erzieherinnen werden die Mühe, die ihnen das bereitet, gerne in Kauf nehmen, wenn sie um die Bedeutung dieser Erfahrungen wissen.

Selbstvertrauen und Leistungsfähigkeit – Der Vitalsinn

Das Wahrnehmungsfeld

Die Wahrnehmungen des Vitalsinns[34] sind sehr elementarer Art, und wir sind kaum gewohnt, sie überhaupt als Wahrnehmungen zu betrachten. Sie treten einfach auf, weil wir leben, uns bewegen und betätigen, ohne dass wir dafür, wie beim Tastsinn, die Hand ausstrecken oder beim Sehen den Blick darauf richten müssen. Wir bemerken sie meist gar nicht als differenzierte Wahrnehmung. Aber die allgemeine Gewissheit über unser körperliches Ergehen, die wir doch jederzeit haben, basiert auf diesen Wahrnehmungen. Ein Beispiel: Das Fahrrad stand anderthalb Jahre defekt im Keller, jetzt ist es repariert. Ich fahre also mit dem Fahrrad zur Arbeit. Es geht flott. Der Weg verläuft eben oder bergab, und so bin ich fast so schnell wie mit dem Auto. Beim Heimweg ist das dann anders, es geht bergauf. Bald spüre ich die Muskeln der Oberschenkel, erst wenig, dann immer stärker. Den ersten Berg schaffe ich gerade noch. Das kurze ebene Stück ist richtig erholsam. An der zweiten Steigung gebe ich nach kurzer Strecke auf. Ich kann den Beinen nicht mehr abverlangen, bin es nicht mehr gewöhnt. Bei den ersten Schritten fühle ich Schwäche in den Beinen. Oben angekommen fahre ich wieder, fühle mich aber nicht mehr so stark und sicher wie zu Beginn der Fahrt. Zu Hause sind zwei Bedürfnisse bestimmend: ausruhen und etwas trinken. Jeder kennt solche Erfahrungen. Von Erschöpfung, Kraftlosigkeit oder Durst können wir aber allein durch Wahrnehmung etwas wissen. Und wir können ja immer, wenn wir darauf achten, Auskunft geben über unser körperliches Befinden und müssen dazu nicht in den Spiegel blicken. Wir wissen, ob wir hungrig oder durstig sind, krank oder gesund, wie weit die Ermüdung fortgeschritten ist und wie viel Kraft wir noch haben. Wir können dieses Wissen zwar nicht immer in klare Worte fassen, es steht uns aber stets zur Verfügung. Und dieses Wissen stammt aus den Wahrnehmungen des Vitalsinns.

Wohlbefinden und seine Abweichungen

Bei genauer Betrachtung zeigt sich Folgendes: Die Wahrnehmungen zerfallen in zwei Kategorien, in das Wohlbefinden und die Abweichungen davon, und diese gehen in zwei Richtungen. Machen wir uns das am Beispiel klar. Wir haben morgens gefrühstückt. Im Laufe des Vormittags nehmen wir dann die ersten Anzeichen von Hunger wahr. Nach zwei Stunden werden die Anzeichen deutlicher. Warten wir weiter und essen nichts, dann wird die Wahrnehmung des Hungers nach vielen Stunden massiver, drängender sein, nach Tagen sogar schmerzhaft. Auch auf der Gegenseite haben wir differenzierte Wahrnehmungen. Essen wir etwas, so tritt schon nach den ersten Bissen leichte Sättigung ein, das heißt, die Wahrnehmung pendelt vom Hunger langsam auf die andere Seite hinüber. Essen wir weiter, so nehmen wir die Zunahme an Sättigung wahr. Hören wir dann nicht auf, sondern essen, weil die Speisen so lecker sind, über die Sättigung hinaus, tritt nach und nach Völlegefühl ein. Dann kann auch die Sättigung zu einer massiven, drängenden, ja schmerzhaften Wahrnehmung werden.[35] Entsprechendes erleben wir im Bereich von Durst. Auch hier kennen wir ein differenziertes Spektrum. Wir können unterscheiden, ob wir wenig oder etwas mehr, viel oder sehr viel Durst haben, und auch auf der Seite der Befriedigung können wir fein differenzieren. Wir nehmen bereits die Wirkung der ersten Schlücke wahr und können genau sagen, ob wir zu wenig, genug oder zu viel getrunken haben.[36]

Bei der Wahrnehmung von Ermüdung oder Erschöpfung ist die Unterscheidung verschiedener Grade vielleicht nicht so offensichtlich, und doch finden wir dasselbe Spektrum. So nehmen wir z.B. wahr, wie die Ermüdung im Laufe des Vormittags fortschreitet und wie unterschiedlich dies bei verschiedenen Tätigkeiten geschieht. Wir wissen aus diesen Wahrnehmungen, wann wir eine Pause brauchen, und können andererseits beobachten, wie diese Pause uns erfrischt. Arbeiten wir körperlich, so können wir das Abnehmen der Kraft Schritt für Schritt wahrnehmen und sagen, wo die Kraft beansprucht wurde. Halte ich etwa eine gefüllte Aktentasche mit waagerecht ausgestrecktem Arm, so nehme ich nach kurzer Zeit in den Muskeln die Anstrengung wahr. Halte ich das Gewicht weiter, wird es, je nachdem, wie trainiert ich in den Armen bin, früher oder später weh tun und ich werde die Tasche nicht mehr halten können. Dann bin ich an dieser Stelle am Ende meiner Kraft angelangt.

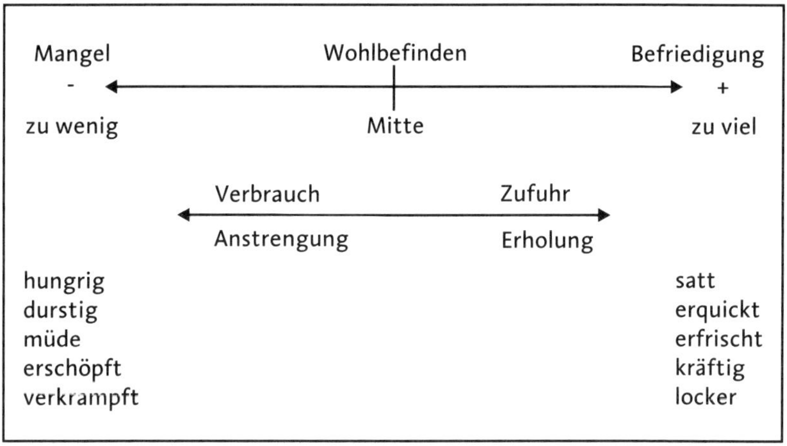

Spektrum des Vitalsinns

All dies sind Wahrnehmungen des Vitalsinns. Wir sehen an den Beispielen, dass diese Wahrnehmungen auf einem Spektrum liegen, in dem es eine Mitte sowie zwei Abweichungen gibt. Die Mitte ist das Wohlbefinden, von dem die Abweichung entweder in Richtung zu wenig oder in Richtung zu viel geht. An beiden Enden befindet sich die jeweilige Grenze unserer Möglichkeiten, die Grenze des Ertragbaren, Machbaren, Leistbaren. Wird die Grenze überschritten, kann Schmerz, können auch Schäden auftreten.

In den Bereich des Vitalsinns gehören alle Wahrnehmungen körperlicher Befindlichkeit, auch spezielle Organwahrnehmungen wie das Atmen, der Blasendruck oder Verdauungsvorgänge. Ja, alle Organe des Körpers werden ständig wahrgenommen. Bei Normalfunktion ist diese Wahrnehmung aber nur die unbewusste Grundlage des allgemeinen Wohlbefindens. Weicht die Funktion eines Organs von der Mitte in eine

Über- oder Unterfunktion ab, dann tritt auch eine entsprechende Wahrnehmung für den Vitalsinn auf, die wir manchmal erst bemerken, wenn sie mit Schmerzen verbunden ist.

Von der Mitte zu den Grenzen

Nun sind die beschriebenen Verhältnisse nicht von Anfang an gegeben, sondern müssen sich im Laufe von Kindheit und Jugend erst entwickeln. Dabei sind zwei Dinge wichtig. Mitte kann nur erfahren werden, indem sie durch kleinere oder größere Abweichungen umspielt wird, Grenzen nur, wenn sie berührt oder überschritten werden.

Zu Beginn des Lebens ist die Erfahrung der Mitte von entscheidender Bedeutung. Nach der Geburt ist das Kind ja in der neuen Situation, dass die Ernährung nicht mehr von selbst läuft und schon gar nicht ununterbrochen, wie es vorher der Fall war. Neu ist, dass das Kind einige Zeit nach dem Trinken erst leise, dann immer deutlicher den Mangel spürt, was es dann ja auch äußert. Würde man – z.B. in dem Glauben, das Kind dadurch abzuhärten – die Abstände zwischen dem Stillen oder Füttern groß machen, damit das Kind lernt, den Hunger eine Weile auszuhalten, würde man etwas ganz anderes erreichen. Das Kind wäre so länger im Zustand des Unwohlseins als im Zustand des Wohlbefindens. Dadurch würde es mit seinem körperlichen Dasein, das es gerade erst kennenlernt, die Erfahrung des Unwohlseins verbinden, eine Grundprägung der Antipathie gegenüber dem eigenen Körper, die es in sein Leben mitnähme. Würde man ins Gegenteil verfallen und das Kind, damit es keinen Mangel erlebt, am Tropf großziehen, würde man verhindern, dass das Kind erfährt, wo die Mitte ist. Damit würde die Orientierung auf eine Mitte fehlen und in Folge dessen eine Abweichung nicht als Abweichung erkannt. Das Kind wüsste nicht, wie der mittlere Zustand herzustellen ist und wie er sich anfühlt. Außerdem würde man das Kind von einer Dauerversorgung abhängig machen, deren Unterbrechung Unsicherheit und Angst hervorriefe. Nun zieht niemand sein Kind am Tropf groß, aber wenn man dem Kind ständig die Brust oder die Flasche reicht, ist man nicht weit davon entfernt. Selbstverständlich müssen die Abstände am Anfang kürzer sein, sie müssen jedoch im Laufe der Zeit deutlich größer werden, damit das Kind durch das Pendeln um die Mitte eine Orientierung auf diese Mitte hin erfährt. Dann wird das Kind das Wohlbefinden jedes Mal neu genießen und dadurch ein positives Gefühl mit dem körperlichen Dasein verbinden. Findet dieses Pendeln regelmäßig statt, in einem gewissen Rhythmus und nicht jeden Tag anders, dann wird sich zum Wohlgefühl auch noch das Gefühl der Sicherheit einstellen. Beides wird das Kind als Grundprägung ins Leben mitnehmen.

In der frühen Kindheit muss also im Bereich des Vitalsinns die Erfahrung der Mitte gegenüber allem anderen vorherrschen. Das Kind lernt dadurch das Leben im Leib als etwas Angenehmes kennen und fühlt sich in seinem Körper wohl. Außerdem lernt es die Mitte zwischen Bedürfnis und Befriedigung und damit das richtige Maß für den eigenen Körper kennen. Ist ein Mensch so aufgewachsen, dass er als Kind diese Erfahrungen nicht oder zu wenig machen konnte, dann wird ihn das Grundgefühl der Lebensunsicherheit begleiten. Hat er das Dasein im Körper als unangenehm erlebt, wird sich Angst davor einstellen, den als unangenehm erlebten eigenen Körper wahrzunehmen, und er wird alles tun, diese Wahrnehmung zu vermeiden. Im Extrem kann Hass dem eigenen Körper gegenüber entstehen. Um vor dieser unsicheren und unangenehmen Situation zu fliehen, wird dann Ablenkung gesucht. Kinder zeigen in einem solchen Fall alle Formen der Hyperaktivität, Zappeln, Herumrennen, ständiges Reden, Grimassen schneiden, Geräusche produzieren, Hüsteln, Räuspern und andere nervöse Ticks, um sich selbst nicht spüren zu müssen. Bei Erwachsenen kann diese Ablenkung in Unternehmungs- und Kaufsucht, in Medienkonsum, in ständigem Essen oder in Betäubung durch Tabletten oder Drogen bestehen. Diese Menschen, auch die Kinder, sind auf der verzweifelten Suche nach Heimat und Maß in ihrem Körper.

Mangel aushalten lernen

Nun ist es aber auch wichtig, dass die andere Seite zu ihrem Recht kommt. Kinder müssen selbstverständlich lernen, Abweichungen vom Wohlbefinden auszuhalten. Die Frage ist nur: Wann ist das dran? Das erfahren wir, wenn wir Kinder beobachten. Drei- bis Vierjährige beginnen selbst damit, indem sie Hunger oder Durst, die drängende Wahrnehmung aufs Klo zu müssen, ja sogar Müdigkeit beiseiteschieben, weil das Spiel oder das Bilderbuch oder einfach das Zusammensein mit den Erwachsenen so schön ist. Ein oder zwei Jahre zuvor wären die Prioritäten sicher noch andersherum gewesen. Jetzt beginnt das Kind zu lernen, dass körperliche Bedürfnisse zu Gunsten anderer Bedürfnisse oder Ziele zurückgestellt werden können. Etwa bis zum elften Lebensjahr muss das ein sicherer Bestandteil des Verhaltens geworden sein.[37] Damit befreit sich das Seelische von der Dominanz des Körperlichen. Wird dieser Schritt nicht oder nicht vollständig erreicht – und das passiert z.B., wenn das fünfjährige oder ältere Kind immer noch bei jedem Quengeln zu essen oder zu trinken oder jeden anderen Wunsch erfüllt bekommt –, dann wird die Wahrnehmung der körperlichen Bedürfnisse sich auch später immer ins Bewusstsein drängen, und das heißt, der Mensch wird von seinem Körper und dessen Bedürfnissen mehr oder weniger abhängig bleiben. Selbstständigkeit kann aber nur eintreten, wenn man Bedürfnis und Befriedigung zu trennen vermag.

Das Kind muss also, dem Alter entsprechend, lernen, den Mangel auszuhalten. Dazu gehört z.B., dass es bis zur gemeinsamen Mahlzeit oder bis zur nächsten Pause mit dem Essen wartet. Damit sollte man beim dreijährigen Kind langsam beginnen, beim Schulkind sollte es selbstverständlich sein. Dazu gehört auch, dass das Kind bei der Wanderung oder bei der Fahrradtour bis zum Ziel durchhält, dass es das begonnene Beet bis zu Ende umgräbt und beim Waldpraktikum die Arbeiten, die zum Fällen des Baumes dazugehören, nämlich das mühsame Entfernen der Äste und das Schälen des Stammes, zu Ende bringt, obwohl es erschöpft ist. Voraussetzung ist selbstverständlich, dass die Aufgaben im jeweiligen Alter zu bewältigen sind. Hat das Kind die Wanderung oder Fahrradtour geschafft, die Aufgabe erledigt, so entsteht Befriedigung, ja Glücksgefühl,[38] und die Erschöpfung ist vergessen. Und die Folge ist: Es weiß jetzt, was es leisten kann. Es wird sich eine solche Leistung in Zukunft zutrauen, kann sie sogar steigern. Ein Kind, das nie oder selten die Chance bekommt, seine eigenen körperlichen Möglichkeiten, seine Kräfte, sein Durchhaltevermögen kennenzulernen, weil ihm jede Anstrengung abgenommen wird, traut sich nichts zu. Es weiß ja auch gar nicht, was es sich zutrauen kann, und kann in Folge dessen sein Vermögen auch nicht ändern oder steigern. Und das ist eine Situation, die niemanden glücklich macht. Man sollte übrigens das Auftreten des Glücksgefühls nach geschaffter Aufgabe nicht einfach vorbeigehen lassen, sondern ruhig etwas genießen und das Erreichte feiern. Mit dem Genießen kann man sich dann wieder in der Mitte einpendeln. Außerdem muss auch das Genießen gelernt werden.

»Ich-kann«-Erfahrungen

Es gehört also zu den wichtigen Erfahrungen jedes Kindes, beginnend im vierten, fünften Lebensjahr, sich von der angenehmen Mitte zu entfernen und die Grenzen kennenzulernen. Lernt das Kind den Mangel, die Anstrengung, die Ermüdung und Erschöpfung auszuhalten, wird es dadurch Schritt für Schritt seine körperlichen Möglichkeiten und seine Belastungs- und Leistungsgrenzen entdecken und daran Selbstvertrauen entwickeln. Dazu ist aber nötig, dass man dem Kind etwas zutraut, dass man es viel selbst tun lässt und ihm Ermüdung, Erschöpfung und auch Schmerzen, die in diesem Zusammenhang natürlich auftreten können, nicht erspart. Dabei ist noch etwas wichtig: Die Anstrengung muss sich lohnen. Sie sollte mit schönen Erlebnissen, vielleicht auch mit Geheimnisvollem, Verlockendem verbunden sein, am besten den Charakter des Abenteuers haben. Dann kann am Ziel die genussvolle Selbstbestätigung eintreten, die nur durch eine »Ich-kann«-Erfahrung[39] möglich wird. Und die wiederum ist eine der Hauptsäulen späterer Selbstständigkeit. Genau hier setzt gute Erlebnispädagogik an, die mit ihren

Angeboten die Kinder und Jugendlichen zu solchen »Ich-kann-Erfahrungen« führt.

Wir sehen also: Wir müssen unsere körperlichen Möglichkeiten bis zu unseren jeweiligen Leistungsgrenzen erfahren, um sicher zu werden und um Selbstvertrauen und Leistungsfähigkeit zu entwickeln. Dabei müssen die wesentlichen Erfahrungen auf diesem Feld bis zum vierzehnten, fünfzehnten Lebensjahr gemacht sein. Fehlen sie, so werden sie später an irgendwelchen oft sinnlosen oder gefährlichen Stellen nachgeholt. Denn jeder Mensch sucht die Erfahrung der eigenen Grenzen, da sie ein wichtiges Stück Selbsterfahrung ausmachen, ohne die niemand zufrieden leben kann. Zugleich zeigt sich: Je später diese Erfahrungen gesucht werden, desto extremer werden sie sein. Die gefährlichen, waghalsigen Unternehmungen mancher Jugendlichen und der sogenannte Extremsport[40] haben hier ihre Ursache. Und mancher hat solche späte Selbsterfahrung mit der Gesundheit, ja mit dem Leben bezahlen müssen. Das hätte man vermeiden können, wenn in der Kindheit entsprechende Erfahrungen möglich gewesen wären. Werden solche Erfahrungen in früheren Jahren gemacht, reicht nämlich das normale Erfahrungsfeld und die Wirkung hält fürs Leben.

Der heutige Alltag vieler Kinder zeigt, wie wenig davon selbstverständlich ist. Denn wenn Kinder heute z.B. überall hingefahren werden, selbst den kürzesten Weg, dann nimmt man ihnen die Selbsterfahrung, die sie machen könnten, würden sie selbst laufen oder mit dem Fahrrad fahren. Mit jedem Bedienen nimmt man den Kindern wichtige Erfahrungen, die sie zum Aufbau ihrer Lebenssicherheit brauchen, und macht sie ein Stück untauglich fürs Leben. Leistungsschwäche und mangelndes Zutrauen in die eigenen Möglichkeiten sind die Folge. Wollen wir unsere Kinder fürs Leben tauglich machen, dann müssen wir ihnen viel Erfahrungsraum geben und sie viele Erfahrungen mit ihrem Körper machen lassen, und das heißt, sie müssen viel selbst tun und sich viel bewegen können. Aus diesem Grund bleibt heute in mancher Familie am Wochenende das Auto in der Garage, weil Eltern, Kinder und Freunde das Wandern und Fahrradfahren neu entdeckt haben. Aus demselben Grund haben einzelne Kindergärten einen Waldtag eingeführt und manche Schulen konzipieren jetzt die Klassenfahrten ohne Bedienung, mit Elementen der Erlebnispädagogik, damit die Kinder dabei, dem Alter entsprechend, ein Stück Selbsterfahrung machen können. Für diesen Umschwung vom Bedienen zur Selbsterfahrung der Kinder ist es höchste Zeit. Die Kinder brauchen ihn für eine gesunde Entwicklung.

Der Freiheit auf der Spur – Der Bewegungssinn

Das Wahrnehmungsfeld

Das Bewegen gehört so selbstverständlich zu unserem Leben, dass wir ganz vergessen, dass wir unsere Bewegungen auch wahrnehmen. Das Wahrnehmen der eigenen Bewegung läuft eben in der Regel ab, ohne dass wir es bemerken. Es lässt sich aber leicht beobachten. Halten wir z.B. unsere Hand vor uns und drehen sie, sodass wir sie einmal von innen und einmal von außen sehen. Dann schließen wir die Augen und wiederholen die Bewegung der Hand. Wir nehmen jetzt die Drehung genauso deutlich wahr wie vorher und wissen auch, wie weit wir die Hand gedreht haben. Lassen wir die Augen geschlossen und halten den Zeigefinger vor uns und führen ihn etwa 10 cm nach links und zur Mitte zurück, dann genauso weit nach rechts und wieder zur Mitte zurück, zeichnen dann vor uns in die Luft ein Dreieck, das seine Spitze unten hat, einen Kreis oder irgendeine andere Form. Dabei stellen wir fest: Wir nehmen jede Bewegung wahr, nehmen wahr, ob die Entfernung nach links und nach rechts gleich groß war, ob wir in der Mitte bzw. beim Ausgangspunkt der Form wieder angekommen sind und ob die Seiten des Dreiecks gleich oder verschieden lang sind. Wir können mit geschlossenen Augen auch eine Tasse zum Mund führen, daraus trinken und sie wieder absetzen. Wir können eine andere Person bitten, uns bei diesen Bewegungen zuzuschauen. Sie wird unsere eigenen Beobachtungen bestätigen. Dabei ist zunächst nicht entscheidend, ob die Bewegungen oder Formen genau so werden, wie wir sie uns vorgestellt haben. Das werden wir mit etwas Übung erreichen. Entscheidend ist vielmehr, dass wir wahrnehmen, wie sie tatsächlich geworden sind. Wir nehmen ja wahr, wenn wir anderswo gelandet sind oder wenn der Kreis eine Birne geworden ist, und können uns ein inneres Bild davon machen. Es entgeht uns auch nicht, wenn wir den Finger nur wenige Millimeter bewegen, auch nicht, wenn wir nur die Muskeln spielen lassen. Im Gesicht können wir unsere Bewegung besonders fein wahrnehmen. Bewegen wir, um das zu beobachten, erst den einen, dann den anderen Mundwinkel leicht nach oben, nach unten oder vielleicht entgegengesetzt, bewegen die Umgebung der Augen, strecken – wenn niemand sich betroffen fühlen kann – die Zunge raus und schneiden Grimassen. Wir nehmen dabei sehr genau wahr, was wir machen und wie weit es gelingt. Wir brauchen dafür keinen Spiegel, der kann nur beim Üben hilfreich sein.

Durch den Bewegungssinn nehmen wir also jede unserer Bewegungen körperintern wahr. Daher können wir Bewegungen auch im Dunkeln oder ohne hinzuschauen ausführen. Dabei werden außerordentlich feine Bewegungen und geringe Winkelveränderungen wahrgenommen, die man mit dem Auge kaum bemerken kann.[41] Mehr noch: Wir nehmen auch wahr, wenn jemand anderes unsere Glieder bewegt. Außerdem nehmen wir, ohne uns zu bewegen oder bewegt zu werden, die Lage der Glieder wahr und wissen, wie wir uns halten, ob wir gerade oder gebeugt stehen, sitzen. Der Bewegungssinn ermöglicht uns also die Wahrnehmung jeder Bewegung sowie jeder Stellung und Haltung unseres Körpers und seiner Glieder.

Die Physiologie nennt drei verschiedene Rezeptoren, welche die Bewegungswahrnehmung ermöglichen: In den Gelenken sind es Mechanorezeptoren, die auf Haltungsänderungen reagieren.[42] Wichtiger sind die sogenannten Muskelspindeln, die das Ausdehnen und Zusammenziehen der Muskeln registrieren und in allen Muskeln, in unterschiedlicher Dichte, vorkommen.[43] Dabei sind für den dynamischen Teil einer Bewegung und die statische Spannung in den Muskeln zwei verschiedene Sensorentypen zuständig.[44] In den Sehnen finden sich weitere Rezeptoren, die sogenannten Golgi-Organe, die die Spannung der Sehnen registrieren.[45] Aus den Einzeldaten dieser Rezeptoren wird die Bewegungswahrnehmung zusammengefügt. Sie ist nie punktuell. Wäre sie es, könnten wir uns nicht sinnvoll bewegen. Sie ist vielmehr immer komplex und umfasst den ganzen Bewegungsablauf und kleinere oder größere Zusammenhänge.[46] Wir nehmen z.B., wenn wir uns nach einem Gegenstand bücken, alles zugleich wahr: wie wir stehen, wie wir den Rücken beugen, den Kopf halten, wo sich unsere Hände befinden, welche unterschiedlichen Bewegungen die Finger machen und mit welcher Intensität und Geschwindigkeit[47] wir diese verschiedenen Bewegungen ausführen. Wir erfassen mit dem Bewegungssinn also sowohl den zeitlichen Verlauf einer Bewegung als auch das räumliche Verhältnis der Bewegungen und Stellungen der verschiedenen Glieder oder Partien unseres Körpers zueinander und aus beidem schließlich den Charakter der jeweiligen Bewegung, ihr Tempo, ihre Intensität. Und da die Wahrnehmung parallel und gleichzeitig zur Bewegung abläuft, können wir auch jederzeit unsere Bewegungen ändern und den veränderten Bedingungen anpassen.

Vom Ziel her gesteuert

Man ging lange davon aus, dass jede Bewegung, ja jedes Detail einer Bewegung direkt vom Gehirn unter Benutzung eingeprägter Bewegungsmuster gesteuert wird. Die Forschungen der letzten Jahre machen deutlich, dass diese Vorstellung zu korrigieren ist.[48] Bei verschiedenen Versuchen zeigte sich, dass die körperliche Bewegung nicht in jeder Einzelheit geplant werden muss, wenn das Bewegungsziel bekannt ist. Dann können nämlich auch sehr komplexe, vielleicht sogar unmöglich erscheinende Bewegungen ohne Schwierigkeiten ausgeführt werden. So hatten die Versuchspersonen z.B. mit jeder Hand eine Kurbel zu drehen. Die eine Kurbel bewegte einen Zeiger direkt, bei der anderen sorgte eine Zahnradübersetzung dafür, dass sich der Zeiger langsamer drehte, und zwar so, dass diese Kurbel viermal gedreht werden musste, damit der Zeiger sich im selben Tempo bewegte, wie der andere bei drei Umdrehungen. Das ist eine Aufgabe, die man normalerweise nur mit sehr viel Geschick und langer Übung bewältigen wird. Die Versuchsanordnung war nun so, dass Kurbeln und Hände durch eine Tischplatte verdeckt waren, der Blick der Versuchspersonen also nur auf die Zeiger fiel. Die Versuchspersonen lösten die Aufgabe, beide Zeiger gleich schnell und in gleicher Richtung zu drehen, mit Leichtigkeit, ohne vorherige Übung. Sie konnten nämlich ihre eigenen Hände gewissermaßen vergessen und sich auf das Ziel der Bewegung, die gleiche Zeigerdrehung, konzentrieren. Wir kennen etwas Ähnliches aus der täglichen Erfahrung. Wollen wir mit einer vollen Kaffeetasse oder mit einer Schüssel voll Wasser durch die Wohnung gehen und achten dabei nur auf das Gefäß, wird uns das weniger gut gelingen, als wenn wir, ohne auf Hände und Gefäß zu achten, einfach den Weg in den Blick nehmen. Jeder Tänzer, Schauspieler und Musiker kennt das selbstverständlich. Er lässt nicht die einzelnen Muskeln sich bewegen, um dadurch etwas auszudrücken, sondern weil er einen bestimmten Ausdruck beabsichtigt, bewegen sich die Muskeln entsprechend. Das ist von Bedeutung, denn das heißt, dass Bewegung vom Ziel her gesteuert wird oder, anders ausgedrückt, dass wir durch mentale Inhalte Bewegung steuern können.[49]

Entfaltung der Bewegungsfähigkeit

Bewegen ist eine Grundfähigkeit des Menschen und von Anfang an vorhanden. Und doch müssen wir lernen, uns zu bewegen. Wie kommt das? Dem Neugeborenen stehen drei Möglichkeiten zur Verfügung, sich zu bewegen. Es strampelt mit Armen und Beinen. Das ist eine unkoordinierte Bewegung, deren Differenzierung nur in heftig und weniger heftig besteht. Die Händchen an eine bestimmte Stelle hinstrecken oder etwas ergreifen kann es noch nicht. Das Kind kann aber einige sinnvolle Bewegungen machen, z.B. saugen, wenn die Lippen berührt werden, den Kopf dorthin wenden, wo die Backe berührt wurde, oder die Hand zum Festhalten schließen, wenn sie innen berührt wurde. Diese Bewegungen kann das Kind ausführen, weil ihm Reflexe eingeprägt sind, die auf bestimmte Situationen und Reize reagieren. Dazu gehören auch die Stell- und Haltungsreflexe wie der sogenannte Moro-Reflex, der als Schreckreaktion eintritt. Sie haben wichtige Funktionen in der Bewegungsentwicklung des ersten Lebensjahres und sorgen für den Aufbau der Muskelspannung.[50] Und schließlich ist das Kind in der Lage zu imitieren, besonders den Gesichtsausdruck eines anderen Menschen, und zwar bereits unmittelbar nach der Geburt.[51] In allen diesen Fällen handelt es sich um reflexhafte, nicht um geführte Bewegung. Jede geführte Bewegung muss erst gelernt werden. Wird sie erlernt, dann müssen die Reflexe verschwinden bzw. in die neue Bewegungsfähigkeit integriert werden.

Wiederholen und Experimentieren

Für das Lernen ist entscheidend, dass das Kind seine Bewegungen wahrnimmt. Ohne dies wäre Lernen nicht möglich. Das Kind bewegt sich also, nimmt die Bewegungen und die Bewegungszusammenhänge wahr (was selbstverständlich unbewusst bleibt) und kann daraufhin seine Bewegungen verändern, differenzieren und eben nach und nach immer besser führen. So weit kommt es aber nur, wenn diese Vorgänge ständig wiederholt werden. Jedes Kind tut das normalerweise mit Energie und Freude. Denken wir nur einmal daran, wie ein Kind, wenn es zu stehen beginnt, sich an einem Stuhl hochzieht, diesen loslässt, das Gleichgewicht verliert und auf den Hintern fällt, sich auf die Knie dreht, hinkrabbelt und sich wieder hochzieht und das Ganze noch einmal und noch einmal wiederholt. Durch das Wiederholen werden die Bewegungen und Bewegungsabläufe einverleibt. Das heißt erstens, dass sich die motorischen Bereiche des Gehirns durch das Bewegen in bestimmte Schaltkreise differenzieren und die Synapsen sich in Struktur und chemischer Zusammensetzung ändern, was dann eine immer genauere Bewegungsführung und Bewegungsplanung ermöglicht.[52] Übt man einen bestimmten Bewegungsablauf intensiv, so ist bereits nach einer Übezeit von dreißig Minuten eine Vergrößerung des entsprechenden Hirnareals zu beobachten. Eine langfristig stabile Vergrößerung wird daraus aber nur bei regelmäßigem intensivem Üben über viele Wochen. Sonst stellt sich nach etwa einer Woche der alte Zustand wieder her.[53] Durch das Wiederholen entwickelt sich zweitens eine Art Bewegungsgedächtnis, ein Erfahrungsbild vom Bewegungsorganismus, das wir mit jeder Bewegung weiter ausgestalten,[54] wodurch wir unsere Bewegungen immer besser in Zusammenhang bringen können. Dadurch entstehen vielfältige Bewegungsmuster, auf die wir bei den vielen immer wieder vorkommenden Bewegungsabläufen zurückgreifen können. Drittens haben die Bewegungen, die wir immer wieder machen, einen Einfluss auf die Ausbildung der Organe unseres Körpers. Die Muskeln bilden sich aus, je nachdem, wie sie durch Bewegung beansprucht werden. Auch auf die Bildung der Knochen und Gelenke hat das Bewegen Einfluss. Man denke nur an die nicht mehr rückgängig zu machende Bildung der Fußknochen bei den Wolfskindern, die gelernt haben, sich auf allen Vieren zu bewegen.[55] Eines der erstaunlichen Phänomene in diesem Zusammenhang ist ja, dass das Fußgewölbe, das beim Säugling nicht vorhanden ist, sich erst bildet, wenn der Fuß belastet und bewegt wird.[56] Schließlich hat das Bewegen auch auf ganz andere Organe wie z.B. Herz oder Lunge einen Einfluss und damit auf Konstitution und Gesundheit des Menschen.

Nun führt das Kind ja nicht nur immer wieder dieselben Bewegungen und Bewegungsabläufe durch, sondern probiert ständig etwas anderes aus. Dadurch erweitert sich sein Bewegungsspektrum. Probieren und Wiederholen, kann man sagen, sind die beiden Prinzipien, welche die Bewegungsentwicklung, und das heißt immer auch die Entwicklung der Bewegungswahrnehmung, bestimmen. Wird eines von diesen Prinzipien oder werden sogar beide gehemmt, treten einschneidende Defizite auf.

Im ersten Lebensjahr zielt die Bewegungsentwicklung darauf, dass das Kind seinen Körper in Besitz nimmt und lernt, die reflexhafte Bewegung durch eine geführte Bewegung zu ersetzen, was selbstverständlich mit dem ersten Lebensjahr nicht abgeschlossen ist. Diese Entwicklung hat immer einen bestimmten Verlauf. Sie geht vom Kopf über den Oberkörper und den gesamten Rumpf zu Armen und Beinen, um als letztes bei den Händen und Füßen, Fingern und Zehen anzukommen. Außerdem verläuft sie vom Allgemeinen zum Spezialisierten, von der Grobmotorik zur Feinmotorik, zu der auch die Sprachmotorik gehört. Die nachfolgende Tabelle[57] gibt einen Überblick über die wichtigsten Schritte in der Bewegungsentwicklung im ersten Lebensjahr und das durchschnittliche Alter, in dem sie häufig eintreten. Es sind Durchschnittswerte, also kein Plan, nach dem die Entwicklung ablaufen muss, sondern ein Gerüst zur Orientierung für uns Erwachsene. Jedes Kind hat aber sein eigenes Tempo.

Übersicht über die motorische Entwicklung im 1. Lebensjahr

Grobmotorische Fähigkeiten	Monate	Feinmotorische Fähigkeiten
	1	Fixation der Augen
Hält den Kopf aufrecht und stabil (auch in Bauchlage)	1-2	Greifversuche noch wirkungslos
Hebt Kopf und Brust (in Bauchlage), sitzt angelehnt	2-3	Willkürliches, aber unpräzises Greifen
Dreht sich vom Bauch auf den Rücken	3-4	
Kann auf Hände gestützt in Bauchlage verweilen	4	
	4-5	Erfolgreiches Greifen mit der ganzen Hand (Faustgriff) und Festhalten, kann Hände zusammenführen
Kann aus Rückenlage den Kopf heben	5	
Dreht sich vom Rücken auf den Bauch, kann mit Gegenstand (z.B. Löffel) rhythmisch auf eine Unterlage schlagen, beginnt sich kriechend fortzubewegen	6-7	Zielgenaues, kontrolliertes Greifen und Festhalten
Kann sitzen	7-8	
Krabbelt	8-9	
Lernt zu knien, zieht sich zum Stehen hoch	9	Beim Greifen Zangengriff (Daumen und Zeigefinger), erkundet die Gegenstände mit den Fingern

Grobmotorische Fähigkeiten	Monate	Feinmotorische Fähigkeiten
Läuft, an Händen geführt	10	Händeklatschen, Gegenstände werfen
Steht frei	11–12	
Läuft allein	12–14	Kann Gegenstände loslassen, fallen lassen Greifen mit Pinzettengriff/Spitzgriff, d.h. kann Perlen, Rosinen, Krümel ergreifen

Die Bewegungsentwicklung ist kein Naturvorgang, der rein durch Veranlagung abläuft, obwohl es oft so aussieht. Es sind vielmehr ganz bestimmte Bedingungen nötig, damit sich die Bewegungsfähigkeit gut entwickeln kann, Bedingungen, die heute nicht mehr selbstverständlich sind. Man braucht nur an die Defizite zu denken, die heute in der Motorik vieler Kinder zu beobachten sind. Das Kind braucht erstens selbstverständlich die Möglichkeit, sich zu bewegen und Bewegungen zu probieren, und es braucht dafür im Laufe der ersten Jahre immer mehr Platz und Freiraum. Es muss aber auch in Ruhe gelassen werden, damit es immer wieder neue Bewegungen ausprobieren, sie wiederholen und damit spielen kann, und sollte nicht ständig durch Animation, das heißt durch gut gemeinte, aber störende Beschäftigungsangebote unterbrochen werden. Die Gefahr ist nämlich dann, dass sich die Bewegungsbahnen nicht genügend einprägen können und das Springen von einer zur nächsten Tätigkeit zur Gewohnheit wird. Die wichtigste Bedingung ist aber: Es braucht Erwachsene in seiner Umgebung, die sich bewegen. Es muss bestimmte Bewegungen, Haltungen und Verrichtungen in seiner Umgebung sehen, um sie nachahmen und ausprobieren zu können. Nicht einmal den aufrechten Gang, eine gattungsspezifische Fähigkeit also, lernt das Kind ohne ein entsprechendes Vorbild. Das haben die verschiedenen Fälle von Wolfskindern oder wilden Kindern, die nicht in menschlicher Umgebung aufwuchsen, oder die Fälle extremer Vernachlässigung gezeigt.[58] Die beiden Kinder z.B., die 1920 in Indien bei Wölfen gefunden wurden,[59] hatten das Bewegungsmuster der Wölfe angenommen und bewegten sich außerordentlich flink auf allen Vieren. Den aufrechten Gang konnten sie in der menschlichen Umgebung später nicht mehr erwerben. Das bewegte menschliche Vorbild ist also der Hauptauslöser der kindlichen Bewegungsentwicklung, des Lernens überhaupt.[60] Selbstverständlich muss das Kind nicht jede Bewegung und jede Verrichtung dem Vorbild abschauen, aber die wichtigsten schon und vor allem genügend viele. Das bedeutet, dass das Kind beim Erwachsenen viele sinnvolle Tätigkeiten sehen sollte und dann auch die Gelegenheit haben sollte, sie nachzuahmen und, wenn es etwas älter ist, auch konkret mitzutun. Jede praktische Verrichtung im Haus und im Garten, und, wo das möglich ist, in der Werkstatt und im Stall, ist da sinnvoll. Das Kind wird immer geschickter, wenn es häufig mitmachen darf. Sich bewegen lernt man schließlich nur durchs Tun.

Lernen am Vorbild

Man kann verschiedene Bereiche beobachten, in denen das Kind vom Vorbild lernt. Zunächst imitiert es einfach Bewegungen und Haltungen und macht sie sich dadurch zu eigen. Und es ist erstaunlich, wenn man sieht, wie genau ein Kind z.B. die Bewegung der Hand, den Gesichtsausdruck oder die Haltung des Kopfes nachmacht, die es bei einem Erwachsenen gesehen hat. In solchen Fällen ist das Kind wie ein Spiegelbild des Erwachsenen. Die Entdeckung der sogenannten Spiegelneuronen[61] wirft ein Licht darauf, wie es kommt, dass wir allein durch Zuschauen eine Bewegung oder Tätigkeit erfassen und anschließend selbst ausführen können. Die Forschungen haben nämlich nachgewiesen, dass die Neuronen im Vorderhirn, die aktiv sind, wenn ich zu einer Tasse greife, auch dann aktiv sind, wenn ich sehe, dass jemand anderes zur selben Tasse greift. Das heißt, es besteht eine unmittelbare Verknüpfung zwischen der Wahrnehmung eines Bewegungsvorbildes und der Umsetzung in eigene Bewegung. Und das findet beim Kind nun ständig statt. So lernt das Kind vom Erwachsenen oder von älteren Kindern den Umgang mit Gegenständen und Werkzeugen und verschiedene Tätigkeiten, indem es die Bewegungen und Handgriffe nachmacht. Es wird diese Handgriffe beim Spielen anwenden, nicht nur bei der wirklichen Tätigkeit, und sich dadurch einprägen. Und schließlich lernt das Kind eben auch, sich durch Bewegung auszudrücken, wenn das Vorbild dies auch tut und sich in eine Interaktion einlässt.[62]

Mit der Vorschulzeit ist die Bewegungsentwicklung selbstverständlich nicht abgeschlossen. Kinder erwerben gerade im Alter zwischen sechs und zwölf Jahren wichtige Bewegungskompetenzen, die später nicht mehr so leicht zu erreichen sind. Man denke nur an das Schwimmen, Radfahren, Skifahren, aber auch an handwerkliche Tätigkeiten, das Spielen eines Musikinstrumentes und ans Zeichnen: Wenn etwas davon zur persönlichen Stärke werden soll, muss es in dieser Zeit erlernt und geübt werden.

Warum denn bewegen?

Ist es wichtig, dass wir uns bewegen? Hat es weiterreichende Folgen, wenn wir es nicht tun oder nicht können? Die Antwort lautet eindeutig: Ja. Es gibt einen engen Zusammenhang zwischen Bewegung, besonders zwischen der Feinmotorik der Hand, und der Sprache, weswegen die Sprachentwicklung durch eine Schulung der Feinmotorik gefördert werden kann.[63] Das wird in der Ergotherapie ja vielfach angewendet. Untersuchungen an Kleinkindern haben auch gezeigt, dass man die Sprachentwicklung durch den Gebrauch von Gesten und Pantomime fördern, ja beschleunigen kann.[64] Durch die Gehirnforschung ist inzwischen klar, dass ein enger Zusammenhang zwischen körperlicher Bewegung und kognitiven Fähigkeiten besteht. So gilt nämlich, in Ergänzung zu dem zuvor über die Spiegelneuronen Gesagten, dass auch dann dieselben Regionen im Gehirn aktiv sind, wenn ich mich bewege und wenn ich mir diese Bewegung vorstelle, also wenn ich mir z.B. vorstelle, wie ich vorher in der Küche den Kaffee aufgegossen oder an welche Stelle ich den Schlüssel hingelegt habe. Aber nicht nur das Vorstellungs- und Abstraktionsvermögen, sondern Gedächtnis, Aufmerksamkeit, Lernen und Intelligenz sind – nach heutigem Stand der Forschung – eng mit der Fähigkeit körperlicher Bewegung verbunden.[65] Zum Schlausein braucht das Gehirn einen Körper, der sich bewegt und Wahrnehmungen hat. Diese Erkenntnis liegt sogar den neuen Robotern zugrunde, die das Problem des Gehens auf eine erstaunliche Weise bewältigen.[66] Das bedeutet für den Menschen: Körperliche und seelische oder geistige Fähigkeiten oder, anders gesagt, äußere und innere Beweglichkeit stehen in einem engen Zusammenhang. Nun ist gerade unter diesem Gesichtspunkt nicht jede Bewegung von gleichem Wert. Und deswegen reicht es auch nicht, wenn heute für Kinder pauschal mehr Bewegung gefordert wird. Denn nicht jede äußere Bewegung bewirkt dasselbe an innerer Beweglichkeit. Schauen wir uns also die vier Kategorien menschlicher Bewegungsfähigkeit[67] genauer an.

Vier Kategorien von Bewegungsfähigkeit

Wenn wir uns viel bewegen, wenn wir laufen, schwimmen, Gymnastik oder Sport treiben, dann bringen wir uns eine Vielzahl von Bewegungen bei und machen unseren Körper bewegungsfähig. Kinder tun dies ununterbrochen, indem sie sich bücken und aufrichten, drehen und wenden, hinfallen und wieder aufstehen, laufen, hüpfen und springen. Ist das geschehen, dann sind wir dadurch beweglich, vielleicht auch flink und geschmeidig und in der Lage, unsere Bewegungen zu führen und zu beherrschen. Dann haben wir unseren Körper im Griff. Haben wir uns dagegen zu wenig bewegt, dann fehlt uns die Beweglichkeit und die Bewegungssicherheit und wir sind vielleicht etwas steif in unseren Bewegungen und in unserem Verhalten. Beweglichkeit, die erste Kategorie von Bewegung, ist eine wichtige Lebensqualität. Sie ist immer mit Freude verbunden. Beweglichkeit reicht aber noch nicht aus, um z.B. tanzen oder Fahrrad fahren zu können. Dazu ist noch anderes nötig.

Die zweite Kategorie des Bewegens wird meist vergessen. Es ist die Fähigkeit, sich mitbewegen zu können. Schauen wir einmal – in Gedanken – einer Reihe Kinder zu, die nacheinander durch ein Seil springen, das von zwei Erwachsenen geschwungen wird. Manche können es, andere bleiben hängen. Was machen die Kinder, die es können? Man kann es sehen: Sie schwingen sich in den Rhythmus des Seils ein, bevor sie springen. Das heißt, sie folgen ganz dem externen Rhythmus der Bewegung. Wer nur seinem eigenen Rhythmus folgt, bleibt hängen. Es handelt sich hier also um die Fähigkeit, die eigene Bewegung auf eine externe Bewegung oder einen externen Rhythmus einstellen zu können. Das Seilspringen ist selbstverständlich nur *ein* Beispiel, an dem man diese Fähigkeit lernen und überprüfen kann. Gleiches gilt auch für das Schaukeln, für Kreisspiele, Bewegungsspiele, für viele Ballspiele, das Tanzen und andere rhythmische und Bewegungsvorgänge und in ganz besonderem Maße für das Reiten. Auch das Leben mit Tieren und ihr Versorgen fordert diese Fähigkeit bis zu einem gewissen Grad. Die so erworbene Fähigkeit, mitschwingen und sich mitbewegen zu können, kann sich später weiterentwickeln zur Fähigkeit, sich in einen Gesprächs- oder Arbeitsprozess einzufügen, sich auf einen Text oder ein Musikstück einlassen oder mit einem anderen Menschen mitdenken und mitfühlen zu können, zur Empathie also.[68] Und wer die entwickelt hat, ist auch in der Lage, auf die Veränderungen in seiner Umgebung beweglich zu antworten und einzugehen zu können. Defizite in der Fähigkeit, sich mitbewegen zu können, führen bei Kindern zu unsicherem Auftreten, zu schreckhaftem Verhalten, zum Gefühl, den Anforderungen, vor allem den sich ändernden und unvorhergesehenen Anforderungen nicht gewachsen zu sein. Und das bedeutet unter Umständen Angst vor dem nächsten Tag.

Geschicklichkeit, die dritte Bewegungskategorie, entsteht erst im Umgang mit Material, mit Gegenständen und mit Werkzeugen oder Instrumenten. Dabei ist die Beweglichkeit zwar eine gewisse Voraussetzung, aber nicht allein entscheidend. Um mit einem bestimmten Material oder mit einem Werkzeug geschickt umgehen zu können, muss ich lernen, meine Bewegungen ganz auf das Werkzeug oder das Material einzustellen.[69] Wenn ich ein Brett mit einer Bügelsäge gerade durchsägen will, werde ich nur Erfolg haben, wenn ich gelernt habe, meine Bewegungen so zu führen, wie das Holz und die Säge es verlangen. Andernfalls wird sich das Sägeblatt nach kurzer Zeit verklemmen und der Schnitt durchs Brett krumm und schief werden. Bei allen Werkzeugen, auch bei Maschinen, aber ebenso z.B. beim Umgang mit dem Federhalter oder dem Schraubdeckel einer Flasche ließe sich Entsprechendes beschreiben. Geschicklichkeit setzt also voraus, dass ich mich mit meinen Bewegungen den äußeren Bedingungen anpassen, mich in sie einfügen kann. Das geht so weit, dass durch diese Anpassung das Instrument oder Werkzeug ein Teil von mir wird.[70] Wir kennen das von viel benutzten Werkzeugen, bis zu einem gewissen Grad auch vom Auto. Musiker kennen das in der Beziehung zu ihrem Instrument. Wir lernen also bei dieser Bewegungskategorie nicht nur mit der Säge, dem Bohrer oder dem Schraubdeckel umzugehen, sondern wir lernen auch uns einzufügen, auf Vorhandenes einzustellen und Rücksicht zu nehmen, sich mit einem anderen zu identifizieren und dadurch auch schnell mit einer Situation zurechtzukommen. Kleine Kinder üben diese Bewegungskategorie beim Spielen, z.B. wenn sie bestimmte Tätigkeitsmuster wie Einfüllen, Ausgießen, Einwickeln, Auswickeln, Aufeinanderstapeln, Umwerfen wieder und wieder ausführen. Im Übrigen bieten die verschiedenen Kinderspiele mit ihren Regeln, z.B. wann zu laufen und wann stehen zu bleiben ist oder wann man fangen darf und wann nicht, ein breites Lernfeld, denn diese Regeln müssen, will ich zum Erfolg gelangen, eben beachtet werden wie die richtige Handhabung eines Werkzeugs. Haben wir auf diesem Gebiet wenig Erfahrung machen und also wenig lernen können, dann fehlt uns eine wesentliche Sensibilität. Dann fällt es uns schwer, uns anzupassen und einzufügen, und dann sind wir in mancher Beziehung ungeschickt und kommen mit mancher Aufgabe nicht zurecht. Das hat Unsicherheit zur Folge und, wenn es sich steigert, mangelndes Selbstvertrauen. Versagensängste können dann auftreten.[71] Vor diesem Hintergrund kann der große erzieherische Wert der handwerklichen Tätigkeit deutlich werden, die eben nicht nur zur Geschicklichkeit, sondern auch zu der beschriebenen Sensibilität erziehen kann.

Nun gibt es eine vierte Kategorie des Bewegens: die Bewegung als Ausdruck. Wer sich bewegen kann, kann sich ausdrücken, kann sich mitteilen. Das kleine Kind zeigt es uns, sobald es seine Bewegungen führen kann, im Lächeln, im Ausstrecken der Ärmchen, im Zeigen auf einen Gegenstand, den es haben will. Es drückt seine Wünsche, sein Befinden, Gespanntheit, Ängstlichkeit oder Freude in unmittelbar verständlichen Gesten aus.[72] Später kommt die gesprochene Sprache, die ja auch durch Bewegung entsteht, als Ausdrucksmittel hinzu und erweitert die Kommunikationsmöglichkeiten. Was es bedeutet, diese Möglichkeit nicht zu haben, kann man bei Kindern beobachten, denen es schwer fällt, sprechen zu lernen. Sie wollen sich sprachlich äußern, haben aber nur Laute und wenige undeutliche Worte zur Verfügung. Wenn die Umgebung sie dann nicht versteht, wenn dieser Weg der Kommunikation also blockiert ist, kann man den Stau wahrnehmen, den das im Kind verursacht und aus dem es sich dann durch heftige Gebärden, durch Lautstärke oder sogar durch Toben befreit. Je mehr Ausdrucksmöglichkeiten uns zur Verfügung stehen, desto sicherer sind wir in der Kommunikation. Im Laufe der Kindheit und Jugend sollten wir also möglichst viele Formen der Mitteilung und des Ausdrucks kennenlernen: neben dem Sprechen das Singen und Musizieren, die bildnerische Äußerung im Zeichnen, Malen und plastischen Gestalten, die Äußerung durch Zeichen, Symbol und Schrift und die Äußerung durch Mimik und Gebärde[73] im darstellenden Spiel, Rollenspiel, in der Pantomime, im Theaterspiel und im Tanz. Und überall – das sei noch einmal betont – ist die Bewegung das Mittel des Ausdrucks. In einigen dieser Bereiche ist das geschickte Umgehen mit einem Werkzeug oder Instrument Voraussetzung, um sich ausdrücken zu können, nirgends jedoch so sehr wie in der Musik. Ein Geiger oder Pianist braucht sein Instrument, um seine Interpretation eines Musikstückes zum Ausdruck zu bringen, und das wird ihm umso besser gelingen, je mehr er seine Geschicklichkeit (Technik) so weit gesteigert hat, dass das Instrument ein Teil von ihm und er ein Teil des Instrumentes geworden ist. Auch die Fähigkeit sich mitbewegen zu können ist in der Musik eine wichtige Fähigkeit, ohne die eine adäquate Umsetzung eines musikalischen Werkes, ohne die vor allem das Ensemblespiel nicht möglich ist. Hier zeigt sich, wie hilfreich gerade die musikalische Erziehung, besonders das Erlernen eines Musikinstruments und das instrumentale Ensemblespiel, für die Ausbildung der vier Bewegungskategorien und der dadurch entstehenden Fähigkeiten ist.

Sich ausdrücken und mitteilen muss gelernt werden. Für das Lernen aller Ausdrucksformen gelten bestimmte Bedingungen. Es sind dieselben wie beim Erlernen der Sprache. Sprechen lernen wir, nachdem wir durch ein Vorbild dazu veranlasst sind, nur durch Tun, und zwar indem wir uns einem anderen Menschen mitteilen und dieser darauf antwortet. Auch die verschiedenen Ausdrucksformen können wir nur durch Kommunikation und Interaktion lernen. Kinder, die alleine gelassen werden oder nur den Bildschirm vor sich haben, sind in dieser Beziehung arm dran, weil sie niemand haben, der ihnen antwortet und auf ihre Äußerungen eingeht. Und da heute immer mehr Kinder in dieser Situation sind, ist es keineswegs mehr sicher, dass jedes Kind die Sprachfähigkeit erwirbt.[74] Schließlich bleiben unter diesen Bedingungen neben der Sprache auch die anderen Kommunikationsformen von Mensch zu Mensch auf der Strecke. Und dann gibt es für Kinder und Jugendliche oft nur noch eine Form sich auszudrücken und mitzuteilen: das Verhalten. Und das ist eine Sprache, die wir Erwachsenen oft nicht oder, weil wir uns angegriffen fühlen, falsch verstehen.

Ausdrucksfähigkeit

Welche Bedeutung hat die Ausdrucksfähigkeit für uns Menschen? Ist es wirklich so entscheidend, wie viel wir davon entwickeln? Machen wir uns das an folgendem Fall klar. Der französische Journalist Jean-Dominique Bauby (1952–1997), Chefredakteur der Zeitschrift *Elle*, wird im Dezember 1995 durch einen Gehirnschlag aus dem aktiven Leben gerissen. Zwanzig Tage liegt er im Koma, dann braucht es einige Wochen, bis er wieder bei klarem Bewusstsein ist. Und wie findet er sich wieder? Nichts funktioniert mehr. Er kann sich nicht bewegen, keinen

Finger krümmen, nicht schlucken. Alle Muskeln sind schlaff. Im Rollstuhl wird er festgeschnallt, der Kopf mit Gummikeilen befestigt. Das Gesicht hängt herunter, ausdruckslos, der Mund steht offen, der Speichel läuft heraus. Und wie geht es ihm dabei? Lesen wir, wie er seine Situation beschreibt.

> »Bis dahin hatte ich nie etwas vom Hirnstamm gehört. An jenem Tag habe ich mit voller Wucht dieses Hauptteil unseres Bordcomputers entdeckt, die wesentliche Verbindung zwischen dem Gehirn und den Nervenenden, als ein Herz-Kreislauf-Zusammenbruch den besagten Stamm abschaltete. Früher wurde das ›Hirnschlag‹ genannt und man starb ganz einfach daran. Der Fortschritt der Reanimationstechnik hat die Strafe verfeinert. Man übersteht es, aber in einem Zustand, den die angelsächsische Medizin so treffend ›locked-in-syndrome‹ getauft hat: Von Kopf bis Fuß gelähmt, ist der Patient mit intaktem Geist in sich selbst eingesperrt, und das Schlagen des linken Augenlids ist sein einziges Kommunikationsmittel.«

Und mit diesem Augenlid diktiert er sein Buch *Schmetterling und Taucherglocke*, aus dessen Einleitung diese Passage stammt. [75]

Wer sich wie Bauby nicht bewegen und deswegen auch nicht äußern kann, ist bei klarem Verstand in seinem eigenen Körper eingesperrt. Und hätte Bauby auch das linke Augenlid nicht bewegen können, dann hätte er uns nichts mehr mitteilen können. Wir hätten dann nur das von ihm erfahren, was von außen zu sehen war, jedoch nichts über sein Inneres, über seine Gedanken, seine Gefühle. Mit denen wäre er allein gewesen, von allen Menschen isoliert, eben eingesperrt. Der Körper, der ja gerade das Instrument ist, unser Inneres den anderen zu öffnen, wenn wir uns der Welt mitteilen, wird also, wenn uns jede Bewegungsmöglichkeit und damit jede Möglichkeit uns zu äußern genommen ist, plötzlich zum Gefängnis. Dann haben wir auch das letzte Stück Selbstständigkeit verloren. Nun ist diese Situation im Fall des Locked-in-Syndroms durch den Ausfall bestimmter Gehirnpartien, also durch eine körperliche Störung, verursacht, und das lässt sich nicht direkt auf Fälle übertragen, in denen die Ausdruckfähigkeit eingeschränkt ist, weil sie nicht ausgebildet wurde. Und dennoch erleben wir dann etwas Ähnliches.

Stellen wir uns einmal eine Situation vor, wo wir in einem fremden Land nach dem Weg fragen wollen, der Gefragte aber keine der uns zur Verfügung stehenden Sprachen versteht, und dann auch der Versuch, mit Gebärden unser Anliegen deutlich zu machen, scheitert. Erleben wir unsere Unfähigkeit dann nicht auch als Hindernis, ja als Fessel, als Unfreiheit und erleben uns ein Stück isoliert? Wenn wir uns dagegen in einer Situation äußern und verständlich machen können, dann fühlen wir uns selbstständig und bedürfen keiner Hilfe. Haben wir uns viele verschiedene Möglichkeiten erworben, uns zu äußern, und sind auf diesem Felde sicher geworden, dann ist das verbunden mit dem Gefühl der Freiheit.[76] Und je mehr Ausdrucksformen wir beherrschen, desto freier und souveräner fühlen wir uns. Wer dagegen in der Äußerungsfähigkeit große Defizite hat, der spürt die Fesseln, die ihm das anlegt, und zeigt Unsicherheit, Befangenheit oder Verzagtheit, die sich zu zwanghaftem Verhalten, zum völligen Rückzug oder zum unartikulierten Ausbruch steigern können.[77] Eine solche Situation ist dann oft verbunden mit einem Stillstand der Entwicklung. Denn menschliche Entwicklung bedarf der Bewegung und ganz besonders der Ausdrucksfähigkeit.[78]

Und noch etwas ist zu beobachten, was alle Bewegungskategorien betrifft. Wenn wir uns bewegen, machen wir eine Erfahrung über uns selbst. Wir erleben uns nämlich – auch wenn das nicht bewusst geschieht – als den Beweger, den Akteur des Geschehens.[79] Das ist eine subtile, aber äußerst wichtige Selbstbestätigung, die jede unserer Bewegungen begleitet, ganz besonders, wenn wir etwas mit den Händen vollbringen. Durch unsere Bewegungen und noch stärker durch unsere Handlungen erleben wir, dass wir etwas in der Welt bewegen und bewirken können.[80] Und dann kann die Grundstimmung entstehen: Mein Dasein hat einen Sinn. Richtige Selbsteinschätzung[81] und ein gesundes Selbstwertgefühl können darauf wachsen. Voraussetzung ist natürlich, dass wir uns genügend bewegen und selbst tätig sind.

Gefahren des Bewegungsmangels

Die Konsequenzen liegen auf der Hand: Kinder müssen sich viel bewegen und viel selber tun, damit sie selbstständig werden und die verschiedenen Qualitäten und Fähigkeiten entwickeln können, die mit dem Bewegen zu tun haben. Und wie sieht die Realität aus? Kinder und Jugendliche bewegen sich weniger denn je. Schon mit sechs Monaten werden Kinder in Laufstühle gehängt und dadurch an der Ausbildung der Bewegungsfähigkeit gehindert, die man für das selbstständige Gehen braucht.[82] Viele Kinder werden täglich im Auto gefahren, an den Kindersitz gefesselt, und sitzen zu Hause vor dem Bildschirm, ohne sich zu bewegen. Das hat schwerwiegende Folgen. Man macht die Kinder dadurch unselbstständig und unglücklich. Viele Bewegungen stehen daher heute bei Kindern nicht mehr selbstverständlich zur Verfügung. Grundlegende Fertigkeiten, wie einen Ball zu fangen, eine Treppe schnell hinauf und herunter zu springen oder schnell um eine Kurve zu rennen und Ähnliches kann man heute bei Kindern nicht mehr voraussetzen.[83] Viele Kinder sind den sensorischen und motorischen Anforderungen der Schule nicht gewachsen, weil die frühkindlichen Reflexe nicht umgewandelt worden sind.[84] Geschicklichkeit, Lebensklugheit, Konzentrationsfähigkeit bleiben auf der Strecke.[85] Die Aggression steigt, weil die Kinder sich nicht mehr spüren. Das Zappeln wird zur Ersatzerfahrung.[86] Unfälle mehren sich, weil Kinder ihre Bewegungen schlecht steuern und abschätzen können.[87] Und immer mehr Kinder leiden unter Übergewicht oder anderen, durch Bewegungsmangel verursachten Krankheiten.[88] Und alle diese Defizite begleitet eine Grunderfahrung, unter der so viele Kinder heute leiden: der Mangel an Selbstwertgefühl.

Wir müssen gegensteuern, wenn wir verhindern wollen, dass sich die schwerwiegenden Folgen des Bewegungsmangels weiter ausbreiten.

Dazu ist ein Paradigmenwechsel im gesamten Feld der Erziehung notwendig, in Elternhaus, Kindergarten und Schule. Und der besagt: Was für Erwachsene bequem und schnell ist, hat zurückzustehen, wenn es dem Kind die Bewegungsmöglichkeit nimmt, und nicht umgekehrt. Vor diesem Hintergrund muss vieles im Familienalltag, aber auch in Kindergarten und Schule hinterfragt werden. So berichten Erzieherinnen z.B., dass Kinder, wenn sie morgens in den Kindergarten kommen, zu nichts außer zum Toben in der Lage sind. Sie werden ja auch bis vor die Tür gefahren und haben sich seit dem vorigen Nachmittag kaum bewegt, also kaum gespürt. Würde der Weg zu Fuß zurückgelegt oder wenigstens ein Teil in einen Fußweg umgewandelt, würde das Kind seinen Arbeitstag ausgeglichen beginnen. Dasselbe gilt natürlich auch für den Schulweg und die vielen anderen Wege, zum Sportverein, zum Musikunterricht, zum Kindergeburtstag oder zum Spielen bei Freunden, bei denen die Kinder im Auto gefahren werden, statt sich selber zu bewegen. Leider machen die heutigen Verkehrsverhältnisse vieles nicht möglich. Umso wichtiger ist es, den Kindern, wenn es dann möglich ist, jede Chance zum Bewegen und zur Eigentätigkeit zu geben. Und wenn uns das einmal klar geworden ist, finden wir genügend Gelegenheiten dafür, auch am Wochenende und im Urlaub. Selbstverständlich muss auch im Kindergarten das Bewegen mit all seinen Facetten gestärkt und wieder mehr ins Zentrum des Konzeptes gerückt werden, auch wenn die allgemeine Tendenz zur Verschulung dem entgegensteht. Es gibt Ansätze dazu in sogenannten Bewegungskindergärten, die besondere Bewegungsangebote, z.B. in Form der Bewegungsbaustelle[89] oder eines Waldtages, in ihrem Konzept haben. Die Schule wird sich besonders schwer tun, der Bewegung mehr Raum zu geben. Es ist das aber auch im Schulalter gefordert, und zwar in verstärktem Maße, da heute die meisten Kinder bezüglich ihrer Bewegungsfähigkeit nicht den nötigen Entwicklungsstand besitzen, wenn sie zur Schule kommen. Daher wird sich auch in der Schule noch manches ändern müssen. Es gibt bereits verschiedene positive Erfahrungen, z.B. mit verstärktem Sportunterricht,[90] mit dem mobilen Klassenzimmer[91] oder mit einem Konzept, das dem Bewegen neben dem mobilen Klassenzimmer und der Förderung der anderen Basissinne einen breiten Raum im Lernangebot gibt[92] und manchem anderen Versuch. Wer die Lebens- und Lernsituation der Kinder in dieser Richtung ändert, wird feststellen, dass die Kinder leichter lernen und dass Konzentration und Lebensfreude wachsen.

Jeder ein Seiltänzer – Der Gleichgewichtssinn

Das Wahrnehmungsfeld

Die Tatsache, dass wir aufrecht stehen und gehen, ist so normal, dass wir sie einfach als gegeben hinnehmen. Wir sind eben gewohnt, in jedem Augenblick das Gleichgewicht zu halten und vergessen dabei, dass wir selbst es sind, die das tun. Das Gleichgewicht halten können wir aber nur, weil der Gleichgewichtssinn[93] uns jede Gleichgewichtssituation wahrnehmen lässt. Machen wir dazu einige Beobachtungen: Schließen wir die Augen, wenn wir sitzen, und neigen unseren Kopf nach den Seiten, nach vorne, nach hinten. Dabei stellen wir fest: Wir wissen immer, wohin die Neigung geht und wie stark sie ist. Auch bei kleinsten Lageveränderungen wissen wir genau, was wir tun. Und wenn wir stehen, die Augen geschlossen, und uns als ganze Gestalt nach vorne oder hinten, links oder rechts neigen, dann können wir ebenso exakt Auskunft geben über unsere Stellung im Raum, und zwar nicht nur relativ. Wir bemerken nämlich, wenn wir uns zwischen links und rechts oder zwischen vorne und hinten langsam hin und her bewegen, wann wir die Mitte, also die senkrechte Stellung erreicht haben. Wir nehmen also nicht nur die Veränderung gegenüber der vorigen Stellung wahr, sondern immer auch die absolute Abweichung von der Senkrechten. Auch die Abweichungen von der Waagerechten registrieren wir genau, z.B. wenn das Bett zum Kopfende hin etwas abfällt, was uns unter Umständen sogar am Schlafen hindern kann. Das alles leistet der Gleichgewichtssinn. Man wird, wenn man solche Beobachtungen zum ersten Mal anstellt, die Feinheiten vielleicht nicht sofort bemerken. Mit etwas Übung stellt sich aber die Sensibilität schnell ein.

Mit jeder Bewegung ändert sich unsere Gleichgewichtssituation. Stehen wir z.B. auf einem Bein, schließen die Augen und strecken plötzlich einen Arm waagerecht aus, dann bemerken wir deutlich, wie wir dadurch aus dem Gleichgewicht geraten. Unwillkürlich gleichen wir das entstandene Ungleichgewicht durch eine Bewegung mit dem anderen Arm oder dem angewinkelten Bein oder durch eine Haltungsänderung im ganzen Körper aus. Machen wir das nicht, so fallen wir um. Immer, wenn wir uns bewegen, nehmen wir also – in der Regel unbewusst – durch den Gleichgewichtssinn die neue Gleichgewichtslage wahr und können dann darauf reagieren. Aber auch wenn wir stehen, müssen wir ständig das Gleichgewicht herstellen. Das lässt sich leicht beobachten. Stellen wir uns auf ein Bein und schließen die Augen, dann bemerken wir, wie wir schwanken und vor allem wie die Bein- und Fußmuskulatur ständig dieses Schwanken auszugleichen sucht. Entsprechend ist unsere gesamte Muskulatur tätig, um uns in jeder Situation im Gleichgewicht zu halten, auch bei den kompliziertesten Bewegungen und Verrichtungen. Die aufrechte Haltung bzw. die Gleichgewichtslage wird von uns also in jedem Moment erzeugt. Das gilt übrigens nur für den Wachzustand. Wenn wir schlafen, können wir das Gleichgewicht nicht ausbalancieren und begeben uns deshalb rechtzeitig in die horizontale Lage.

Das Gleichgewichtsorgan

Das Organ des Gleichgewichtssinnes befindet sich auf beiden Seiten des Kopfes im Schädelknochen, dicht neben dem Innenohr.[94] Es hat zwei Teile, das Bogengangsorgan (auch vestibuläres Labyrinth) und das Maculaorgan (auch Statolithenorgan oder Schwereorgan). Beide zusammen haben etwa die Größe einer Erbse. Das Bogengangsorgan besteht aus drei etwa kreisförmigen Röhrchen, die, in den Schädelknochen eingelagert, in den drei Raumesrichtungen angeordnet sind: eines waagerecht, zwei senkrecht. Die beiden senkrechten Röhrchen sind an einer Seite miteinander verbunden und bilden einen Winkel von 90 Grad, dessen Spitze zum Kopfinneren zeigt. Die drei Röhrchen sind mit Flüssigkeit gefüllt. Sie weiten sich am Ende, kurz bevor sie in die zentrale Höhlung münden, zur sogenannten Ampulle. Hier befindet sich ein gallertartiger Lappen, die Cupula, die den gesamten Ampullenquerschnitt verschließt.

Sensible Haarzellen registrieren jede ihrer Ablenkungen. Gerät die Flüssigkeit in einem Röhrchen in Bewegung, so drückt sie auf die Cupula, die in Fließrichtung nachgibt. Und das tritt immer ein, wenn wir unseren Kopf bewegen. Drehen wir ihn, betrifft es die waagerechten Röhrchen, neigen wir ihn, die senkrechten, bei anderen Bewegungen betrifft es alle drei. Drehen wir z.B. den Kopf nach rechts, dann wird das waagerechte Röhrchen in derselben Richtung gedreht. Was mit der Flüssigkeit dabei geschieht, kennen wir aus dem Alltag. Wenn wir eine Kaffeetasse drehen, dann macht die Flüssigkeit die Bewegung nicht gleich mit, sondern bleibt wegen ihrer sogenannten Trägheit zurück. Dasselbe geschieht auch im Röhrchen. Die Flüssigkeit bleibt zurück und drückt in Gegenrichtung zur Kopfbewegung auf die Cupula, was durch die Haarrezeptoren registriert wird. Entsprechend verläuft es bei den senkrechten Bogengängen. Wir erfahren also durch dieses Organ, in welcher Richtung wir uns im Raum bewegen, drehen oder neigen, wie schnell wir es tun und ob die Bewegung schneller wird. Wie weit wir uns neigen oder wann wir senkrecht stehen, erfahren wir dadurch nicht. Dazu ist ein anderes Organ, das Makulaorgan, nötig.

Das Makulaorgan besteht aus zwei Teilen, dem Utriculus, der Bestandteil der zentralen Höhlung ist, und dem Sacculus, einer sackförmigen Höhlung, die im rechten Winkel nach unten daran anschließt. Beide haben denselben inneren Aufbau. Auf dem Grund befindet sich ein Teppich sensibler Haarzellen, in Büscheln geordnet. Diese ragen von unten in ein Gallertkissen. Auf diesem Kissen sind kleine Steinchen, winzige Calciumcarbonatkristalle, befestigt, die durch ihre Dichte dreimal so schwer sind wie Wasser. Der restliche Hohlraum ist mit Flüssigkeit ausgefüllt. Wenn nun diese Höhlung geneigt wird, geschieht mit dem Gallertkissen dasselbe, was mit einem Gelatinepudding geschehen würde, der sich auf einem flachen Teller befindet und den wir schräg halten. Er würde durch die Wirkung der Schwerkraft auf der schiefen Ebene abwärts drängen und sich entsprechend verformen. Genauso drängt das Gallertkissen auf der schrägen Unterlage abwärts, wobei das Gewicht der Steinchen bewirkt, dass das Gallertkissen bereits bei sehr geringen Lageveränderungen reagiert. Und die sensiblen Haare registrieren dann jede, auch die geringste Veränderung. Dabei ist die Wahrnehmung der Lageveränderung – und das ist entscheidend – immer bezogen auf die konstante Wirkung der Schwerkraft, d. h. auf die Senkrechte. Das bedeutet, wenn wir unseren Kopf oder wenn wir unsere gesamte Gestalt in irgendeiner Richtung neigen, dann haben wir im Maculaorgan gewissermaßen ein Lot, durch das wir immer wissen, wo unten ist bzw. welches Verhältnis wir zur Senkrechten haben.

Die Gallertkissen des Maculaorgans reagieren aber nicht nur auf eine Neigung, sondern auch auf jede Fortbewegung und Beschleunigung. Wenn wir den Teller mit dem Gelatinepudding plötzlich nach rechts bewegen, wird sich, dem Gesetz der Trägheit folgend, der Pudding nach links verformen, möglicherweise sogar vom Teller rutschen. Entsprechend verschiebt bzw. verformt sich das Gallertkissen entgegen der Bewegungsrichtung. Dadurch können wir selbst bei geschlossenen Augen die jeweilige Bewegungsrichtung und Beschleunigung wahrnehmen.

Interessant ist noch Folgendes: Utriculus und Sacculus sind im Kopf nicht einfach senkrecht und waagerecht angeordnet, sondern um 30 Grad nach hinten bzw. nach außen gekippt. Sie liegen also nur dann horizontal und, wenigstens auf einer Seite, vertikal, wenn wir unseren Kopf um 30 Grad nach vorne und zur Seite neigen, und das tun wir bei einer entspannten Haltung.[95] Es gibt also nur eine Situation, eben jene entspannte Kopfhaltung, bei der das Makulaorgan keinen oder nur einen geringen Reiz an das Gehirn weitergibt.

Sicherheit durch Risiko

Das Organ des Gleichgewichtssinnes gehört zu den früh entwickelten Sinnesorganen. Es ist nach dem Tastsinn der nächste Sinnesapparat, der zur Verfügung steht.[96] Mit etwa zehn bis zwölf Wochen sind erste Reaktionen auf eine Lageveränderung des Embryos nachweisbar, die dann im Laufe der Monate immer deutlicher und vielfältiger werden. Kann die Mutter sich während der Schwangerschaft normal bewegen, dann hat das Kind bereits vor der Geburt viele Gleichgewichtswahrnehmungen, denn es macht ja jede Lageveränderung der Mutter mit. In diesem Fall ist der Gleichgewichtssinn auf die neue Situation nach der Geburt gut vorbereitet. Wenn das Kind dann geboren wird, hat es verschiedene Reflexe zur Verfügung, durch die es mit bestimmten Bewegungen auf Lageveränderungen reagieren kann, z.B. die tonischen Halsreflexe oder den Puppenaugenreflex.[97] Diese Reflexe werden im Laufe der frühen Kindheit abgebaut und durch erlernte Muster der Haltungsanpassung ersetzt.

Wichtige Bewegungserfahrungen

Wie alle Sinne kann der Gleichgewichtssinn sich nur dann entwickeln, wenn er viele und auch vielfältige Wahrnehmungen hat, und die gibt es nur bei Bewegung. Denn Gleichgewichtswahrnehmung und Bewegung gehören zusammen. In den ersten Wochen und Monaten nach der Geburt hängt es nun von den Erwachsenen ab, ob das Kind genügend Gleichgewichtswahrnehmungen hat, denn das Kind kann in dieser Zeit seine räumliche Lage kaum aus eigener Kraft verändern. Es ist also wichtig, dass das Kind nicht nur auf der Matratze liegt, denn das würde ein Ausbleiben der Wahrnehmungen des Gleichgewichtssinnes bedeuten. Das Kind sollte stattdessen viel gewiegt, geschaukelt und getragen werden. Wir kennen ja die beruhigende Wirkung des Schaukelns und Wiegens auf die Kinder. Darüber hinaus haben Untersuchungen an Säuglingen gezeigt, dass eine Stimulierung des Gleichgewichtsorgans sich positiv auf die motorische Entwicklung auswirkt.[98] Besonders bei Frühgeborenen konnte eine fördernde Wirkung dieser Stimulation auf Wachstum, Schlafverhalten und die gesamte Entwicklung beobachtet werden.[99] So liegt der Schluss nahe, dass die Gleichgewichtswahrnehmungen einen wichtigen Beitrag leisten zur Entwicklung des frühkindlichen Gehirns.

Ein neuer Abschnitt der Entwicklung setzt dann ein, wenn das Kind sich selbst immer besser bewegen und drehen und den Kopf heben kann.

Dann lernt es den Zusammenhang der eigenen Bewegung mit der Gleichgewichtswahrnehmung kennen. Und wenn schließlich die Fortbewegung beginnt, zunächst im Krabbeln und dann im Gehen, setzt eine rasante Entwicklung ein. Denn jetzt lernt das Kind nicht nur, wie bei jedem Schritt, ja bei jeder Bewegung des Armes oder Kopfes die Gleichgewichtssituation sich zum Ungleichgewicht wandelt, sondern wie es durch weitere Bewegungen das Gleichgewicht halten oder wieder herstellen kann. Wie schnell das Lernen hier abläuft, kann man beobachten, wenn die Kinder ihre ersten Schritte tun und nach wenigen Tagen bereits Sicherheit erworben haben.

Im Laufe des zweiten Lebensjahrs drängt das Kind nach weiteren Erfahrungen. Es steigt Treppen hoch, klettert auf Stühle und Tische, möchte oben stehen und herunter springen. Etwas später sind dann Klettergerüste oder Standleitern dran und schließlich das Balancieren auf Mauern, Balken, Baumstämmen, Geländern und wo es sonst noch möglich ist. Und mit fünf oder sechs Jahren drängt es viele Kinder auf die Bäume. Für viele Erwachsene ist das ein Angstkapitel. Sie fürchten, dass die Kinder herunterfallen, und verhindern deshalb solche Experimente. Die Kinder brauchen aber diese Erfahrungen, um den Gleichgeichtssinn voll zu entwickeln. Wer als Kind nur geebnete Wege, nur Parkett, Fliesen und Asphalt kennt, der kann sich bei anderem Untergrund nicht aufrecht halten und fällt hin, wenn es querfeldein oder im Wald über Stock und Steine geht. Das betrifft heute immer mehr Kinder.[100] Wer nicht über Balken oder anderes balancieren und nicht auf Bäume klettern durfte, dem fehlt ein wesentliches Stück Gleichgewichtssicherheit und Bewegungskoordination. Gehen wir über einen Balken – es reicht für den Anfang schon eine Dachlatte auf dem Boden – , dann können wir uns nicht wie sonst nach allen Seiten mit den Füßen abstützen, sondern nur mit einem Schritt nach vorne oder zurück. Alles Übrige müssen wir mit unserem Körper tun und mit und in ihm das Gleichgewicht herstellen und beim nächsten Schritt bewahren. Steht man das erste Mal auf einem Balancierbalken, reagiert man meist viel zu heftig und fällt deshalb herunter. Übt man das Balancieren, so lernt man, vorsichtiger und feiner zu reagieren und auszugleichen, vor allem aber in sich die nötige Ruhe zu finden, sodass man irgendwann, nach langer Übung, gar nicht mehr schwankt, selbst dann, wenn sich unter einem nur noch ein Seil befindet. Hochseilkünstler wie Philippe Petit, der am 26. August 1989, als man in Paris den hundertsten Geburtstag des Eiffelturms feierte, eine Strecke von 700 Meter auf frei schwebendem Seil und ohne Sicherung vom Palais Chaillot zur zweiten Etage des Turms zurücklegte und sich unterwegs auf das Seil kniete, sich hinsetzte, ja sogar auf den Rücken legte, sind zu solchen außergewöhnlichen Leistungen in der Lage, weil sie einen Gleichgewichtssinn besitzen wie jeder von uns, aber natürlich sehr viel mehr geübt haben als wir, und zwar von Kindheit an.[101] Wir alle müssen ein Stück weit Seiltänzer sein.

Ist das nicht übertrieben? Wozu sollen wir alle balancieren und klettern lernen? Reicht es nicht, wenn wir ordentlich gehen können? Und das lernt doch jeder! Die Erfahrung zeigt heute eindeutig: Es reicht nicht. Viele Kinder lernen das Gehen gar nicht mehr richtig, weil sie nur ein bisschen gehen und sonst rumsitzen. Und in jeder Situation des Lebens aufrecht zu stehen und zu gehen, lernt man nicht einfach dadurch, dass man geht. Dazu ist schon mehr nötig, eben auch balancieren und klettern. Selbstverständlich ist es ein Risiko, wenn Kinder über Baumstämme balancieren und auf Bäume klettern. Aber doch nur, so lange sie darin keine Übung und deswegen keine Sicherheit haben. Ohne Risiko ist aber im gesamten Feld des Gleichgewichts keine Sicherheit zu gewinnen.

Das Ergebnis

Fragen wir uns nun: Welche Fähigkeit entwickeln wir, wenn wir uns immer im Gleichgewicht halten können? Stellen wir uns vor, wir gehen vom Weg ab, quer durch den Wald. Der Boden ist uneben. Unter dem Laub sind Löcher, Steine und Wurzeln verborgen. Gehen wir über ein solches Gelände, gibt es ständig Überraschungen. Jeder Schritt ist nicht einfach eine Wiederholung des vorigen, sondern eine neue, einmalige Situation. Und da unsere Füße jedesmal anders stehen, müssen wir auch jedesmal eine andere Körperhaltung einnehmen, um nicht zu fallen. Dasselbe gilt, wenn wir über einen Baumstamm balancieren oder auf einen Baum klettern. Wir sind dazu in der Lage, weil der Gleichgewichtssinn uns in jedem Moment Auskunft gibt über unsere Situation im Raum und über das Verhältnis zur Schwerkraft. Dabei finden Gleichgewichtswahrnehmung und Haltungskorrektur in der Regel unbewusst statt und sind bei guter Entwicklung des Gleichgewichtssinns so aufeinander eingespielt, dass sie fast gleichzeitig ablaufen. Was ist das für eine Fähigkeit? Es ist die Kompetenz, sich in jede neue (und natürlich auch in jede wiederkehrende) räumliche Situation einfügen und seine Bewegungen den gegebenen Bedingungen anpassen zu können. In der gewohnten Umgebung funktioniert das meist ohne Schwierigkeit, weil die Wiederholung dabei hilft. In ungewohnten Situationen zeigt sich erst, ob wir dieses Feld beherrschen. Wenn wir im Dunkeln eine Treppe hinuntergehen und nicht damit rechnen, dass noch eine Stufe kommt, wenn wir querfeldein gehen und das Loch unter dem hohen Gras nicht sehen oder wenn der Boden plötzlich unter einem Fuß nachgibt, dann zeigt sich, ob wir auf diesem Gebiet bereits genügend Erfahrungen gemacht haben.

Lebenszuversicht

Sich in bestehende Situationen einfügen und auf gegebene Bedingungen einlassen zu können, ist die erste Fähigkeit, die wir im Bereich des Gleichgewichtssinnes erwerben. Und wenn wir uns gegenüber allen Situationen sicher fühlen, weil wir uns auf sie einstellen können, dann stellen wir uns auch den Anforderungen, die das Leben bringt. Dann können wir uns einbringen und das Gefühl haben dazuzugehören. Lebenszuversicht stellt sich ein. Fehlt einem Kind die notwendige Übung oder ist die Sicherheit im Bereich des Gleichgewichtes aus anderen Gründen beeinträchtigt, dann fällt es ihm schwer, sich auf eine gegebene Situation einzustellen, dann taucht Angst auf vor neuen Aufgaben. Es fühlt sich ihnen nicht gewachsen, wird ängstlich und verzagt und flieht lieber in eine Krankheit, als sich der Anforderung zu stellen.

Ein einfacher Prüfstein der Gleichgewichtssicherheit ist das Rückwärtsgehen. Es wird heute kaum noch geübt, in mancher Sporthalle ist es sogar wegen angeblicher Unfallgefahr verboten. Wer nur vorwärts geht, verlässt sich auf die Augen. Rückwärtsgehen, vor allem über unebenes Gelände oder gar über den Baumstamm, stärkt die Sicherheit und das Vertrauen in den Gleichgewichtssinn, d.h. in die eigene Fähigkeit, mit den Bedingungen, die man in der Welt vorfindet, zurechtzukommen. Eine ganz besondere Gelegenheit zur Schulung des Gleichgewichtes ist das Reiten, das ja auch deswegen therapeutisch eingesetzt wird. Hier ändert sich mit jeder Bewegung des Tieres die Gleichgewichtssituation, und der Reiter muss darauf schnell und beweglich antworten, wenn er oben bleiben will.

Innerer Halt

Neben all dem leistet der Gleichgewichtssinn etwas Zweites. Das lässt sich an einem Experiment beobachten. Wir lesen ja gerade in diesem Buch. Machen wir nun Folgendes. Wir lesen weiter und wackeln dabei in möglichst schneller Frequenz mit dem Kopf hin und her. Können wir bei dem Wackeln noch lesen? Ja, es geht. Jetzt nehmen wir das Buch in die Hand, halten den Kopf ruhig und lassen im selben Tempo die Hand mit dem Buch wackeln oder, noch besser, jemand anderes tut es für uns. Lesen ist in diesem Fall nicht möglich oder mindestens außerordentlich erschwert. Was liegt hier vor? Im ersten Fall nimmt unser Gleichgewichtssinn das Wackeln des Kopfes wahr, sodass wir durch Bewegungen des Auges so darauf reagieren können, dass das Gesehene nicht verschwimmt. Wir können es mit dem Blick gewissermaßen festhalten. Es ist sogar üblich, an den Ausgleichbewegungen des Auges, dem so genannten Nystagmus, das Funktionieren des Gleichgewichtssinns zu überprüfen.[102] Im zweiten Fall liegt das Wackeln außerhalb der Wahrnehmungsmöglichkeit des Gleichgewichtssinns und kann deshalb von uns nicht ausgeglichen werden. Nimmt der Gleichgewichtssinn wahr, warum sich unser Gesichtsfeld hin und her schiebt, wird diese Verschiebung von uns ausgeglichen und das Gesehene, in unserem Fall das Buch, bleibt ruhig. Wir können das an vielen anderen Situationen beobachten. Wenn wir durch die Landschaft joggen, auch wenn wir einfach gehen, bewegt sich unser Kopf leicht auf und ab. Wir erleben aber eine ruhige, nicht eine auf und ab hüpfende Landschaft.[103] Und so ist es bei allen unseren Bewegungen im Raum. Ob wir vom Stuhl aufstehen und durchs Zimmer gehen, beim Aufstehen uns drehen oder irgendwo herunterspringen, immer bewegt sich die Welt in unserem Gesichtsfeld in Gegenrichtung, kommt auf uns zu oder dreht sich an uns vorbei, und immer sind wir in der Lage, das sich bewegende Bild festzuhalten. Könnten wir das nicht – und sicher hat jeder schon mal bei Fieber oder bei totaler Erschöpfung Momente erlebt, wo das nicht mehr ganz möglich war –, dann würde die räumliche Umgebung bei unseren eigenen Bewegungen über uns hereinstürzen. Es wäre kaum auszuhalten und würde uns aus dem Gleichgewicht bringen. Das bedeutet nun: Der Gleichgewichtssinn wirkt in uns als ein Ruhepol, als ein Anker, der uns bei der verwirrenden Vielfalt und Gegenläufigkeit der Bewegungen, die wir erleben, unseren festen Stand bewahren lässt. Wir können deshalb z.B. in Ruhe über einen Balken balancieren, obwohl andere in unserer Umgebung hin und her rennen, können also unsere Bewegungen ausführen, ungeachtet dessen, was wir sonst noch in unserer Umgebung wahrnehmen. Das gilt auch in Bezug auf unsere eigenen Bewegungen. Die können exzentrisch, wild, ausladend oder chaotisch sein, aber wir können sie ausführen, ohne den Halt zu verlieren: Der Gleichgewichtssinn ist das vereinende Bezugssystem für unsere Bewegungen. Wir können uns ganz an unsere Bewegungen hingeben und dennoch ganz bei uns sein.

Das ist also das zweite, was wir durch den Gleichgewichtssinn gewinnen: die innere Ruhe, den inneren Halt, und das heißt zugleich einen Standpunkt gegenüber der Welt. Der Gleichgewichtssinn registriert nämlich nicht nur unser räumliches Verhältnis zur Welt, sondern er macht möglich, dass wir unser Verhältnis zur Welt aktiv bestimmen. Unter allen Beziehungen, in denen wir drinnen stehen, ist eben das Verhältnis zur Schwerkraft die elementarste und daher das Fundament aller anderen Beziehungen.[104] Können wir immer das richtige Verhältnis zur Schwerkraft herstellen, dann leiden wir nicht unter ihrer Wirkung, sondern fühlen uns ihr gegenüber frei und bilden in uns den Ruhepol oder Ruheanker, der zum Bezugspunkt all unserer Beziehungen und unserer eigenen Tätigkeiten werden kann.[105]

Das hat verschiedene Auswirkungen. Auf dieser Grundlage bildet sich unser Raumerleben und damit die Möglichkeit, Entfernungen, Bewegungen und Geschwindigkeiten abzuschätzen.[106] Wer den Ruhepol nicht oder nur ungenügend bilden kann, der kann sein Verhältnis zum Raum und dem, was darin stattfindet, nicht recht einschätzen und beurteilen. Er kann sich außerdem, weil er viel zu sehr mit dem Herstellen des eigenen Gleichgewichts beschäftigt ist, gar nicht richtig auf die Welt einlassen und ist dadurch in der Bewältigung anderer Aufgaben gehemmt. Er ist auch leicht irritierbar und lässt sich schnell aus der Ruhe und aus dem Gleichgewicht bringen und ablenken. Es ist deutlich: Aufmerksamkeit und gerichtete Aktivität können nur aufgebracht werden, wenn der vom Gleichgewichtssinn gestützte Ruhepol und Bezugspunkt gebildet ist.[107] Die Ursache eines Aufmerksamkeitsdefizits kann also im Bereich des Gleichgewichtssinns liegen und sollte dann auch von dieser Seite behandelt werden. Das geht oft nur durch ganz spezielle Therapie. Wir können aber solchen Kindern helfen und manche Therapie überflüssig machen, wenn wir ihnen viele Gleichgewichtsübungen verschaffen und diese z.B. dadurch mit besonderen Reizen versehen, dass wir die Kinder beim Gehen oder Balancieren zugleich etwas in den Händen oder auf dem Kopf tragen lassen.

Konnte der innere Bezugspunkt nicht genügend ausgebildet werden, dann sind auch alle Beziehung stiftenden Fähigkeiten erschwert, nämlich Sprechen, Lesen, Schreiben und auch Rechnen. Die Beobachtungen aus der Praxis weisen jedenfalls auf einen Zusammenhang zwischen Gleichgewicht und Rechnen. Empirische Untersuchungen dazu fehlen noch.[108] Letztlich ist der innere Halt von vitaler Bedeutung für unsere Gesundheit und für unser Gefühlsleben. Fehlt er, dann sind zwei Richtungen der Flucht möglich: entweder die Lethargie und die Angst vor Erlebnissen und Anforderungen oder die Zerstreutheit und die waghalsige Sucht nach immer stärkeren, schnelleren Reizen.

Zugriff auf den eigenen Körper

Der Gleichgewichtssinn leistet noch etwas Drittes. Man hat im Tierversuch festgestellt, dass der Muskeltonus, die Grundspannung der Muskeln, ausfällt, wenn die Nerven zwischen Schwereorgan und Gehirn durchgetrennt werden, die Wahrnehmung der Schwerkraftwirkung und Schwerkraftrichtung also nicht mehr möglich ist.[109] Dasselbe gilt für den Menschen: Von den beiden Schwereorganen gehen ja ständig Nervenimpulse zum Gehirn. Diese Impulse sind verantwortlich für die Steuerung der Muskeln, die unsere aufrechte Haltung gewährleisten. Wenn der Impulsfluss von den Schwereorganen unterbrochen ist, hört der Muskeltonus auf, dann ist eine aufrechte Haltung nicht mehr möglich und der Körper folgt den Kräften der Schwere, bis er am Boden liegen bleibt. Wir kennen das von der Situation, wenn neben uns jemand im Sitzen einschläft und langsam vom Stuhl zur Seite sinkt. Denn wenn wir einschlafen oder wenn wir in Ohnmacht fallen, können wir uns nicht mehr aufrechthalten. Wacht der Nachbar auf, durchzuckt es ihn, und er kann seinen Körper wieder aufrichten. Beim Einschlafen tritt also dasselbe ein, wie wenn die Nerven durchtrennt werden. Dann entgleitet der Körper unserem Zugriff und sinkt zu Boden wie eine Marionette, deren Fäden wir loslassen. Manchmal bemerken wir dieses Entgleiten des Körpers beim Einschlafen, erschrecken und wachen dadurch auf. Im Schlaf selber sind wir uns dieses Zustands nicht bewusst.

Es gibt jedoch Ausnahmesituationen, in denen dieser Zustand wahrgenommen werden kann, z.B. bei einem Absturz in den Bergen. Ein Beispiel: Der Bergsteiger Eugen Guido Lammer musste 1887 bei seinem Versuch, das Matterhorn zu besteigen, umkehren und geriet mit seinem Begleiter in eine Lawine. Er berichtet:

> »Einen Augenblick früher, und ich hätte den Pickelstock tief in den Schnee gerammt und mit meiner Brust das Ganze gehemmt. So aber schob die tückische Feindin leicht allen triefend nassen Firn unter meinen Füßen hinab; schon fallend, hieb ich die Pickelhaue ein, doch wie durch Butter schnitt sie haltlos durch; und die nun vergrößerte

> Lawine, auf der ich lag, jagte gegen Lorria, der sogleich hinausflog in den gefürchteten Steilschlund.
> Auf zweihundert Meter hat später der Kartograph Imfeld die Sturzhöhe geschätzt. Ich habe den grausen Flug mit klaren Sinnen getan und kann euch künden, Freunde: ... Ein Nadelstich schmerzt mehr als der Absturz. Auch nichts von Todesangst oder Seelennot. Nur anfangs. Sobald aber die letzten Rettungsgriffe umsonst getan waren, da kam über mich die große Ergebung. Der da hindurchgepresst wurde durch die enge Rinne, der da auf den weichen Körper des Gefährten geschleudert, dann durch den Zug des Seiles wieder rasend hinaus gerissen wurde in die freie Luft, es war ein Fremder, ein gleichgültig Stück Holz, und mein Ich schwebte über dem ganzen Geschehen als ruhevoller, neugieriger Zuschauer wie im Zirkus.«[110]

Als die Lawine und Lammer mit ihr zur Ruhe kommt, ist er mit seinem Bewusstsein wieder in seinem Körper und erlebt die Sorge um seinen verschütteten Begleiter, sehr viel später erst spürt er die eigenen Verletzungen.

Was ist geschehen? Der rasende Sturz hat die Schwerewahrnehmung des Gleichgewichtssinnes außer Kraft gesetzt, mit dem Ergebnis, dass der Bergsteiger den Zugriff auf seinen Körper verlor und dem Geschehen im entkörperten Zustand von außen zusehen musste. Das ist kein Einzelfall, sondern wird von verschiedenen Bergsteigern[111] oder anderen Unfallopfern berichtet und ist auch von den Ekstasetänzen der Indianer bekannt, bei denen die schnellen, wilden Bewegungen zum Aussetzen des Schweresinns führen, sodass der Körper zu Boden fällt.

Daran wird die dritte Leistung des Gleichgewichtssinnes deutlich. Er ermöglicht uns den Zugriff auf den eigenen Körper. Haben wir Wahrnehmungen des Schweresinns, können wir unseren Körper ergreifen und halten. Dann steht er uns als Werkzeug zur Verfügung, und zwar selbstverständlich, ohne besondere Anstrengung – wir sind der Souverän im Haus.[112] Ist aber die Wahrnehmungsmöglichkeit unterbrochen, dann haben wir auch keinen Zugriff auf unseren Körper und wir können auch nicht über ihn als Werkzeug unseres Handelns verfügen. Hat sich beim Kind oder Jugendlichen der Gleichgewichtssinn nicht genügend ausbilden und entwickeln können, fehlt auch die Selbstverständlichkeit im

Umgang mit dem eigenen Körper. Dann macht es immer Mühe, mit dem Körper zurechtzukommen und etwas auszurichten, und das heißt schließlich: Es macht Mühe, das tägliche Leben zu bewältigen. Lebensunsicherheit oder Versagensangst wird dann das Grundgefühl sein.

Wir sehen, wie entscheidend das ist, was der Gleichgewichtssinn für uns leistet, und wie wichtig also, ihm die besten Entwicklungschancen zu geben. Und wie sieht es damit aus? Können Kinder heute ihren Gleichgewichtssinn optimal entwickeln? Dürfen sie das machen, was sie dazu brauchen? Leider nein. Sie werden daran gehindert. Die Hauptursache des Defizits ist, neben dem Bewegungsmangel, die falsche Angst und Fürsorge der Erwachsenen. Wie soll ein Kind sich kräftig entwickeln, wenn man ihm alle Gefahren wegräumt und jedes Wagnis verbietet? Ohne etwas zu wagen, kann keine Sicherheit entstehen. Wir müssen also, wollen wir nicht eine ganze Generation zu lebensuntüchtigen Menschen machen, unser Verhältnis, und zwar nicht nur unser persönliches, sondern unser gesellschaftliches Verhältnis zu den Kindern ändern. Lassen wir die Kinder doch die Erfahrungen machen, die sie brauchen, und das sind im Bereich des Gleichgewichtssinnes auch solche mit Risiko. Lassen wir sie schaukeln, balancieren, hangeln, klettern, springen, Stelzen laufen, und zwar wenn sie es brauchen, nämlich schon im Kindergartenalter. Und hören wir in der Schule damit nicht auf. In jede Grundschulklasse oder auf den Flur gehört ein Balancierbalken und auf den Schulhof weitere Kletter- und Balanciermöglichkeiten. In den Räumen sind Sitzmöbel sinnvoll, auf denen die Kinder selbst das Gleichgewicht herstellen und halten müssen, wofür es gute Beispiele gibt.[113] Herkömmliche Stühle sind dazu ungeeignet, denn die Lehne nimmt den Kindern gerade diese Gleichgewichtsaktivität. Wer anderes Mobiliar einführt, wird bemerken, wie es in der Klasse ruhiger wird und die Aufmerksamkeit zunimmt.

Körpergefühl oder: Wie steht es um das Fundament?

Wer ein Haus baut, wird zunächst für ein stabiles Fundament sorgen. Je größer und höher das Haus, desto wichtiger ist das Fundament. Um es in den richtigen Dimensionen planen zu können, muss man die Größe des Hauses und die zu erwartenden Belastungen kennen und wird, um jedes Risiko auszuschließen, das Fundament so konstruieren, dass es auch einem Sturm oder Erdbeben standhalten kann. Ist das Fundament stabil gebaut und richtig dimensioniert, dann steht das darauf errichtete Haus sicher und fest. Anders sieht es aus, wenn das Fundament schnell und nachlässig ausgeführt wurde. Es wird dann das Haus nicht tragen können und an der einen oder anderen Stelle nachgeben. Das wird dazu führen, dass das Haus Risse bekommt und bei besonderen Erschütterungen sogar einstürzt. Reparaturen am Gebäude werden das nicht verhindern können. Man müsste das Fundament verbessern. Aber das geht nicht mehr, wenn das Haus einmal steht.

Beachten wir das, was uns beim Bau eines Hauses selbstverständlich ist, auch bei der menschlichen Entwicklung? Auch hier gibt es nämlich ein Fundament für das Haus unseres Lebens und unserer Persönlichkeit. Und auch hier hängt die Stabilität des Gebäudes ganz wesentlich von der Tragfähigkeit des Fundamentes ab. Dieses Fundament wird in der Kindheit, und zwar in den ersten sechs bis sieben Jahren gebaut und besteht aus dem, was man Körpergefühl nennt. Hat das Kind ein gesundes, gutes Körpergefühl entwickeln können, fühlt sich also in seinem Körper zu Hause und wohl in seiner Haut, dann besitzt es ein stabiles Fundament für sein Leben.[114] Ein solches Fundament wird nicht nur das entstehende Gebäude sicher tragen, sondern auch allen anderen Belastungen standhalten können. Aus welchem Material wird nun dieses Fundament gebaut? Aus den Grunderfahrungen der vier Körpersinne (s. Kasten): aus all dem, was das Kind

h und seelisch gelernt und entwickelt hat.
…che Grunddisposition, die wir ins Le-
t für alles, was wir danach noch lernen,
auch hier gilt wie beim Haus: Sind die
gebaut, lässt sich am Fundament nur
verbessern.

… t

Grunderfahrungen des Vitalsinns:

- Heimat im eigenen Körper
- Möglichkeiten und Grenzen
- Richtiges Maß
- Leistungsfähigkeit, Ich-kann-Erfahrungen
- Selbsteinschätzung, Selbstvertrauen

Grunderfahrungen des Bewegungssinns:

- Handlungsfähigkeit
- Geschicklichkeit
- Sich in Prozesse einbringen können, Teamfähigkeit
- Empathie
- Gestaltungsfähigkeit
- Selbstwertgefühl
- Selbstständigkeit

Grunderfahrungen des Gleichgewichtssinns:

- Sich einfügen können
- Jeder Situation gewachsen sein
- In sich ruhen
- Standfestigkeit
- Selbstbeherrschung
- Selbstsicherheit, Souveränität

Es ist leicht zu bemerken, dass diese Grunderfahrungen nichts anderes als die Basiskompetenzen sind, aus denen sich später unsere Fähigkeiten und Persönlichkeitsmerkmale wie Selbstständigkeit, Standfestigkeit oder Anpassungsfähigkeit entwickeln. Das ganze Spektrum einer stabilen, kompetenten Persönlichkeit wird in den ersten Jahren durch die Erfahrungen der Körpersinne veranlagt.[115] Selbstverständlich entstehen die Kompetenzen des Erwachsenen nur, wenn das in den ersten Jahren Veranlagte später durch andere Erfahrungen und Übungen weiter ausgebildet wird. Ohne das Fundament wird man aber wenig davon zustande bringen.

Nun kommt Folgendes hinzu: An der Entwicklung einzelner Basiskompetenzen sind immer mehrere Körpersinne beteiligt. Zwei Beispiele mögen das verdeutlichen.

Aufmerksamkeit

- Tastsinn: Grenze, Unterscheidung von innen und außen, Identität
- Vitalsinn: im Körper zu Hause sein
- Gleichgewichtssinn: in sich ruhen

Selbstständigkeit

- Tastsinn: sich abgrenzen können
- Vitalsinn: seine Möglichkeiten kennen, Ich-kann-Erfahrungen
- Bewegungssinn: Äußerungs- und Gestaltungsfähigkeit
- Gleichgewichtssinn: den eigenen Standpunkt bestimmen können

Bei jedem Menschen sind diese Komponenten verschieden stark ausgeprägt, sodass die Selbstständigkeit beim einen ihre Stärke besonders aus der Souveränität der Äußerung bezieht, beim anderen mehr aus der Fähigkeit, sich in neuen Situationen zurechtzufinden. Entsprechendes gilt für die Aufmerksamkeit. Und besteht ein Defizit an Selbstständigkeit oder Aufmerksamkeit, dann lässt sich bei genauer Beobachtung herausfinden, welche Komponente für diese Schwäche besonders verantwortlich ist, woraus sich dann die mögliche Hilfe oder Therapie entwickeln lässt.

Lernfähigkeit und Lernstörungen hängen auch davon ab, *wie* das Fundament gebaut wurde.[116] Wir haben das bei einzelnen Sinnen bereits dargestellt. Lesen, Schreiben, Rechnen sowie das abstrakte Denken brauchen die Basis, die durch die Körpersinne geschaffen wird. Eine besondere Rolle spielen hier die frühkindlichen Bewegungs- und Haltungsreflexe, deren Umwandlung und Integration in die individuelle Bewegungsführung eine wesentliche Voraussetzung für das Gelingen schulischen Lernens ist.[117] Dieser Zusammenhang zwischen Basissinnen und Lernerfolg wird in der Gehirnforschung mehr und mehr bestätigt.[118] Das Gehirn, das ist heutige Erkenntnis, wird so, wie und wofür es benutzt wird.[119] Durch das, was wir in der Kindheit wahrnehmen und tun, wird, wenn es öfter stattfindet, die Struktur unseres Gehirns bestimmt. Es werden bestimmte Leitungsbahnen im Gehirn durch kontinuierliche Nutzung ausgebaut, andere vernachlässigt und später deswegen abgebaut.[120] Die Körpersinne spielen dabei eine wichtige Rolle. Das wird verständlich, wenn wir bedenken, dass das aktive, explorative Lernen der frühen Kindheit, weil es immer mit Berührung und Bewegung zu tun hat, unter Beteiligung eben dieser Sinne geschieht. Außerdem sind die Körpersinne vielfach untereinander verknüpft. Man denke nur daran, dass immer, wenn wir mit der Hand einen Gegenstand anfassen oder eine Tätigkeit ausüben, alle vier Körpersinne (Tastsinn, Vitalsinn, Bewegungssinn, Gleichgewichtssinn) beteiligt sind. Und in der Regel sehen wir diesen Vorgang und hören den Klang, der dabei entsteht, wodurch die Körpersinne eben vor allem mit Sehen und Hören in enger Beziehung stehen. Daher werden auch bei der Verarbeitung der Wahrnehmungen der Körpersinne besonders viele Bereiche des Gehirns einbezogen. So haben die Körpersinne, auch unter diesem Gesichtspunkt, eine integrierende, zusammenführende und zusammenhaltende Funktion, wie sie ja auch das Fundament eines Gebäudes besitzt.[121]

Ohne Basisfähigkeiten kein Lernerfolg

Ziehen wir den Schluss aus dem Dargestellten. Es gibt eine Reihenfolge in der kindlichen Entwicklung und im kindlichen Lernen.[122]

1. Fundament Ausgereifte Körpersinne Basiskompetenzen	→	2. Lesen, Schreiben, Rechnen Formales, kognitives Lernen

Zuerst sind die Körpersinne und die an ihnen entwickelten Basisfähigkeiten dran. Ist diese Basis geschaffen, dann ist das Kind schulfähig, dann kann formales, kognitives Lernen beginnen.[123] Es hat also keinen Sinn, die explizite Form des Lernens vorzuziehen und etwa den Kindern Lesen und Schreiben früher abzuverlangen, wenn die Basisfähigkeiten noch nicht vollständig zur Verfügung stehen. Dass Kinder schon früher Lesen und Schreiben lernen *können*, ist keine Frage und auch nicht überraschend, da Kinder in diesem Alter alles leicht lernen. Sie lernen es dann aber auf Kosten des Fundaments. Man wird eine Schwächung der Kinder bewirken.[124] Hinzu kommt, dass die Bedingungen, unter denen Kinder heute aufwachsen, den Bau des Fundamentes ohnehin verzögern, sodass die Körpersinne bei vielen Kindern zum heutigen Schuleintritt noch längst nicht ausgereift zur Verfügung stehen. Beachtet man dieses Defizit nicht, übersieht also die vorhandenen Wahrnehmungsdefizite und Wahrnehmungsstörungen beim Eintritt in die Schule, dann muss sich das Kind Jahre später wegen der daraus entstandenen Lernstörungen immer noch mit dem Lesen und Schreiben abquälen. Ein großer therapeutischer Einsatz ist dann nötig, um diese Hindernisse auch nur annähernd zu beseitigen. Zur Therapie der Wahrnehmungs- und Lernstörungen wird dabei nichts anderes getan, als eben die versäumten Erfahrungen zur Ausreifung der Körpersinne nachzuholen, die sich das Kind vorher bei entsprechenden Möglichkeiten mit wesentlich geringerem Aufwand und mit größerem Erfolg hätte erwerben können.

Den Kindern die Entwicklung der Körpersinne und der damit verbundenen Basisfähigkeiten zu ermöglichen, ist eine der wesentlichen Aufgaben der Erziehung in den ersten sechs bis sieben Jahren. Das Kind braucht dafür diese Zeit. Eine Pädagogik, die sich die Förderung der Basissinne zur Aufgabe macht, ist eine salutogenetische Pädagogik,[125] da sie die psychosomatische Gesundheit der Kinder fördert. Sie stärkt außerdem die Resilienz,[126] weil sie die Kinder widerstandsfähig macht. Liegen zum Ende der ersten sechs Lebensjahre noch Defizite vor, so müssen zuerst diese aufgearbeitet und überwunden werden (und zwar gegebenenfalls auch in der Schule), bevor die kognitiven Anforderungen der Schule erfolgreich bewältigt werden können. Eine Pädagogik, die die verschiedenen Kompetenzen zum richtigen Zeitpunkt und in der richtigen Reihenfolge fördert und fordert, ist eine nachhaltige Pädagogik: ihre Ergebnisse haben lebenslang Bestand und fördern den einzelnen Menschen am besten. Außerdem ist sie, weil sie spätere Therapien unnötig macht, auch volkswirtschaftlich die sinnvollste.

Die Weltsinne

Weltsinne nennen wir die Sinne, die auf unsere Umgebung gerichtet sind und mit denen wir ein Stück Welt wahrnehmen. Tun wir das nicht mit jedem Sinn, nehmen wir nicht auch mit den Körpersinnen ein Stück Welt wahr? Ja, selbstverständlich, und doch ist es ein anderes Stück Welt. Denn was wir mit den Körpersinnen wahrnehmen, sind wir selbst, unser eigener Körper. Die Weltsinne dagegen richten sich auf fremde Objekte, und selbst wenn wir unseren eigenen Körper sehen, ihn also mit einem der Weltsinne wahrnehmen, wird er zum fremden Objekt, und nur die Körpersinne geben uns dann die Sicherheit zu wissen, dass es unser Körper ist. Dieser Unterschied zwischen Körpersinnen und Weltsinnen macht sich auch bei der Untersuchung der Sinne geltend. Wenn wir z.B. mit dem Bewegungssinn eine Bewegung unserer Hand wahrnehmen, dann bringen wir ja diese Bewegung, also das Objekt der Wahrnehmung, selbst hervor. Daher lässt sich bei den Körpersinnen das Objekt der Wahrnehmung nicht vom wahrnehmenden Subjekt trennen, d.h. man kann hier den Inhalt der Wahrnehmung nur beschreiben, indem man zugleich seine Wirkung auf die wahrnehmende Person beschreibt.

Ganz anders verhält es sich bei den Weltsinnen. Wenn wir mit ihnen die Welt wahrnehmen, dann geht es zunächst nur um das Objekt. Uns selbst als Wahrnehmende müssen wir dabei vergessen. Entsprechend kann man die Erfahrung, die uns diese Sinne liefern, beschreiben, ohne damit irgendetwas über ihre Bedeutung für die wahrnehmende Person auszusagen. Und das ist sogar der methodisch richtige Weg. Daher ist die folgende Untersuchung der Weltsinne anders aufgebaut als die der Körpersinne. Wir werden zunächst den Umfang des jeweiligen Wahrnehmungsbereiches untersuchen, und das heißt bei den kommunikativen Sinnen die Komplexe Sehen, Hören und Tasten, und dann, in einem zweiten Schritt, der Bedeutung nachgehen, die die Erfahrungen dieser Sinne für die wahrnehmende Person, vor allem für die Kinder und ihre Entwicklung besitzen.

Die Gruppe der kommunikativen Sinne

Das Wahrnehmungsfeld des Sehens und seine Stufen

Das Licht bringt es an den Tag – Der Sehsinn

Was brauchen wir, damit wir etwas sehen können? Auf diese Frage wird jeder antworten: Augen und Licht natürlich. Aber stimmt das? Was die Augen betrifft, so ist es klar, dass wir ohne sie nichts sehen können. Aber reicht Licht? Manchmal gibt es Erlebnisse, die einem darüber Aufklärung geben können.

Notwendig: Helligkeitsunterschiede

Auf der *Documenta 10* von 1997, der internationalen Schau zeitgenössischer Kunst, die alle fünf Jahre in Kassel stattfindet, gab es einen Raum, der dem Besucher eine solche Erfahrung »vor Augen führte«. Er war im Turm des Museums. Die meisten gingen an diesem Turmzimmer vorbei, weil darin nichts zu sehen war. Der gesamte Raum, Wände, Decke, Fußboden waren weiß angestrichen, die Fensternischen mit weißem Stoff bespannt. Der Raum war mit starken, dem Betrachter nicht sichtbaren Scheinwerfern hell ausgeleuchtet, sodass es nirgends Schatten gab. Blieb man in der Türöffnung stehen, weiter durfte man nicht, und blickte einen Moment in den Raum, so verging einem das Sehen. Man sah keine Wände und keine Ecken mehr, keinen Raum, keine Entfernung, nur

Nebel vor den Augen. Erst der Blick zur Kante der Türöffnung erlöste einen von dieser verunsichernden Erfahrung. Dieses Phänomen ist vor allem aus den Polargegenden bekannt. Der Schriftsteller Jack London nennt es das weiße Schweigen.[127] Es entsteht z.B., wenn die Sonne in der Antarktis durch einen weißen Wolkenschleier scheint. Dann verbindet sich in dem diffusen, schattenlosen Licht das Weiß des Himmels mit dem Weiß des Schnees zu einer blendenden Helligkeit ohne Schatten, und man hört auf, etwas Bestimmtes sehen zu können, und meint stattdessen, dichten Nebel vor den Augen zu haben. Dabei haben wir in solchen Fällen doch wirklich genug Licht zum Sehen! Aber – das wird daran deutlich – zum Sehen brauchen wir mehr als Licht. Wir brauchen auch Schatten. Nur wenn beides vorhanden ist, ein Helligkeitsunterschied, eine Struktur, die ja auch aus Hellem und Dunklem besteht, oder wenigstens ein dunkler Fleck in heller Umgebung, können wir etwas sehen.[128]

Ein weiterer Punkt ist hier von Belang. Das Auge steht nicht still, wenn wir sehen, auch nicht, wenn wir etwas ruhig betrachten. Es führt ständig ruckhafte Bewegungen, sogenannte Sakkaden, aus, die so schnell und fein sind, dass wir sie selbst nicht bemerken.[129] Durch diese unwillkürliche Bewegung wird dafür gesorgt, dass das Gesehene sich im Auge nicht ständig an derselben Stelle der Netzhaut abbildet. Man hat dies im Experiment verhindert, indem man eine kleine Apparatur mit einer Haftlinse so auf dem Auge befestigt hat, dass das Objekt, hier ein kleines Diapositiv-Bild, mit jeder Bewegung des Auges mitgeht. Das Ergebnis: Nach wenigen Sekunden wurde das Auge diesem Bild gegenüber blind.[130] Das heißt, nur wenn sich die Lage des Abbildes auf der Netzhaut verschiebt – man kann auch sagen, wenn sich das Auge gegenüber dem Objekt bewegen kann, können wir etwas für längere Zeit sehen. Wenn alles nur hell ist wie in unserem ersten Beispiel, führt die Bewegung aber zu keiner Änderung, und deshalb schwindet die Möglichkeit etwas zu sehen nach kurzer Zeit. Damit sind zwei Grundbedingungen genannt, ohne die Sehen nicht möglich ist, auch wenn wir physiologisch die Fähigkeit des Sehens besitzen.

Oberflächen und ihre Beschaffenheit

Wenden wir uns jetzt dem Sehen selbst zu. Was sehen wir? Blicken wir in die Welt, so sehen wir, wo wir auch immer hinblicken, Helles und Dunkles. Wir sehen helle und dunkle Flecken auf dem Boden, wenn die Sonne durch die Zweige scheint, wenn Gegenstände Schatten werfen, wenn Flächen unterschiedlich beleuchtet sind oder verschiedene Helligkeit besitzen. Überall sehen wir Helles und Dunkles aneinanderstoßen. Nur dadurch können wir verschiedene Flächen, Formen, Linien oder Strukturen wahrnehmen und sie voneinander unterscheiden. Das ist das Erste.

Zweitens sehen wir Oberflächen und ihre Beschaffenheit. Wir sehen, ob die Wasseroberfläche glatt oder gewellt ist, die Fliesen am Boden matt oder glänzend, ob der Lack verkratzt ist oder die Schuhe staubig sind. Diese Wahrnehmungen sind sehr genau. Wir sehen die kleinsten Abweichungen, den geringsten Kratzer, den feinsten Staub, denn sie verändern das Verhalten der Oberfläche zum Licht. Eben dieses Verhalten zum Licht ist es, was uns die Oberfläche und ihre Beschaffenheit überhaupt sichtbar macht. Am deutlichsten wird das am Spiegel, den wir nur dann als Oberfläche wahrnehmen, wenn er staubig ist oder wenn ein Stück Papier darauf klebt und dadurch das Spiegeln an dieser Stelle verhindert.

Jedes Material hat seine spezifische Art, sich zum Licht zu verhalten. Und so sehen wir an diesem Verhältnis zum Licht, dass eine Oberfläche z.B. strukturiert, körnig, streifig, glatt, spiegelnd, glänzend, matt, rau oder von seidigem oder samtenem Glanz ist. Dadurch ist es uns möglich, jedes Material am Aussehen seiner Oberfläche zu erkennen.

So können wir einzelne Metalle, Glas, verschiedene Glasuren, Holzoberflächen oder Stoffe unterscheiden, den matten Glanz eines Fells oder der Haare. Die grünen Pflanzenblätter sind nicht nur an ihren Formen zu erkennen, sondern auch an ihrer unterschiedlichen Oberfläche. Und staunend stehen wir vor dem wunderbaren Samtglanz der Schmetterlingsflügel oder vor manchen Blüten, etwa der

Amaryllis-Blüte, die sich in mattem Seidenglanz zeigt, ganz wie wertvoller Seidenstoff, der sich zum Licht genauso verhält.

Drittens: Die verschiedenen Materialien können ihr Verhältnis zum Licht noch auf eine andere Weise zeigen, nämlich wenn sie das Licht durchlassen, also durchscheinend oder durchsichtig sind. Sind sie durchscheinend, wie z.B. ein Glas Limonade oder ein grünes Pflanzenblatt, dann erkennen wir nicht die Oberflächenbeschaffenheit, sondern ein Bild der Struktur, die das Material im Innern enthält. Beim Pflanzenblatt sehen wir dann die Blattrippen und Blattadern durchscheinen, bei der Limonade die diffuse Struktur feiner Fruchtpartikel. Bei Kristallen oder Halbedelsteinen wird die Gesteinsstruktur sichtbar. Ist ein Material ganz durchsichtig, dann gilt das, was zuvor für den Spiegel gesagt wurde: Wir können das durchsichtige Material nicht wahrnehmen. Gut geputzte Fensterscheiben sind nicht zu sehen.[131] Sie werden erst sichtbar, wenn sie staubig oder beschmutzt sind.

Nun sind fast alle Oberflächen und durchscheinenden Materialien farbig. Und so kommt als viertes, umfangreiches Gebiet des optischen Sehens die Farbe hinzu, und zwar so, dass sie sich mit den anderen, bereits beschriebenen Phänomenen mischt. Blicken wir uns um, so sehen wir an den Gegenständen unserer Umgebung eine große Fülle verschiedener Farben und Farbnuancen. Wie viele Farben uns umgeben, ist uns im Alltag vielleicht nicht so bewusst. Wer aber einmal in einem Zimmer, in dem sich Möbel, Bücher, Bilder, Pflanzen und andere Dinge befinden, die vorhandenen Farbtöne zählt, wird leicht auf zweitausend und mehr kommen. Dies mag überraschen. Wenn wir aber genau beobachten, sehen wir nicht nur, dass wenige Dinge den gleichen Farbton besitzen, sondern auch wenige eine ganz einheitliche Farbe. Oft variiert die Farbe einer Fläche allein schon durch die Beleuchtung. Besonders bei Naturmaterial ist kaum eine Stelle der anderen in der Farbe gleich. Und wer einmal zu einer vorhandenen Farbe ein farblich identisches Stück Papier oder Stoff gesucht hat, der weiß, wie schwer das ist, weil wir die geringsten farblichen Abweichungen sehen. Wir können eben im Bereich der Farben feinste Nuancen wahrnehmen, jedenfalls haben wir die Möglichkeit dazu. Wie weit unsere Fähigkeit hier tatsächlich geht, hängt selbstverständlich davon ab, wie viel Übung und Erfahrung wir im Wahrnehmen von Farben haben. Die Zahl der Farbtöne jedenfalls, die wir prinzipiell zu unterscheiden in der Lage sind, geht in die Hunderttausende.[132]

Was erfahren wir durch die Farbe? Betrachten wir z.B. Metalle wie Silber, Kupfer, Eisen oder eine Legierung wie Messing, so können wir sehen, dass mit jedem Metall oder mit einer Metalllegierung eine ganz bestimmte Farbe verbunden ist. Die Farbe ist Eigenschaft des Metalls. Wir können die Metalle an der Farbe erkennen. Auch ein chemischer Prozess wie die Oxidation führt bei den Metallen zu einer jeweils typischen Farbe: bei Silber zu Schwarz, bei Kupfer zu Grün und bei Eisen zum Braunrot des Rost oder zum Ocker der eisenoxidhaltigen tonigen Erde. Der jeweilige chemische Stoff bestimmt also die Farbe. Das gilt genauso für die Farben von Steinen, z.B. das Blau des Lapislazuli oder das Grün des Malachit. Auch in der Pflanzenwelt kennen wir typische Farben wie das Gelb der Zitronen, das Orange der Möhren oder das Grün des Grases und der Laubblätter. Auch hier ist immer ein bestimmter, in diesem Fall biochemischer Stoff für die Farbe verantwortlich. Allgemein bekannt ist z.B. das Karotin, das den Möhren und einigen Blüten ihre typische Farbe verleiht und in der Lebensmittelindustrie Verwendung findet, oder das Chlorophyll, von dem das Grün der Pflanzen stammt. Sehen wir Farben an einem Naturding, so erfahren wir dadurch die Eigenschaft bestimmter Stoffe, nämlich Farben zu erzeugen. Folgt man den physikalischen Erklärungen,[133] so wird die Farbe dadurch sichtbar, dass der jeweilige Stoff ein bestimmtes Verhältnis der materiellen Oberfläche zum Licht festlegt, wodurch nur eine bestimmte Farbe reflektiert und dadurch für uns sichtbar wird.

Weil Farben in der beschriebenen Weise Eigenschaften der Stoffe sind, ist es möglich, sie aus ihrem Naturzusammenhang herauszulösen bzw. synthetisch herzustellen. Seit Jahrtausenden hat man so aus Mineralien, Pflanzen und auch aus tierischen Organismen, z.B. der Purpurschnecke, Farbstoffe gewonnen, um sie als Pigmente verwenden zu können.[134]

Das hatte zweierlei zur Folge. Einerseits entstanden dadurch reine Farben, die von jeder Bedingtheit des Naturzusammenhangs befreit sind. Andererseits wurden die Farben dadurch zu einem Ausdrucks- und Gestaltungsmittel des Menschen, das er seit den Zeiten der Höhlenmalerei auf vielfältige Weise künstlerisch entfaltete.

Neben den bisher beschriebenen stoffgebundenen Farben existieren noch atmosphärische Farben, z.B. das Rot des Sonnenuntergangs oder das Blau des Himmels. Diese Farben entstehen aus dem Zusammenwirken des Sonnenlichtes mit der trüben Atmosphäre der Erde. Man kann das leicht durch zwei kleine Experimente nachvollziehen. Hält man einfaches Schreibpapier vor eine helle Lampe und fügt nach und nach weitere Blätter hinzu, so wird man sehen, wie das Licht durch die zunehmende Eintrübung zuerst gelb und dann rot wird. Um die Blaufärbung des Himmels zu zeigen, braucht man ein größeres, durchsichtiges Wasserbecken, das mit einer milchig-trüben Flüssigkeit gefüllt ist. Beleuchtet man das Becken von einer Seite, erscheint am anderen Ende die trübe Flüssigkeit blau.[135]

Weiter sehen wir Farben, wenn etwas von einer farbigen Lichtquelle beleuchtet wird. Dazu gehören auch die Farben auf der Leinwand oder auf dem Bildschirm. Und schließlich sehen wir die leuchtenden Farben des Regenbogens, die in stärkerer Intensität auch dann wahrzunehmen sind, wenn wir durch ein Prisma blicken oder wenn Licht durch geschliffene Gläser in den Prismafarben an die Wand projiziert wird. Wir kennen diese Farben auch von einer Ölpfütze, einer Seifenblase oder einer CD. In diesen Fällen entstehen die Farben, weil das Licht durch die Stoffe in bestimmter Weise gebrochen wird.

Gesetzmäßigkeiten der Farben

Farben haben eine bestimmte Ordnung. Diese hängt mit einem Phänomen unserer Wahrnehmung zusammen.[136] Blicken wir einige Zeit auf einen farbigen Gegenstand oder eine farbige Fläche und wenden dann den Blick auf einen weißen Hintergrund, so erscheint auf diesem Hintergrund eine andere, zarte Farbe. Sie ist in Form und Größe der Ausgangsfarbe ähnlich, wandert mit dem Blick mit und vergeht nach einiger Zeit. Es handelt sich um das Nachbild, das immer auftritt, wenn wir Farbe oder Hell-Dunkel-Kontraste sehen. Die Farbe des Nachbildes ist nicht beliebig, sondern folgt der Polarität der Komplementärfarben. Blicken wir auf eine rote Fläche, so erscheint als Nachbild ein grünliches Blau (Cyan), bei Gelb ein Blauviolett, bei Grün ein bläuliches Rot (Magenta) und umgekehrt. Die komplementären Farbenpaare sind also, nach heute üblicher Benennung:

Rot – Cyan
Gelb – Blauviolett
Grün – Magenta

Eine weitere Farbgesetzmäßigkeit ist die der Nachbarschaft. Jeder Mensch wird, das lässt sich empirisch beobachten, Orange zwischen Rot und Gelb, Grün zwischen Blau und Gelb und Violett zwischen Blau und Rot einordnen, ebenso weitere Zwischenstufen. Dazu bedarf es keiner Vorbildung.[137] Bringt man diese beiden Gesetzmäßigkeiten der Polarität und der Nachbarschaft zusammen, so ergibt sich von selbst die Anordnung im Kreis. Goethe (1749–1832) hat als Erster den sechsteiligen Farbkreis zur Darstellung der Farben benutzt.[138]

Im Farbkreis liegen die Komplementärfarben immer genau gegenüber. Dadurch lässt sich auch für jeden nicht abgebildeten Zwischenton die entsprechende Komplementärfarbe finden. Die verschiedenen Farbtöne sind aber nur eine Dimension der Farben. Die beiden anderen sind Sättigung und Helligkeit. Derselbe Farbton kann zart und blass oder kräftig, also von verschiedener Intensität sein, was man beim Pigment durch Verdünnen oder Konzentrieren erreicht. Und er kann, als kräftiger wie als blasser Farbton, aufgehellt oder abgedunkelt sein.[139]

Wir haben mit all diesen Beispielen das optische Sehen erkundet und dabei herausgefunden, dass es uns durch die Farben und die anderen Erscheinungsweisen der Oberflächen einen Zugang zur materiellen Welt und ihrer Stofflichkeit verschafft. Nun ist das optische Sehen nicht der einzige, sondern nur der erste, elementare Bereich unseres Sehens. Wenn wir z.B. die emotionale Wirkung einer Farbe oder die Aussage einer Gebärde wahrnehmen, dann fällt das nicht mehr in den Bereich des optischen Sehens, sondern in ein anderes Gebiet. Und das ist der Grund, warum manche Menschen die Wirkung einer Farbe oder einer Gebärde erst gar nicht als eine Wahrnehmung gelten lassen. Schauen wir also nach, was es damit auf sich hat.

Gefühle werden sichtbar – Der Gestaltsinn

Jedes Jahr kann es einem wieder passieren: Man hat sich an dem über und über blühenden Apfelbaum gefreut, und dann, Monate später, findet man am Baum keinen einzigen Apfel. Im Herbst ist er aber plötzlich doch voll roter Früchte. Wie kommt das? Die Äpfel sind für unseren Blick, so lange sie grün sind, tatsächlich schwer zu entdecken, selbst wenn wir uns Mühe geben. Das Grün der Äpfel verschwindet im Grün der Blätter. Sind die Äpfel rot, fallen sie sofort auf. Das kommt daher, dass Farben in verschiedener Zusammenstellung ganz unterschiedliche Wirkungen zeigen.

Ein Grün in grüner oder grünblauer Umgebung wirkt matt und unauffällig und wird, wie im Fall der Äpfel, leicht übersehen. Befindet sich dagegen ein Rot in derselben Umgebung, leuchtet es hervor und springt uns entgegen. Bringen wir aber dasselbe Rot in eine rote oder rotorange Umgebung, verliert es seine Leuchtkraft und wirkt nun eher unscheinbar. Das Grün, das in einer grünen Umgebung unbemerkt bleibt, beginnt, wenn es in ein rotes oder oranges Umfeld gebracht wird, zu leuchten und wird unübersehbar.

Wirkungsweisen der Farben

Diese unterschiedliche Wirkung entsteht durch den sogenannten Simultankontrast,[140] der darin besteht, dass das Nachbild der Umgebungsfarbe die Farbe im Zentrum dämpft oder steigert. Am Farbkreis kann im Detail abgelesen werden, welche Wirkung eine bestimmte Farbkombination hat. Dabei gilt: Nachbarschaft der Farben dämpft, Polarität steigert.

Die Wirkung der Farben hängt also von ihrer jeweiligen farblichen Umgebung ab. Dieses Phänomen hat in der Malerei vielfältige Anwendung gefunden, vor allem im Impressionismus und in der Moderne. Als Beispiel sei ein Bild von Claude Monet (1840–1926) gezeigt, das seine frische, heitere, sommerliche Wirkung ganz dem Verhältnis der Farben Rot und Grün verdankt. Ersetzt man in diesem Bild die roten Schiffe einschließlich ihres roten Spiegelbildes durch Grün oder Grünblau, so steht eine eintönige, triste Landschaft vor uns, und das Bild hat seinen Reiz verloren (siehe Farbtafel zwischen Seite 96 und 97).

Claude Monet, »Die roten Boote, Argenteuil« (1895)

Befinden sich, wie in diesem Bild, zwei oder mehr Farben in einem Verhältnis zueinander, dann tritt nicht nur Dämpfung oder Steigerung als Wirkung auf, sondern noch etwas Weiteres. Denn machen wir uns klar: Die frische, fröhliche, sommerliche Stimmung, die wir an dem Bild von Monet erleben, geht ja von den Farben und ihrer Kombination aus. Die Farben, wie sie in diesem Bild vorkommen, teilen uns diese Stimmung mit. Ersetzen wir nämlich das Rot durch Grün, dann nehmen wir, bei gleichem Motiv, eine ganz andere Stimmung wahr, weil die Farben eine andere Stimmung zum Ausdruck bringen. Wir können also festhalten: An jeder Farbkombination nehmen wir zugleich eine emotionale Stimmung wahr, die von den Farben mitgeteilt wird.

Aber auch jede einzelne Farbe besitzt für sich bereits einen ganz bestimmten emotionalen Ausdruck. Rot wirkt anders als Grün, Gelb oder Braun. Wir kennen die Wirkung im Alltag recht gut. Wir wählen nämlich für den Wandanstrich unseres Zimmers oder für den Teppich und die Polstermöbel nicht jede beliebige Farbe, und schon gar nicht für ein Kleidungsstück, weil wir wissen, dass jede Farbe eine Wirkung auf uns und natürlich auch auf die anderen hat. Jeder, der mit Farben professionell umgeht, sei es in der Malerei, der Innenarchitektur, im Design oder in der Werbung, weiß von der emotionalen Wirkung der einzelnen Farben und setzt sie gerade dieser Wirkung wegen ein. Der Maler Wassily Kandinsky (1866-1944), der sich in seinem Buch *Über das Geistige in der Kunst* (1912) intensiv mit den Farben und ihrer Wirkung beschäftigt hat, bringt diese Tatsache in einem sehr praktischen Bild auf den Punkt. Er schreibt:

> »Im allgemeinen ist also die Farbe ein Mittel, einen direkten Einfluss auf die Seele auszuüben. Die Farbe ist die Taste. Das Auge ist der Hammer. Die Seele ist das Klavier mit vielen Saiten. Der Künstler ist die Hand, die durch diese oder jene Taste zweckmäßig die menschliche Seele in Vibration bringt.«[141]

Monet hat also, um in Kandinskys Vergleich zu bleiben, die rote und grüne Taste gedrückt, und auch die gelbe ein wenig, um beim Betrachter die heitere, sommerliche Stimmung hervorzurufen. Das kann selbstverständlich nur geschehen, weil jeder Mensch die Fähigkeit besitzt, die emotionale Wirkung der Farben wahrzunehmen. Freilich bedarf es der Übung und Schulung, um im einzelnen Fall die Wirkung auch zu bemerken. Um Missverständnisse zu vermeiden, sei betont, dass hier mit dem Ausdruck emotionale Wirkung nicht Gefallen oder Missfallen unsererseits gemeint ist, sondern allein die Wirkung der Farbe.

Es ist von Künstlern und Wissenschaftlern immer wieder versucht worden, die Wirkung der Farben in Worte zu fassen.[142] Solche Versuche können natürlich nur die allgemeine Richtung des jeweiligen Farberlebens angeben. Nur so ist die folgende Aufstellung der emotionalen Wirkung der sechs wichtigsten Farben zu verstehen. Dabei ist zu beachten: Jede Änderung der Farbnuance und vor allem jede farbliche Umgebung kann die Wirkung verändern.

Rot	wärmend, anregend, belebend, festlich, kräftigend, aktiv, cholerisch, aggressiv, bedrängend
Orange	warm, anregend, lebhaft, lebensfroh, genießerisch, aktiv, Aufmerksamkeit weckend
Gelb	hell, leicht, weckend, strahlend, sonnig, aufmunternd, sanguinisch, aufstachelnd, mitreißend
Grün	beruhigend, entspannend, sanft, satt, freundlich, gelassen, phlegmatisch, bequem, ausgleichend, beständig
Blau	ruhig, ernst, klar, kühl, friedlich, freilassend, weitend, zurückhaltend, innerlich
Violett	ruhig, schwer, feierlich, melancholisch, traurig, tiefsinnig

Emotionaler Ausdruck von Formen

Nun ist die sichtbare Welt nicht nur mit Farben, sondern auch mit Formen erfüllt. Und die Frage ist: Sind die Formen, die wir sehen, neutral oder vermitteln sie uns, ähnlich wie die Farben, einen emotionalen Ausdruck? Untersuchen wir einmal, was wir an den Formen wahrnehmen. Dazu möge der Leser sich auf folgendes Experiment einlassen:[143] Zur Verfügung stehen zwei gleich große weiße Flächen und zwei gleich lange, gerade schwarze Linien.

Nun soll in jede Fläche eine der beiden Linien so eingefügt werden, dass sie ein bestimmtes, auf jeder Fläche anderes Gefühl zum Ausdruck bringt. Die beiden Gefühle bzw. emotionalen Haltungen sind:

1. selbstsicher, siegessicher den Platz behaupten
2. zögernd, unsicher, aber mit der Situation sich abfinden und abwarten

Es ist gut, wenn der Leser jetzt nicht die Lösung auf der folgenden Seite anschaut, sondern hier zunächst innehält und einen Bleistift nimmt und im Buch oder auf einem Extrablatt versucht, die Aufgabe selbst zu lösen. Der gerade Strich, nur ein solcher soll es sein, kann ja senkrecht, waagerecht oder schräg, in der Mitte, an den Seiten, oben oder unten eingefügt werden. Wer der Aufgabe nachgeht und den Strich an eine Stelle setzt und das Gebilde dann betrachtet, kann wahrnehmen, ob er mit dieser Anordnung den beabsichtigten Ausdruck getroffen hat. So kann z.B. folgende Anordnung für das erste Gefühl vorkommen:

Betrachten wir diesen Vorschlag und beobachten die Wirkung, die von ihm ausgeht. Den Platz verwehren, diese Aussage macht der waagerechte Strich. Von Selbstsicherheit und Siegessicherheit aber ist keine Spur. Um das auch auszudrücken, bedarf es einer anderen Anordnung. Dabei kann noch eine weitere Frage auftauchen, nämlich: Welche der beiden Gefühlssituationen ist passender auf der rechten, welche auf der linken Seite?

In gut dreißig Fällen, in denen dieses Experiment mit Gruppen von Menschen durchgeführt wurde, ergab sich die nun folgende oder eine sehr ähnliche Lösung. Dabei herrschte stets Einigkeit darüber, wie die Gefühlshaltung der Sieger auszudrücken sei (rechter Kasten), ebenso über die Wahl zwischen der Anordnung rechts und links. Bei der zweiten Gefühlshaltung, der Haltung der Verlierer, gab es dagegen häufig kleinere, im Ergebnis aber ähnliche Varianten (linker Kasten).

Betrachtet man diese Lösung, so ist unmittelbar einsichtig, welche der beiden Gefühlshaltungen der rechte und welche der linke Kasten zum Ausdruck bringt, und zwar auch für jemand, der nur von der Aufgabenstellung weiß, nicht aber den Prozess mitgemacht hat. Die Zuordnung ist eindeutig. Niemand nimmt den senkrechten, geraden Strich in der Mitte als zögernd oder unsicher wahr. Das heißt, Linien, und zwar bereits einfache, gerade Linien, besitzen, wenn sie in ein bestimmtes Verhältnis zur umgebenden Fläche gebracht sind, eine klare emotionale Aussage. Und diese Aussage nehmen wir wahr.

Dieses Ausdrucksmittel findet vielfältige Verwendung. Greifen wir ein Beispiel aus der Malerei heraus. Der spanische Maler Diego Velázquez (1599–1660) hat in seinem Bild »Die Übergabe von Breda«

(1634/35)[144] dargestellt, wie der holländische General Justin von Nassau den Schlüssel der Festung von Breda dem spanischen Feldherrn Ambrosio Spinola als Zeichen seiner Niederlage überreicht. Dabei sind die beiden nicht allein, sondern jeweils von einigen Personen ihrer Seite begleitet. Dadurch stehen sich in diesem Bild also Sieger und Verlierer gegenüber. Wie wird das vermittelt? Untersucht man die Ausdrucksmittel des Bildes, so findet man, dass der Maler die gerade Linie als ein wesentliches Mittel benutzt, um Sieger und Verlierer zu charakterisieren. In der folgenden Zeichnung sind nur diese Linien zu sehen.

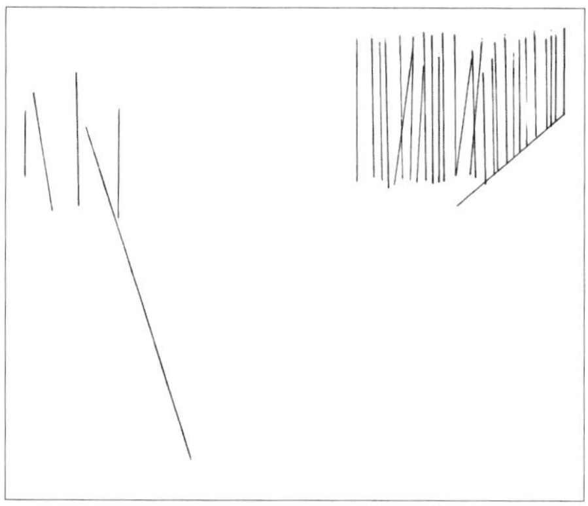

Velázquez, Zeichnung Linien

Jedem Betrachter ist sofort klar, wie hier die Rollen von Sieger und Verlierer verteilt sind, und zwar nicht nur, was die äußere Situation betrifft. Man erfährt auch etwas von der emotionalen Lage, in der sich die Sieger und die Verlierer befinden. Und das nur durch die Anordnung einiger gerader Linien.

Verweilen wir noch etwas bei diesem Bild und betrachten jetzt, in einer weiteren Zeichnung isoliert, die Haltung der beiden Hauptpersonen des Bildes, so erfahren wir auch hier auf den ersten Blick das Wesentliche der Handlung. Dazu bedürfen wir keiner Identifizierung der Personen oder sonstiger Erklärung. Die Gebärde ihrer Körperhaltung gibt Auskunft darüber, in welchem Verhältnis sie in diesem Augenblick zueinander stehen.

Velázquez, Zeichnung Umriss Hauptpersonen

Fügen wir beide Bereiche, Linienkomposition und Gebärde der Hauptpersonen, zusammen, so tritt uns die innere, emotionale Situation des dargestellten Momentes in seinen wesentlichen Zügen vor Augen.

Velázquez, Zeichnung Linien und Hauptpersonen

Die Gesamtaussage ist allein durch diese wenigen Linien bereits gegeben. Betrachten wir jetzt das Gemälde selbst, so werden wir bemerken, dass zwar viele Einzelheiten, auch raffinierte Effekte, hinzukommen, dass sich aber der Haupteindruck kaum verändert, wodurch eben bestätigt wird, wie sehr Komposition und Gebärde den Ausdruck dieses Bildes bestimmen.

Diego Velázquez, »Die Übergabe von Breda« (1634/35)

Die Flächengestaltung

Wir haben an diesem Beispiel zwei Elemente kennengelernt, mit denen wir uns durch Formen emotional ausdrücken können: einmal die Anordnung einer geraden Linie auf der sie umgebenden Fläche, man kann auch sagen, die Gestaltung der Verhältnisse,[145] zum zweiten die Körperhaltung, die Gebärde von Personen. Blicken wir zuerst auf die Flächengestaltung. Hier ist dreierlei zu beachten. Das bloße Format einer Fläche (Hochformat, Querformat, quadratisch, rund usw.) besitzt bereits einen bestimmten Ausdruck. Das wird beim Betrachten eines extrem schmalen Hochformats oder eines extrem niedrigen Breitformats sofort deutlich. Ein weiterer Ausdrucksfaktor ist, wie wir bei unserem Experiment gesehen haben, die Richtung einer Linie. Ob eine Linie waagerecht, senkrecht oder schräg ist, das bestimmt ihren Ausdruck.[146]

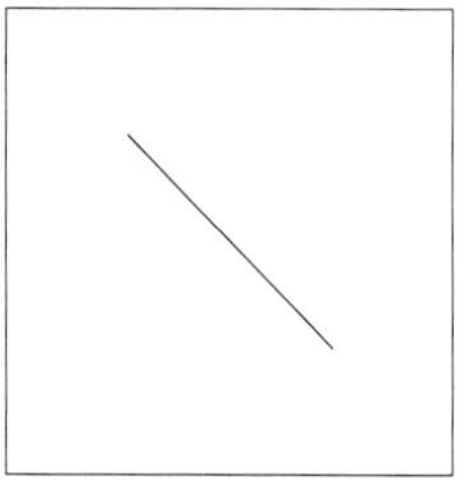

abfallend, passiv

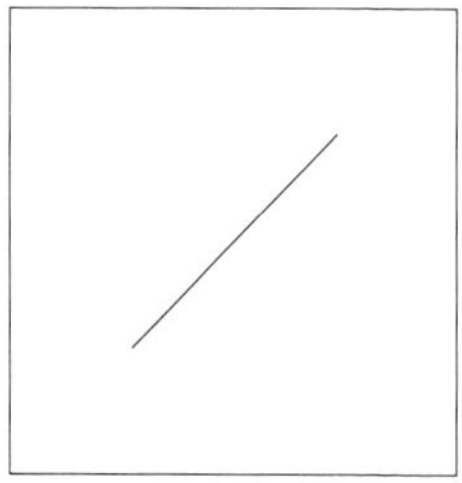

aufsteigend, aktiv

Schräge Linien besitzen, je nach ihrer Richtung, eine unterschiedliche Aussage. Die nach rechts aufsteigende Schräge wird stets als aktiv und aufstrebend oder weiterführend empfunden, die nach links geneigte dagegen eher als ankommend, abfallend und passiv. Dabei kommt sofort der dritte Ausdrucksfaktor ins Spiel, nämlich der Ort auf der Fläche. Es ist nicht gleichgültig, wo sich etwas befindet, in der Mitte oder an den Seiten, rechts, links, im oberen oder unteren Bereich. Jede Stelle auf einer Fläche ermöglicht einen bestimmten Ausdruckswert. Wir können uns das am Experiment mit den Linien klarmachen. Die senkrechte Linie z.B. vermittelt den Ausdruck siegessicher/selbstsicher nur, wenn sie sich in der Mitte befindet. Wird sie an eine andere Stelle geschoben, verliert sie diesen Ausdruck und bekommt einen anderen.

Jede Gestaltung auf der Fläche, sei sie gegenständlich oder abstrakt, benutzt diese Elemente, das Format, die Richtung und den Ort auf der Fläche, um eine emotionale Aussage zu vermitteln, die wir dann an dieser Gestaltung wahrnehmen können. Das gilt nicht nur für die Malerei. In jeder graphischen Flächengestaltung, besonders in der Werbung, spielen diese Elemente eine wesentliche Rolle. Man wird in jeder Zeitschrift viele Werbeseiten finden, die in ihrer Gestaltung die aufsteigende Diagonale benutzen. Man wird auch sehen, dass die wichtigste Information, der Produkt- oder Firmenname, häufig an der Stelle des größten Gewichtes, also rechts unten, angebracht ist.[147] Aber auch in der Architektur und bei der Konzeption der Szenenbilder in Theater und Film spielen diese Gestaltungselemente eine Rolle – und genauso in vielen Situationen des Alltags.

Gebärden von Personen

Der zweite, bereits genannte Bereich des Ausdrucks ist die Gebärde. Wir haben ja gesehen, wie die beiden Feldherren im Bild von Velázquez durch ihre Gebärde zeigen, was sie in diesem Moment bewegt. Doch nicht nur in Bildern spielen die Gebärden eine Rolle. Wir selbst drücken fortwährend etwas durch unsere Gebärden aus. Ob wir uns zurücklehnen, die

Arme vor der Brust verschränkt, oder uns etwas nach vorne neigen, die Fäuste in die Seiten gestemmt, ob wir uns frontal oder über die linke Schulter dem anderen zuwenden, wie wir auch stehen oder sitzen und Kopf und Hände halten, immer teilen wir durch diese Haltung etwas von unserem emotionalen Befinden und unserer emotionalen Beziehung zum Gegenüber mit. Ebenso geschieht das durch jede Bewegung. Der Charakter einer Bewegung, langsam und bedächtig oder heftig, fließend oder stockend, auch der Rhythmus und das Tempo oder die Intensität von Bewegungen sprechen eine emotionale Sprache. Dass wir mit unseren Bewegungen und Gebärden ständig etwas mitteilen, ist uns meist nicht bewusst. Auch nehmen wir diese Mitteilungen an anderen nicht unbedingt bewusst wahr, und doch können sie unser Verhalten zu einem anderen Menschen bestimmen. Wenn wir einen Redner beobachten, ganz besonders dann, wenn er durch die Fernsehkamera von der Umgebung isoliert ist, fallen uns seine Bewegungen, Gebärden und seine Körperhaltung auf, und wir entdecken sie als eigene Sprache.[148] Für gehörlose Menschen ist die Körpersprache ein wichtiges Feld, denn sie erfahren dadurch das, was wir Hörende an der Stimme wahrnehmen. Hierzu ein Beispiel aus dem Alltag.

> »So wie zum Beispiel jemand, der ungeduldig darauf wartet, dass eine Freundin endlich zu telefonieren aufhört, den Worten und der Intonation entnehmen kann, dass das Gespräch gleich zu Ende sein wird, kann ein Gehörloser – wie jemand, der vor einer Telefonzelle wartet – den Augenblick erkennen, in dem die Abschiedsfloskeln ausgetauscht werden oder der Entschluss gefasst wird, den Hörer einzuhängen. Er bemerkt eine leichte Bewegung der Hand, die den Hörer hält, eine Gewichtsverlagerung, eine winzige Neigung des Kopfes, eine Verschiebung der Füße und jene Veränderung des Gesichtsausdrucks, der verrät, dass die Entscheidung getroffen ist. Da er keine auditiven Hinweise erhält, lernt er, auf die unscheinbarsten visuellen Signale zu achten.«[149]

Für Kinder ist die Körpersprache nach der Mimik die zweite Sprachform, die sie benutzen und verstehen.

Claude Monet, »Die roten Boote, Argenteuil« (1895)

Manipulierte Version

Gebärden in Gegenständen

Gebärden und ihr Ausdruck sind aber nicht an die menschliche Gestalt gebunden. Alles, was eine Gestalt besitzt, zeigt auch eine Gebärde. Und so haben ebenfalls alle Gegenstände, die von Menschen gemacht sind, eine Gebärde und einen Ausdruck, auch eine Teekanne.

Teekanne von Heinrich Löffelhardt (1954)

Die Teekanne von Heinrich Löffelhardt (1901–1979), dem einflussreichsten Designer der fünfziger und sechziger Jahre des 20. Jahrhunderts, wirkt beruhigend und gemütlich. Sie strahlt Ruhe und Zufriedenheit aus, ist rund und ausgewogen. Steht sie auf dem Tisch, vermittelt sie das Gefühl, dass man hier lange verweilen kann. Der Ausguss mit seinem leichten Schwung, die ausgewogene Rundung des Griffs und der Deckelknauf verhindern, dass die Kanne plump wirkt. Stellen wir uns zum Vergleich eine breite, eckige oder eine schmale, hohe Kanne mit langem, dünnem Ausguss vor oder nehmen eine vorhandene zum Vergleich. Wir werden sehen, dass jede Kanne mit anderen Gefühlen zu uns spricht. Der Leser wird das, was er beim Betrachten der Teekanne empfindet, vielleicht mit ganz anderen Worten beschreiben. Das ist sogar zu erwarten, weil bei jedem von uns durch die Gebärden der Gegenstände andere persönliche Erfahrungen und Erinnerungen aktiviert werden, was im Übrigen auch der Grund dafür ist, dass jedem von uns eben auch andere Kannen, Leuchten oder Stühle gefallen. Dennoch wird es niemand geben, der die obige Beschreibung emotionaler Mitteilung auf eine schmale, hohe Kanne beziehen wird. Die Sprache der Gegenstände ist hier eindeutig.

Gebärden in der Architektur

Auch in der Architektur spielt dieser Bereich eine wichtige Rolle. Alles Gebaute hat eine Gebärde mit emotionaler Wirkung, die wir wahrnehmen können, die aber auch dann eine Wirkung auf uns ausübt, wenn sie uns nicht bewusst wird. Vergleichen wir den Eingang zweier Gebäude.

Walter Gropius, Verwaltungstrakt der Fagus-Werke, Alfeld/Leine (1911)

Das erste Beispiel stammt vom Verwaltungstrakt der Fagus-Werke in Alfeld/Leine von Walter Gropius (1883–1969), gebaut 1911. Hier tritt uns eine Mauer entgegen, in deren Mitte sich eine Öffnung befindet. Die Öffnung ist in die Mauer eingesenkt, ist eingespannt und festgehalten von einem dünnen, nach den Seiten weit überstehenden Dach, von einem Pilaster-ähnlichen Mauervorsprung zu beiden Seiten und von den Stufen. Sie kommt uns nicht entgegen, entfernt sich eher von uns, und in diesem Rückzug hat sie etwas Freilassendes. Die vorgelagerte Treppe aus sechs Stufen, von drei Seiten zu begehen, hat eine gewisse Großzügigkeit, die aber ihre Strenge behält, weil sie in ein strenges pyramidales System eingebunden ist. Dieser Eingang wirkt weder besonders einladend noch abstoßend. Er verhält sich eher neutral. Man kann an ihm auch vorbeigehen und die Treppen an der

Seite wieder hinabsteigen. Das zweite Beispiel zeigt den Eingang zum Einsteinturm von Erich Mendelsohn (1887–1953), einer Sternwarte, gebaut 1920.

Erich Mendelsohn, Einsteinturm, Potsdam (1920)

Auch hier kann man vorbeigehen, doch dann wird man das Gefühl haben, etwas zu versäumen. Wenn man diesem Eingang gegenübersteht, ist man zwei Wirkungen ausgesetzt: einer einladenden und einer mehr ausschließenden. Die uns entgegenkommende Treppe und ihre Wangen, die sich nach oben öffnende Gebärde der Mauer an der obersten Stufe, die Rundung der Türlaibung und die gebogene Linie der Mauerkante darüber, das alles empfängt uns und nimmt uns auf. Es gibt aber auch die Formen, die uns eher ausschließen und vor uns etwas verbergen, wie der zur Mitte geneigte Sockel des Gebäudes, der etwas zusammenhält und mit seiner unteren und oberen Kante etwas umschließt, oder die Rundung, die sich hinter der Türwand erhebt. Dieser Eingang weckt Interesse und lockt einen heran. Nun ist es wieder nicht entscheidend, ob jeder Leser diese Charakterisierung der Wirkung als zutreffend erlebt. Entscheidend ist vielmehr zu bemerken, dass die beiden Eingänge unterschiedlich zu uns sprechen, was man eben so oder ähnlich umschreiben kann. Und so hat natürlich jedes Gebäude durch seine Gestalt und Gebärde nicht nur nach außen eine bestimmte Wirkung, sondern auch im Innenraum.[150]

Mimik

Ein letzter Bereich im Feld der Gebärde ist die Mimik, die Ausdrucksgestalt des Gesichtes.[151] An jedem Menschen nehmen wir sie wahr. Wir sehen am Gesichtsausdruck, ob jemand sich freut, ob er ernst ist oder abweisend, ob er unsicher und ängstlich oder zornig reagiert. Der Gesichtsausdruck zeigt uns alle diese Gefühlsregungen. Dabei sind der Augenbereich und der Mundbereich die besonders ausdrucksstarken Zonen, die durch unterschiedliche Formung und Stellung zueinander die verschiedenen Gefühle zum Ausdruck bringen. Das kann man leicht nachprüfen, wenn man einige Strichgesichter auf ein Papier zeichnet, indem man in ein gleiches Oval und bei unveränderter senkrechter Nasenlinie verschiedene Stellungen von Augen, Augenbrauen und Mund einfügt. Man wird sehen, wie eine Wölbung des Mundes nach oben oder nach unten die Wirkung verändert, ja wie schon ein anderer Ausdruck eintritt, wenn man nur die Enden der Mundlinie nach oben oder unten biegt. Jede Bildergeschichte bedient sich dieser Ausdrucksmöglichkeit und natürlich auch jede pantomimische oder schauspielerische Darstellung. Nach heutigem Forschungsstand gibt es bestimmte mimische Ausdrucksformen, die von allen Menschen überall auf der Welt benutzt und verstanden werden.[152] Dazu gehören die Ausdrucksmuster von Trauer, Zorn, Überraschung, Angst, Ekel, Verachtung und Freude.[153] Überall werden diese Gefühle mit denselben mimischen Ausdrucksmitteln mitgeteilt. Sie sind die Sprachform, die alle Kinder als Erste beherrschen. Säuglinge können bereits in den ersten Wochen unterscheiden, ob ein Gesicht Freude, Traurigkeit oder Überraschung usw. ausdrückt, und den jeweiligen Gesichtsausdruck nachahmen.[154]

Unser Minenspiel läuft in der Regel unbewusst und unwillkürlich ab und zeigt viel von dem, was in uns vorgeht. Oft ist es die Miene, die uns z.B. darüber belehrt, welche Absicht jemand verfolgt.[155] Deswegen verstehen wir auch Scherz und Ironie besser, wenn wir das Gesicht des Sprechers sehen. Wir können aber auch bewusst eingreifen und unseren Gesichtsausdruck willentlich bestimmen. Wir können lächeln, obwohl uns gar nicht danach ist, oder ernst dreinschauen, obwohl die Sache gar nicht so zu verstehen ist. Auch durch die Erziehung wird in diesen Bereich eingewirkt. So ist es in manchen Ländern oder gesellschaftlichen Gruppen Ziel der Erziehung, nur bestimmte Gefühle im Gesicht zu zeigen und andere zu verbergen. Dass das nicht vollständig geht, dass wir die mimische Äußerung unserer Gefühle nicht ganz beeinflussen bzw. unterdrücken können, zeigen die Versuche, an den feinsten Äußerungen der Mimik abzulesen, ob jemand die Wahrheit sagt oder lügt. Denn kleinste Zuckungen im Gesicht können den Menschen verraten. Es gibt bereits Mimikdetektoren,[156] die an vierundzwanzig Gesichtsvariablen die Veränderungen registrieren, die wir mit bloßem Auge kaum wahrnehmen, durch die aber der Sprecher, ob er will oder nicht, verrät, wie er emotional zu dem steht, was er sagt.

Fassen wir zusammen: Wir haben in diesem Kapitel in einen Wahrnehmungsbereich Einblick genommen, in dem Gefühle sichtbar werden, in dem wir uns in einer sichtbaren Sprache ausdrücken und einander Emotionales mitteilen. Dabei haben wir gesehen, dass uns der Ausdruck der Formen, Gestalten und der Mimik zwar nicht unbedingt bewusst, aber doch ebenso selbstverständlich ist wie die Wirkung der Farben. Es ist dies ein eigener Wahrnehmungsbereich des Sehens, der sich von der Wahrnehmung der stofflichen Qualitäten klar unterscheidet. Durch ihn können wir wahrnehmen, was andere Menschen an Gefühlen sichtbar äußern. Das Wesentliche an diesen Äußerungen sind, wie wir gesehen haben, immer die Verhältnisse, und das heißt: Es handelt sich dabei immer um Gestalt, die wahrgenommen wird. Man kann also diesen Bereich des Sehens Gestaltsinn nennen.[157]

Die Dinge zeigen ihre Bedeutung – Der Bedeutungssinn

Stellen wir uns vor, wir sitzen mit anderen zusammen und sind im Gespräch. Plötzlich steht jemand auf und streckt Zeigefinger und Arm zum Fenster. Alle, die diesen Vorgang sehen, werden selbstverständlich auch zum Fenster blicken und hinausschauen, einige sogar aufstehen. Keiner wird fragen, was das Ausstrecken von Arm und Finger soll. Warum? Weil diese Geste, das Zeigen, eben eine Bewegung mit bestimmter Bedeutung ist, die jeder versteht und die keiner Erklärung bedarf. Wir haben viele solcher Gesten im Gebrauch, z.B. das Herbeiwinken, das Winken zum Abschied, die Handbewegung zum Gruß, die Kusshand, die Verbeugung, den Handschlag, die zum Empfang ausgestreckten Arme, die abweisend vorgestreckte Hand, die Geste, mit der wir jemand bitten, vorauszugehen, oder die Gesten für Ja und Nein.

Emblematische Gesten

Wir verstehen alle diese Gesten, ohne dass es eines Wortes bedarf. Die Gesten ersetzen sogar Worte und machen dadurch eine Verständigung über die Sprachgrenzen hinweg möglich. Viele dieser emblematischen Gesten, die also eine festgelegte Bedeutung besitzen, werden von allen Menschen rund um die Welt verstanden. Dabei gibt es durchaus nationale Ausgestaltungen und Varianten. So wird z.B. in Griechenland, im Gegensatz zu anderen Ländern, die Geste des Heranwinkens mit den Fingern nach unten ausgeführt. Ähnliche Unterschiede gibt es auch bei Ja und Nein. Im Übrigen gibt es auch emblematische Mimik, z.B. den gemimten Kuss, das Blinzeln oder das Rausstrecken der Zunge. Der Augengruß, der im kurzen Anheben der Augenbrauen und gleichzeitigen Lächeln besteht, wird überall auf der Erde verwendet.[158]

Nun können diese Gesten oder mimischen Zeichen ja sehr verschieden ausgeführt werden. Die Geste des Zeigens kann lässig, gleichgültig, erschreckt oder ängstlich, aber auch befehlend wirken. Bei all diesen Varianten behält die Geste immer ihre Bedeutung, es bleibt immer das Zeigen, auch wenn derjenige, der zeigt, damit zugleich seine Freude oder sein Entsetzen ausdrückt. Wir können daran sehen, welcher Unterschied besteht zwischen der Geste als einer emblematischen Bewegung mit festgelegter Bedeutung und der Gebärde als einer Ausdrucksbewegung, die der Geste die emotionale Färbung gibt. Die Gebärde gehört dem Bereich des *emotionalen Ausdrucks* an, also der Gestaltwahrnehmung, die wir im vorigen Kapitel behandelt haben. Mit der Geste sind wir im Bereich der *Bedeutung*. Dass wir beide an derselben Äußerung getrennt wahrnehmen können, zeigt, dass wir es dabei mit zwei voneinander unabhängigen Bereichen des Sehens zu tun haben.

In der kindlichen Entwicklung tritt die Geste später auf als die Gebärde. Man kann beobachten, dass Kinder erst etwa mit zwölf bis vierzehn Monaten das Zeigen sinnvoll benutzen können.[159] Vorher machen sie vielleicht die Bewegung nach, jedoch ohne den Sinn zu verstehen, ja sie verstehen es auch nicht, wenn wir auf etwas zeigen und krabbeln auf unseren Finger zu statt in die gezeigte Richtung. Noch eine zweite Geste tritt bei Kindern in diesem Alter plötzlich auf, und zwar diejenige, mit der sie ausdrücken, dass sie etwas haben wollen: bei ausgestrecktem Arm eine Art Greifbewegung der nach unten gewendeten Hand. Sie werden diese Geste in den meisten Fällen nicht vorher bei Erwachsenen oder bei anderen Kindern gesehen haben. Solche Gesten sind nicht durch Nachahmung erlernt, sondern aus sich selbst sinnvoll. Das Verstehen und Anwenden der Gesten markiert einen wichtigen Schritt in der Bewusstseinsentwicklung des Kindes. Es ist der Schritt von der Gestaltwahrnehmung zur Symbolwahrnehmung oder vom emotionalen zum kognitiven Begreifen. Das Kind kann jetzt Bedeutung auch in zeichenhafter oder symbolischer Form verstehen und ausdrücken, zumindest beginnt es damit. Das ist eine wesentliche Voraussetzung für das Erlernen von Sprache. Und so kann man beobachten, dass das Kind in derselben Zeit damit beginnt, Lautgebilde für eine bestimmte, wenn auch meist noch komplexe Bedeutung zu verwenden. Damit ist auch der Punkt erreicht, von dem an das Ritual eine wichtige Rolle im Leben des Kindes spielt. Jetzt muss, aus dem Blickwinkel des

Kindes, alles seinen festen Platz, seine gleichbleibende Ordnung haben. Und ein Ritual ist ja im Grunde nichts anderes als eine Bedeutung, die sich in Gesten, Verhaltensweisen und Verhältnissen immer wiederkehrend manifestiert.

In allen frühen Kulturen der Menschheit war das Leben viel stärker als heute von rituellen Gesten durchzogen, Gesten, die Worte oder lange Reden ersetzten. Noch im europäischen Mittelalter hatte z.B. der Handschlag beim Vertragsabschluss bindende Wirkung. Gesellschaftliche Ereignisse waren stärker durch Gesten bestimmt als durch Worte. Und die Pflege bestimmter Gesten bzw. das Verbot anderer war sogar ein Mittel gesellschaftlicher Erziehung zu einem bestimmten Benehmen.[160] Die Geste ist von der Schrift dann zum Teil verdrängt worden. Doch braucht man nur das öffentliche Leben aufmerksam zu betrachten, um zu sehen, dass auch heute die Geste eine nicht zu unterschätzende Bedeutung im öffentlichen, vor allem im politischen Leben hat, und zwar besonders durch die visuellen Medien.

Darstellende Gesten

Neben der emblematischen Geste gibt es die darstellende Geste. Wenn wir die Hand so formen, als ob wir damit einen Becher halten würden, und sie dann zum Mund führen, sieht jeder, was gemeint ist. So können wir viele Tätigkeiten darstellen, z.B. Schreiben, Klavierspielen oder Sägen. Wir können auch, ohne den Gegenstand dabei zu benutzen, durch Bewegungen zeigen, dass wir eine Banane schälen und essen oder Pfannkuchen backen. Oder wir können so gehen, wie wir es tun, wenn ein kräftiger Wind uns entgegenbläst.

Solche darstellenden Gesten gehören zum Grundrepertoire eines Pantomimen[161] und Schauspielers. Wir alle benutzen sie oder können sie benutzen, und jeder versteht sie. Aber dabei ist eines wichtig: Sie müssen stimmen, sonst verstehen wir sie nicht. Wenn wir pantomimisch zeigen wollen, dass wir eine Banane schälen oder eine Schraube eindrehen, dann müssen unsere Handgriffe und Bewegungen so sein, dass wir dadurch auch in Wirklichkeit eine Banane halten und schälen oder eine Schraube eindrehen könnten. Warum? Weil bei jeder sinnvollen Tätigkeit in den Handgriffen und Bewegungen sowie ihrer Abfolge eine Logik steckt, die wir dieser Tätigkeit ansehen. Stimmt die Bewegung einer dargestellten oder einer wirklichen Tätigkeit nicht, dann nehmen wir eben das Fehlen der entsprechenden Logik wahr und können beim Zuschauen erkennen, dass diese Verrichtung nicht zum Ziel führen wird. Das heißt nun aber, dass wir an allem, was jemand tut, die Bedeutung und Logik der Tätigkeit wahrnehmen, nicht nur, wenn es pantomimisch dargestellt wird. Am offensichtlichsten ist das sicher bei handwerklichen oder hauswirtschaftlichen Tätigkeiten, die mit einfachen Werkzeugen ausgeführt werden. Da hat jeder Griff und jede Bewegung Sinn und Funktion. Benutzen wir Maschinen, dann bleibt dagegen die Tätigkeit, die die Maschine ausführt, der Wahrnehmung verborgen. Neue Forschungen haben gezeigt, dass Kleinkinder mit einem Jahr in der Lage sind, die Bedeutung einer gesehenen Tätigkeit zu verstehen.[162] Weil wir an Handgriffen, Bewegungen und Gesten Sinn und Bedeutung wahrnehmen, können wir uns auch durch sie verständigen.

Die Gebärdensprache

Lange galt die irrtümliche Meinung, Gehörlose müssten den Umgang mit der gesprochenen Sprache lernen, also das Sprechen nachahmen und vom Mund ablesen, um ihre Entwicklungschancen in der hörenden Gesellschaft nicht aufs Spiel zu setzen. Das ging so weit, dass es in Schulen oder Heimen für Gehörlose verboten war, Gebärdensprache zu benutzen. Diese Haltung begann sich langsam zu ändern, als in den sechziger Jahren des 20. Jahrhunderts durch den Forscher William C. Stokoe zum ersten Mal nachgewiesen wurde, dass die Gebärdensprache eine gleichwertige Sprache ist.[163] Seitdem hat eine Fülle von Untersuchungen dies bis in alle Einzelheiten bestätigt.[164] Die Gebärdensprache der Gehörlosen ist keine Umsetzung der gesprochenen Sprache in Handgesten, wie das beim Fingeralphabet der Fall ist. Sie ist vielmehr eine eigene gestische Ausdrucksform, eine sichtbare Sprache, die Grammatik und Syntax besitzt wie jede andere Sprache auch.

Wie sieht die Gebärdensprache aus? Schauen wir uns einige Beispiele aus der deutschen Gebärdensprache an.[165] Dabei sei dem Leser empfohlen, die Gebärden selbst auszuprobieren, um sie kennenzulernen. Wir wählen als Beispiel einige Gebärden aus dem Bereich Sehen. *Sehen/schauen* wird mitgeteilt, indem die Faust mit ausgestrecktem Zeige- und Mittelfinger, die Innenseite zum Gesicht gewendet, den Handrücken voran, von den Augen ein Stück wegbewegt wird. Bei *blicken* wird dieselbe Faust nach außen gewendet und, Zeige- und Mittelfinger voran, von den Augen wegbewegt. Wird *ansehen/anschauen/betrachten* oder *anblicken* ausgedrückt, dann wird jeweils eine kurze Bewegung der nach außen gerichteten flachen Hand, von der Brust weg, vorangestellt. Bei *voraussehen* geht dem Ausdruck sehen eine projizierende Gebärde voran: Der aus der Faust herausgestreckte Daumen wird in kurzem Bogen von der Brust nach vorne geführt. *Aufmerksam/vorsichtig* zeigt eine weitere Variante der Seh-Gebärde. Die Faust mit ausgestrecktem Zeige- und Mittelfinger wird, gewissermaßen in einer öffnenden Gebärde, von den Augen im Bogen zur Seite bewegt, sodass die Innenfläche der Hand dann nach außen gewendet ist. Soll aufpassen im Sinne von *beaufsichtigen/bewachen* ausgedrückt werden, dann führt der Gebärdende die Blickgebärde mit Zeige- und Mittelfinger bis auf den Rücken der linken Faust.

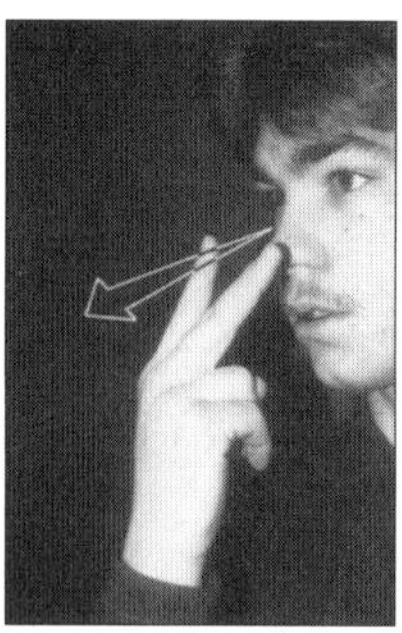

Sehen

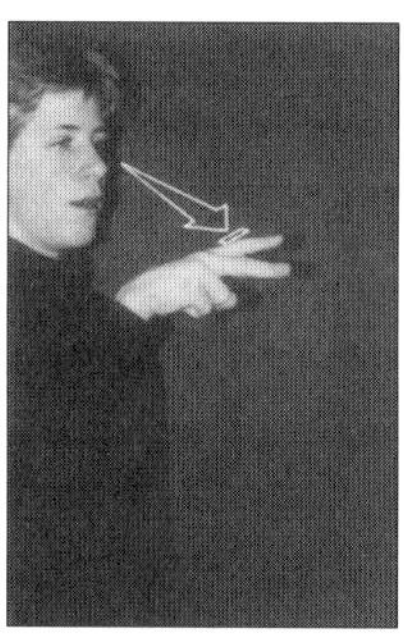

Blicken

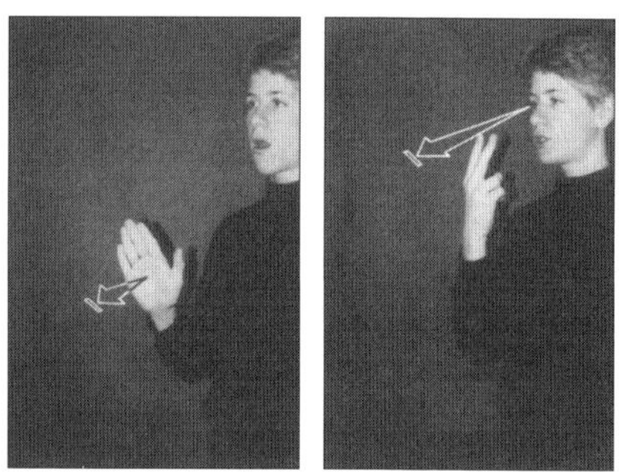

Anschauen

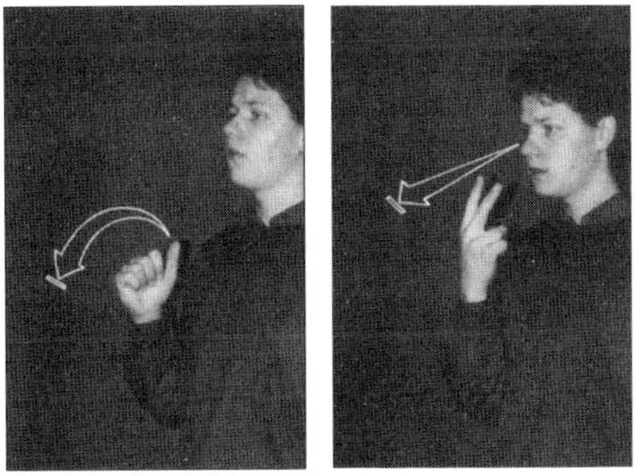

Voraussehen

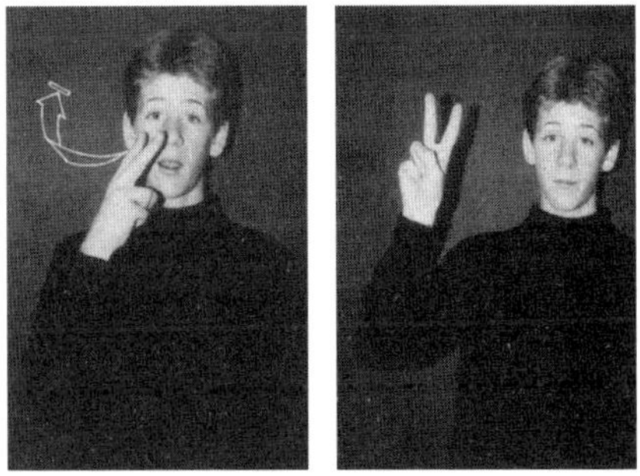

Aufmerksam

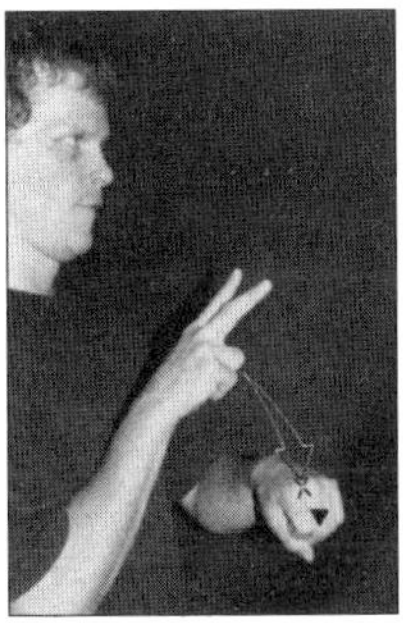

Aufpassen

Stehen

Wir sehen, diese Gebärden sind nicht pantomimisch, sie stellen das Sehen, Blicken, Anblicken nicht dar. Das gilt auch für ein Wort wie *stehen*, das ja leichter pantomimisch darzustellen wäre. Vielmehr wird der Inhalt durch eine symbolische Geste vermittelt, die wesentlich weniger Zeit in Anspruch nimmt als eine pantomimische Darstellung, selbst wenn diese bereits verkürzt ist.

Betrachtet man diese Sprachgebärden, so mag es überraschen, wie einsichtig und verständlich die Gesten sind – selbst bei relativ abstrakten Mitteilungen wie *bisher*, *dann* und *demnächst*.

Bisher

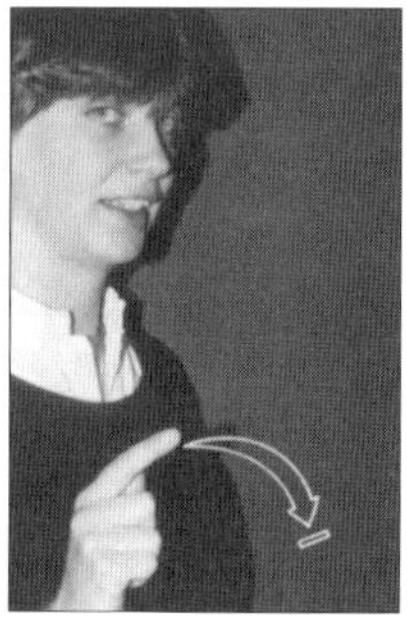

Dann

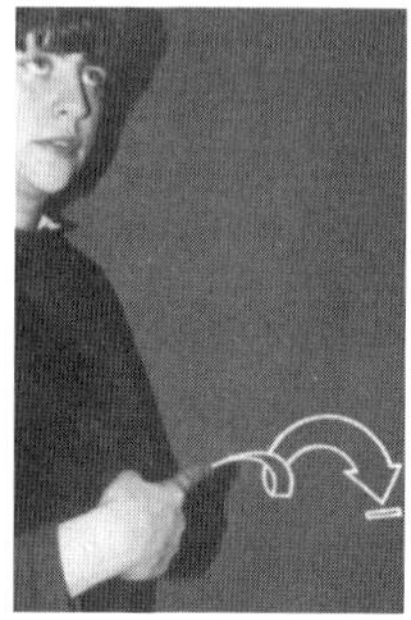

Demnächst

Dabei zeigen sie, und das ist Teil dieses Eindrucks, dass sie eine innere Logik besitzen, ganz wie in der gesprochenen Sprache eine innere Logik herrscht. Es gibt Stammgebärden, abgeleitete Gebärden und Gebärden-Familien. Es gibt Syntax und alle notwendigen grammatischen Formen. Der Unterschied zur gesprochenen Sprache ist, dass die Gebärdensprache, besonders in ihren grammatischen Strukturen, räumlich organisiert ist. So sind z.B. die Zeiten räumlich angeordnet (hinten/vorne), und die Zuordnung von Subjekt und Objekt im Satz wird durch Richtungen festgelegt. Auch Mimik und Mundstellung spielen eine Rolle. Bestimmte Adjektive und Adverbien, z.B. »geheimnisvoll« oder »entsetzt« werden allein mit der Mimik und Kopfhaltung ausgedrückt. Dass all das in der Gebärdensprache räumlich organisiert ist, bringt es mit sich, dass vieles gleichzeitig ausgedrückt werden kann, weshalb die Gebärdensprache auch im Produktionstempo der gesprochenen Sprache nicht nachsteht.[166]

Die Gebärdensprache ist durch Kommunikation entstanden und gewachsen. Deshalb gibt es auch da, wo gehörlose Menschen, besonders Kinder, auf sich gestellt sind, eine Gebärdensprache, ohne dass jemand sie lehrt.[167] Es gibt auf der Welt viele hundert verschiedene Gebärdensprachen, auch Dialekte, die sich in den Gesten und Ausdrucksformen oft gar nicht ähnlich sind, wohl aber in den grammatischen Strukturen. Denn die gelten in jeder Sprache. Daher muss die Grammatik der Muttersprache nicht beigebracht werden, die entwickelt jedes Kind aus der Wahrnehmung der Sprache.[168] Und das gilt auch für die Gebärdensprache, die wie jede gesprochene Sprache vollgültige Muttersprache sein kann. Untersuchungen haben gezeigt, dass Kinder, die eine Gebärdensprache als Muttersprache erlernen, diese in der gleichen Stufenfolge und nach dem gleichen Zeitplan, ja mit denselben Lernstrategien erlernen wie hörende Kinder eine gesprochene Sprache.[169] Die Entsprechungen gehen sogar noch weiter, denn die Gehirnforschung konnte nachweisen, dass die Gebärdensprache, wenn sie von früher Kindheit an erlernt wurde, im Sprachzentrum der linken Gehirnhälfte verarbeitet wird, an derselben Stelle also, an der das mit der gesprochenen Sprache geschieht.[170]

Noch immer gibt es in unserer Gesellschaft Vorbehalte gegen diese Form der Sprache, auch bei Menschen, die beruflich mit Gehörlosen zu tun haben. Selbst die Wissenschaft beginnt sich in Deutschland nur sehr zögernd dieser Sprache zuzuwenden.[171] Das mag daran liegen, dass es schwerfällt, sich von der lange Zeit gültigen Vorstellung zu verabschieden, allein die gesprochene Sprache sei eine Sprache. Diese Vorstellung ist aber falsch. Richtig ist vielmehr, dass die Gebärdensprache genauso eine Sprache ist, eine Sprache, die wir mit den Augen »hören« und mit den Händen »sprechen«, die gleichberechtigt neben der gesprochenen Sprache steht, mit einer eigenen Qualität und Schönheit. Jeder kann sie wahrnehmen, lernen und verstehen.

Bildsymbole

Kommen wir zu einem weiteren Bereich im Feld des Bedeutungssinns. Die Verständigung durch Bildsymbole ist heute eine Selbstverständlichkeit. Überall, wo Menschen verschiedener Nationalitäten schnell und einfach Informationen aufnehmen sollen, auf Bahnhöfen, Flughäfen, bei internationalen Veranstaltungen, im Straßenverkehr, haben sie sich durchgesetzt. Sie machen eine leichte Verständigung über die Sprachgrenzen hinweg möglich. Sprache verbindet immer, aber die Sprache der Bildsymbole verbindet nahezu grenzenlos. Ohne sie müssten wir die Informationen in der Landessprache erst entziffern! So aber können wir die Mitteilungen überall auf der Welt verstehen.

Abflug **Warteraum** **Restaurant** **Fluchtweg**

Bildsymbole sind kein Abbild. Das Zeichen für Abflug z.B. zeigt die stilisierte Silhouette eines Flugzeugs in aufsteigender Schräge. Das Zeichen für Warteraum zeigt eine sitzende, stilisierte Person zusammen mit einer stilisierten Uhr. Restaurant erfahren wir durch Messer und Gabel. Fluchtweg wird uns signalisiert, indem Formen, die Flammen repräsentieren, und eine Person in Laufhaltung so zusammengefügt sind, dass wir verstehen, dass die Person den Flammen nach links entflieht und dass das in diesem Fall die richtige Richtung ist. Die spezielle Aussage entsteht in einem Bildsymbol also dadurch, dass Symbole wie Uhr und Sitzender oder Flammen und Laufender so kombiniert werden, dass ihr Verhältnis aussagekräftig wird. Fügen wir also Teile, die selbst eine Bedeutung haben, zu einem Bild zusammen, so entsteht eine komplexe Aussage, vergleichbar dem Vorgang, wenn wir beim Sprechen oder Schreiben einzelne Wörter zur Satzlogik zusammenfügen und dadurch ebenfalls komplexe Aussagen machen können.

Auch die Abbildung von realen oder vorgestellten Dingen kann ein solches Bildsymbol werden. Nehmen wir ein Beispiel aus der bildenden Kunst, das Denkmal, das im Original vor dem Gebäude der Vereinten Nationen in New York steht, die Pistole mit Knoten.

Carl Fredrik Reutersward »Non Violence« (1988)

Sehen wir dieses Denkmal oder eine Abbildung davon, so ist die Aussage, die durch die beiden Elemente Pistole und Knoten entsteht, sofort klar, auch wenn sie nicht im selben Augenblick in Worte übersetzt werden kann. Der Aufruf *Beendet das Schießen* oder *Schluss mit dem Krieg* erreicht jeden nonverbal, auf dem Wege der Bildsprache. Wir können sehen, dass die Kombination zweier Bedeutungen, hier Pistole und Knoten, ein komplexes Mehr an Bedeutung bewirkt, wodurch eine neue Aussage entsteht, die mit den beiden Elementen für sich nicht gegeben war. In der Malerei haben besonders die Surrealisten mit dieser Möglichkeit gespielt. In letzter Zeit hat die Werbung diese Form der Bildsprache entdeckt. So konnte man eine Zeit lang in vielen Zeitschriften eine Werbung sehen, die im Zentrum aus einer Faust bestand, deren angewinkelte Finger nach unten in vier Reifen übergingen. Die Kombination von Faust und Reifen versicherte dem potentiellen Käufer, dass er mit diesen Reifen die Situation fest im Griff habe.

Installation

Dasselbe kann mit wirklichen Gegenständen geschehen. Sehen wir, um ein einfaches Beispiel zu geben, eine Tabakpfeife auf einem Stuhl liegen, dann nehmen wir eine Aussage wahr, die mehr ist, als nur das Registrieren von Stuhl und Pfeife. Wir merken auch, wie sich die Aussage ändert, wenn die Pfeife auf einem bequem aussehenden Lehnstuhl oder einem einfachen Hocker liegt. Fügen wir weitere Dinge hinzu, z.B. Zeitung, Brille, Kaffeetasse, Pantoffeln, dann wird die Aussage so komplex, dass wir eine Geschichte erzählen müssten, um sie in gesprochene Sprache zu übersetzen. Wir können also auch dann etwas aussagen und die Aussage wahrnehmen, wenn wir reale Dinge in ein bestimmtes Verhältnis zueinander bringen. Es lohnt sich, dies einmal auszuprobieren und verschiedene Gegenstände oder Werkzeuge vor sich hinzulegen. Man wird sehen, wie sofort bestimmte Bezüge und Aussagemöglichkeiten auftreten, die man dann konkretisieren kann, indem man zwei Dinge auswählt und zusammenlegt. Welche Geschichte ergibt sich beispielsweise aus folgender Installation?

Beispiel einer Installation

Man kann daraus auch ein interessantes Gesellschaftsspiel kreieren. Die Installationskunst hat diese Möglichkeit, mit realen Dingen und deren Beziehung etwas auszusagen, zu ihrer künstlerischen Methode gemacht.

Bedeutungswahrnehmung

Warum haben wir das so ausführlich behandelt? Kennen wir das nicht alles? Mag sein, aber es ist wichtig zu zeigen, dass das Erfassen der Bedeutung, die z.B. durch die Kombination von Pistole und Knoten oder Pfeife und Stuhl auftritt, eine Wahrnehmung ist. Es ist ungewohnt, diesen Vorgang als Wahrnehmung zu betrachten. Daher wird dieser Auffassung meist mit dem Argument begegnet, es handle sich doch um Assoziationen, nicht um Wahrnehmungen. Wer diesen Einwand macht, übersieht aber eine wichtige Tatsache. Die Assoziationen, die zweifellos auftreten, wenn wir ein Bild, ein Objekt oder eine Installation anschauen, sind nämlich, wenn sie sich überhaupt auf die Sache beziehen, nicht beliebig. Es sind ganz bestimmte Assoziationen. Und wir können diese Assoziationen auf der Wahrnehmungsseite beeinflussen. Wir können ein Element austauschen oder ein anderes hinzufügen und dadurch das Auftauchen anderer Assoziationen bewirken, z.B. wenn statt einer Pistole ein Schornstein geknotet ist oder auf dem Stuhl statt der Pfeife ein Revolver liegt. Die Bildsprache bestimmt also, welche Assoziationen auftauchen und welche nicht. Das heißt, wir müssen erst die Bedeutung an den Bildelementen oder den Dingen wahrnehmen, damit sich die zugehörigen Assoziationen einstellen können.

Nach all dem ist es naheliegend, dass wir auch am einzelnen Ding eine Bedeutung wahrnehmen, nämlich die Bedeutung, die das jeweilige Ding hat. Wir nehmen am Tisch die Bedeutung Tisch, am Stuhl die Bedeutung Stuhl, an der Pistole und am Knoten eben Pistole und Knoten wahr. Was das heißt, wird erst deutlich, wenn wir erfahren, wie es ist, wenn man die Bedeutung nicht mehr wahrnehmen kann. Schauen wir uns einen solchen Fall an. Der Neurologe Oliver Sacks beschreibt einen Menschen, bei dem diese Störung mit den Jahren immer stärker zu Tage getreten ist.[172] Es handelt sich um einen ausgezeichneten Musiker, Professor an der Musikhochschule. Er fällt durch seltsame Verhaltensweisen auf. Jeden Morgen spricht er seine Studenten mit dem falschen Namen an, weil er sie nicht erkennt. Sprechen sie, dann kann er sie an der Stimme identifizieren. In der Stadt bleibt er manchmal an Hydranten oder Parkuhren stehen und streichelt ihnen über den Kopf, wie man das bei Kindern macht. Und als zu Hause Besuch gekommen ist, betritt er das Wohnzimmer und geht mit ausgestreckten Armen auf die Standuhr zu, um sie zu begrüßen. Dass der Besucher anderswo steht, erfährt er erst, als dieser spricht. Selbst merkt er von diesen Schwierigkeiten am wenigsten. Bei der genaueren Untersuchung durch den Neurologen stellt sich Folgendes heraus: Dr. P. kann genau beobachten und jede Einzelheit beschreiben, aber er kann nicht sagen, *was es ist*. So sieht er zwar die Formen eines Handschuhs und kann sie nennen, erkennt aber nicht, dass es ein Handschuh ist. Als ihm eine Rose überreicht wird, beschreibt er sie mit den Worten: Etwa fünfzehn Zentimeter lang. Ein rotes, gefaltetes Gebilde mit einem geraden grünen Anhängsel. Dass es eine Rose ist, erfährt er erst durch den Duft, der seine Erinnerung an früher erlebte Rosen weckt. Er sieht nicht, welchen Gegenstand er vor sich hat, und kann Menschen und Gegenstände nicht unterscheiden. Noten kann er nicht mehr lesen. Alltägliche Verrichtungen wie Essen und Ankleiden sind ihm möglich, obwohl er die Dinge vom Ansehen her nicht identifizieren kann. Das geht aber nur, wenn alles immer in derselben Weise angeordnet ist, die Kleider z.B. immer an derselben Stelle liegen. Er hilft sich dann, indem er jede solche Tätigkeit mit einer speziellen Melodie singend begleitet, also sich in einen musikalischen Fluss versetzt. Wird er dabei gestört, ist er ratlos.

Was liegt hier vor? Hier hat ein Mensch im Bereich des Sehens die Fähigkeit verloren, einen Gegenstand als gerade diesen Gegenstand, einen Menschen als diesen Menschen wahrzunehmen. Er sieht besondere Merkmale und erkennt jede Einzelheit. Aber sein Blick geht nur auf die Details. Das zeigt bereits die Art, wie er etwas anblickt. Oliver Sacks schildert das so:

> »Seine Augen huschten von einem Objekt zum nächsten, sie registrierten winzige Einzelheiten, individuelle Eigenarten ... Ein auffallender heller Punkt, eine Farbe, eine Form erregte seine Aufmerksamkeit und ließ ihn eine Bemerkung machen – aber in keinem Fall nahm er das Bild in seiner Ganzheit in sich auf. Er konnte nicht das Ganze sehen, sondern nur Details, die er wie ein Radarschirm registrierte.«[173]

Entsprechend konnte er an den Dingen auch keine Bedeutung wahrnehmen. Diese Wahrnehmungsstörung wird als visuelle Agnosie bezeichnet.[174] Dass diese Agnosie isoliert auftreten kann, ohne dass andere Wahrnehmungsbereiche des Sehens davon betroffen sind, zeigt, dass das Wahrnehmen von Bedeutung, wie wir es in diesem Kapitel untersuchen, tatsächlich ein eigener Wahrnehmungsbereich ist. Zu diesem Wahrnehmungsbereich gehört eben auch, dass wir die Gegenstände als solche, das heißt ihre Funktion und Bedeutung sehen können.[175]

Die Grammatik des Sehens

Nun können wir ja feststellen, dass wir Objekte auch dann erkennen, wenn sie teilweise verdeckt sind. Wir blicken z.B. in einer fremden Wohnung durch eine Türöffnung und erkennen Stuhl und Tisch, obwohl sie beide unvollständig zu sehen sind. Oder wir sehen durch die Lücken der Bäume etwas und können es als Haus identifizieren. Wir wissen aber auch, dass dies manchmal nicht möglich ist. Wir können nämlich ein Objekt nur dann erkennen, wenn wir bestimmte, für das Objekt typische Punkte sehen. Betrachten wir z.B. folgende Zeichnung:

Hier ist in der Mitte ein Stängelglas durch Umrisslinien abgebildet. Rechts und links ist jeweils nur ein Teil der Umrisslinien zu sehen. Betrachten wir einmal die linke, dann die rechte Zeichnung und decken dabei jeweils die anderen Zeichnungen ab, so werden wir feststellen, dass in der linken Zeichnung der Gegenstand wesentlich schwerer zu erkennen ist als in der rechten, dass man ihn links vielleicht sogar überhaupt nicht identifizieren kann. Deutlicher wird das Ergebnis, wenn wir jemandem diese Zeichnungen nacheinander vorlegen, der die mittlere Abbildung noch nicht gesehen hat. Er wird die rechte Figur sofort als Stängelglas erkennen, die linke nicht. Nun ist in der rechten und linken Zeichnung das Verhältnis von sichtbaren und verdeckten Stellen gleich, das heißt, wir sehen vom Stängelglas in beiden Abbildungen gleich viel Umrisslinie, aber eben an verschiedenen Stellen. Und diese Stellen sind entscheidend. Es gibt bestimmte Regeln, von deren Erfüllung es abhängt, ob wir ein Objekt erkennen oder nicht. In diesem Fall handelt es sich um die sogenannte Minimaregel, die besagt, dass wir gerade die konkaven Zacken und die negativen Krümmungsminima einer Umrisslinie, d.h. die Stellen stärkster konkaver Krümmung, brauchen, damit wir ein Objekt erkennen können.[176]

An diese Stelle gehört ein Blick auf die sogenannten Wahrnehmungstäuschungen, weil bei ihnen etwas Vergleichbares vorliegt.[177] Betrachten wir die folgende Figur, so sehen wir ein weißes Dreieck vor drei schwarzen Kreisflächen schweben.

Wir sehen das Dreieck mit durchgehenden Kanten, seine Fläche erscheint sogar heller als die Umgebung. Decken wir zwei der schwarzen Kreisflächen ab, dann ist von einem weißen Dreieck keine Spur zu finden. Wir sehen zwar den Einschnitt in der dritten schwarzen Kreisfläche, aber keine weißen Kanten, die von ihm ausgehen, und keinen Helligkeitsunterschied zur Umgebung. Nehmen wir nun Stück für Stück die Abdeckung beiseite, sodass die anderen schwarzen Flächen langsam wieder sichtbar werden, dann können wir genau beobachten, wann die subjektiven Konturen und die subjektive Fläche wieder auftreten. Das ist nämlich dann der Fall, wenn wenigstens eine weitere konvexe Ecke einer anderen schwarzen Fläche sichtbar wird. Das Auftreten subjektiver Konturen und subjektiver Flächen ist also ebenfalls von der Erfüllung bestimmter Regeln abhängig, hier von der Sichtbarkeit konvexer Zacken.[178]

Warum führen wir diese subjektiven Figuren hier an? Sie werden ja in der Regel für optische Täuschungen gehalten, weil wir Figuren und Flächen sehen, die es auf dem Papier gar nicht gibt. Es handelt sich dabei aber nicht um Täuschungen, sondern um eine intelligente Interpretation, die unser Sehen, bestimmten Regeln folgend, dabei vornimmt. Und diese Interpretation hat Sinn. Wir sehen dann nämlich nicht nur einzelne Teile, sondern den Zusammenhang, und der gibt dem Ganzen Sinn und Bedeutung. Und deswegen wählen wir unter den vorhandenen Möglichkeiten, die Sache zu sehen, eben diese. Das ist ein wahrnehmender Zugriff auf die sichtbare Welt von ausgesprochener Intelligenz. Diese Intelligenz des Sehens entwickeln wir als Kinder, und zwar in ähnlicher Weise, wie wir im Hören gesprochener Sprache oder im Sehen der Gebärdensprache deren Intelligenz, die Grammatik, entwickeln, nämlich durch Erfahrung. Der Kognitionswissenschaftler Donald D. Hoffman formuliert das so:

> »Wie ein Kind die Grammatik seiner Sprache lernt, ohne dass man sie ihm beibringen muss, sondern einfach dadurch, dass es sprachlicher Erfahrung ausgesetzt ist, so erwirbt sich das Kind auch die Regeln zur Konstruktion visueller Welten, ohne dass sie ihm beigebracht werden, sondern einfach dadurch, dass es visueller Erfahrung ausgesetzt ist.«[179]

Die Regeln, die beschreiben, wann wir subjektive Konturen und subjektive Flächen sehen, wann wir ein Objekt erkennen oder eine Figur räumlich wahrnehmen, sind nichts anderes als die Grammatik des Sehens.[180]

Bedeutungswahrnehmung beim Lesen

Auch das Lesen gehört in diesen Wahrnehmungsbereich. Lesen wir ein Wort, z.B.

Straße

so wissen wir mit einem Blick, worum es geht. Wir müssen nicht erst die einzelnen Buchstaben identifizieren oder sie gar einzeln aussprechen und dann zum Wort zusammenfügen und daraus die Bedeutung des Wortes erschließen. Das macht man nur beim Buchstabieren, also wenn man noch nicht lesen kann. Schauen wir uns zur Verdeutlichung den folgenden Text an. Können wir ihn lesen?

> Gmäeß eneir Sutide eneir elgnihcesn Uvinisterät ist es nchit witihcg, in wlecehr Rneflogheie die Bstachuebn in eneim Wrot snid, das Eznige, was wcthiig ist, ist, dsas der estre und der leztte Bstabchue an der ritihcegn Pstoiion sheten. Der Rset knan wei ttoaelr Bsinöldn aesuehsn, tedztorm knan man ihn onhe Pemoblre lseen. Das ist so, wiel wir nciht jeedn Bstachuebn enzelin leesn, snderon das Wrot als gseatems.

Ja, es ist erstaunlich, wir können ihn lesen. Würden wir die Bedeutung der Worte aus der jeweiligen Reihenfolge der Buchstaben erschließen, könnten wir diesen Text niemals verstehen. Lesen ist aber kein additiver Vorgang. Unser Blick hält sich beim Lesen mit den einzelnen Zeichen gar nicht auf, sondern richtet sich gleich auf das Ganze des Wortes, das begrenzt wird durch den ersten und letzten Buchstaben. Und weil im obigen Text erster und letzter Buchstabe bei allen Wörtern an der richtigen Stelle geblieben ist, können wir die Wörter lesen. Werden diese Buchstaben auch unter die anderen gemischt, ist lesen nicht mehr möglich.[181] Lesen heißt also, die Bedeutung am Wortganzen erkennen. Dem folgt auch die unwillkürliche Augenbewegung. Man hat festgestellt, dass das Auge beim Lesen jeweils an eine Stelle im ersten Teil des Wortes springt, von wo das Ganze am schnellsten zu erkennen ist.[182] Das hat im Übrigen zur Folge, dass wir ganze Wörter ebenso schnell erkennen können wie einzelne Buchstaben.[183]

Lesen muss gelernt werden, und das ist für manchen mühsam. Das kommt daher, dass unsere Buchstaben keine echten Symbole, sondern abstrakte Zeichen für die Laute der gesprochenen Sprache sind, also nur Stellvertreter für die echten phonetischen Symbole. An anderen Stellen ist uns die Möglichkeit, Bedeutung wahrzunehmen, einfach gegeben. Die Bedeutung des Zeigens z.B. ist aus der Geste verständlich,[184] sie muss nicht beigebracht werden. Auch den Pfeil verstehen wir ohne Erklärung, nicht aber die Schriftzeichen. Denn Schriftzeichen haben mit den Sprachlauten zunächst nichts zu tun. Daher entwickelt sich die Buchstabenschrift auch nicht von selbst, wenn Kinder der Wahrnehmung von Schrift ausgesetzt sind. Ihr Zusammenhang muss gelernt und durch Training zur Gewohnheit werden.[185] Erst dann ist Lesen möglich, erst dann kann unsere Fähigkeit, Bedeutung wahrzunehmen, auch hier zugreifen.

Die Blickbewegung

An dieser Stelle wollen wir uns der Blickbewegung zuwenden, die auch bei der Bedeutungswahrnehmung eine Rolle spielt. Unser Blick ist nicht nur beim Lesen in Bewegung. Auch wenn wir ein Objekt oder ein Gesicht, ein Bild, eine Handlung oder deren Abbildung betrachten, führen unsere Augen bestimmte Bewegungen aus, die man experimentell sichtbar machen kann.[186] Daher weiß man, dass es sich dabei nicht um reflexgesteuerte Sakkaden handelt, wie sie auftreten, um eine Bewegung auszugleichen, sondern um willkürlich gesteuerte Bewegungen des Blicks. Betrachten wir nämlich ein Bild oder ein Ding, so fixiert unser Blick ganz kurz einen Punkt, springt zum nächsten und fixiert diesen, springt wieder zum nächsten, um an diesem kurz zu verweilen, steuert bestimmte Punkte immer wieder an und kehrt nach einiger Zeit der Exploration zum Ausgangspunkt der Bewegung zurück, um den Bewegungsverlauf in ähnlicher Weise erneut zu vollziehen.[187] Die Sprünge dauern nur Bruchteile von Sekunden und werden von uns in der Regel nicht bewusst wahrgenommen. Und welche Punkte fixiert unser Blick dabei? Schauen wir uns das am Beispiel des menschlichen Gesichtes an.

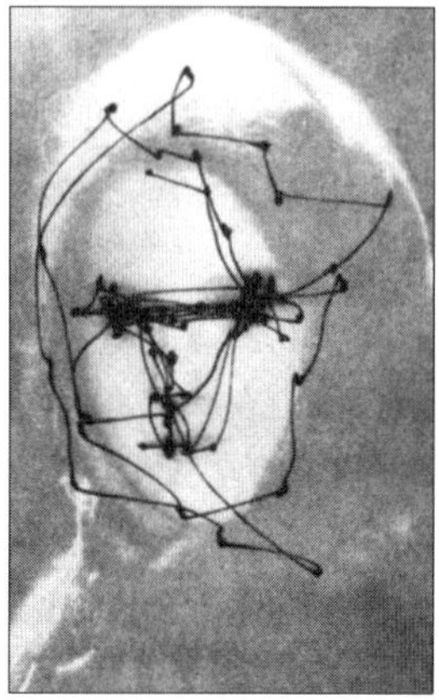

Die Abbildung zeigt das Foto eines Gesichtes sowie die Aufzeichnung der Bewegungen, die der Blick eines Betrachters während einer Minute des Betrachtens ausgeführt hat. Wir sehen, dass nur ganz wenige Punkte, nämlich vor allem die Augen, aber auch Mund und Nase mehrfach fixiert wurden, während bei anderen Stellen wie Umriss des Gesichtes oder Haaransatz nur Stichproben unternommen wurden. Und so ergibt sich aus den aufgezeichneten Blickbewegungen ein ganz bestimmtes Explorationsmuster. Dieses Muster der Blickbewegungen beim Betrachten eines Objektes, das haben alle Untersuchungen gezeigt,[188] ist von Betrachter zu Betrachter verschieden, zeigt also einen individuellen Zugriff auf das Gesehene. Gleichwohl gibt es bestimmte Punkte, die alle Betrachter besonders häufig fixieren, beim Gesicht z.B. Augen und Mund, bei einer Menschengruppe Köpfe und Füße, bei einer Handlung die aktive Person. Das heißt, unser Blick wählt die Stellen im Bild, die für das Erfassen der Bedeutung wichtig sind. Und das kann auch davon abhängen, mit welcher Frage wir vor ein Bild oder eine Situation treten. Der Forscher Alfred Yarbus zeigte das, indem er seinen Versuchspersonen beim Betrachten eines Bildes verschiedene Fragen stellte und dann die Fixationspunkte und Blickbewegungen aufzeichnete. Bei der Frage nach dem Alter der Personen fixierte der Blick fast ausschließlich die Köpfe. Als nach der Kleidung der Personen gefragt wurde, waren die

Fixationspunkte von Kopf bis Fuß gleichmäßig verteilt. Und als man herausbekommen sollte, was die Personen wohl zuvor gemacht hatten, wurde vom ganzen Bild nur der Bereich der Hände untersucht.[189] Der Blick wählt dann eben die Stellen aus, die zur Beantwortung der Frage beitragen können.

Wir suchen also beim Betrachten eines Objektes oder eines Bildes nicht systematisch das Bildfeld ab, tasten auch nicht die Formen und Kanten entlang, sondern springen mit unserem Blick sofort und vornehmlich an die Stellen, die uns die Bedeutung vermitteln. Das muss selbstverständlich durch entsprechende Seherfahrungen gelernt werden. Menschen mit visueller Agnosie, die also die Bedeutung eines Objektes oder Bildes nicht sehen können, zeigen ein anderes Blickmuster. Sie sind nicht in der Lage, mit ihrem Blick die bedeutenden Punkte auszuwählen, sondern suchen das Bildfeld ab, ohne dadurch etwas über die Bedeutung aussagen zu können,[190] und zeigen auch beim Lesen ein anderes Blickverhalten.[191] Unser Blick, das lässt sich an den Untersuchungen ablesen, folgt also unserer Intention, Bedeutung wahrzunehmen, gleichgültig ob diese vom Objekt provoziert ist oder von unserem Interesse oder einer Fragestellung geleitet wird.

Sinn und Bedeutung wahrnehmen

Fassen wir zusammen. Wir haben einen dritten Wahrnehmungsbereich im Sehen untersucht, nämlich den Bereich, in dem wir Sinn und Bedeutung in der Welt wahrnehmen. Wir können die Dinge identifizieren und die Logik von Tätigkeiten erfassen, können Zeichen, Symbole und Bilder verstehen, können Aussagen gedanklicher Art wahrnehmen, die andere Menschen durch Bewegung, Geste oder Bild sichtbar machen oder gemacht haben. Dadurch ist also eine Kommunikation zwischen Menschen nicht nur auf emotionaler Ebene, sondern auch auf gedanklicher Ebene möglich. Wir sehen die Gedanken der anderen, wenn diese sie in einer der verschiedenen Möglichkeiten sichtbarer Sprache äußern, wobei hier der Begriff Sprache auf alles angewendet wird, was wir in diesem Kapitel als eine Wahrnehmung von Bedeutung beschrieben haben. Mit dieser sichtbaren Sprache ist es wie mit der hörbaren: Sind wir als Kinder dieser Sprache, ihrer Logik und ihren intelligenten Strukturen ausgesetzt und können sie durch eigenes Tun praktizieren, dann können wir sie nicht nur »sprechen« und wahrnehmen, sondern dann bilden deren Logik und intelligente Struktur an unserer eigenen Logik und Intelligenz.

Man kann diese Wahrnehmungsfähigkeit, nämlich die Bedeutung an den Dingen und den Äußerungen der Menschen wahrzunehmen, Bedeutungssinn nennen.[192] Vieles in diesem Sinnesbereich wird gelernt. Nicht nur bei der Schrift, sondern auch in anderen Fällen muss der Zusammenhang zwischen Zeichen, Symbol oder Bild und der jeweiligen Bedeutung gelernt werden. Dieser Umstand wird oft angeführt, um die Meinung zu begründen, es handle sich dabei also nicht um eine Wahrnehmung. Das Argument ist aber nicht stichhaltig. Lernen widerspricht dem Wahrnehmen nicht. Jedes Wahrnehmen wird durch Lernen, durch Erfahrung geprägt, ja wird dadurch überhaupt erst möglich. Sind wir als Kinder mit unserem Sehen bestimmten Strukturen und Beziehungen von Bedeutung ausgesetzt, z.B. indem wir Gegenstände um uns haben, Tätigkeiten wahrnehmen oder eine Verständigung durch Gesten erleben, so strukturiert und organisiert sich unser Gehirn eben nach diesen Strukturen und Beziehungen und ermöglicht dann in Zukunft entsprechende Wahrnehmungen. Fehlen dagegen bis zu einem bestimmten Alter solche Erfahrungen, dann steht dieser Wahrnehmungsbereich auch nicht zur Verfügung, weswegen Blinde, die in späten Jahren durch Operation sehend geworden sind, mit dieser neuen Möglichkeit des Wahrnehmens häufig nichts anzufangen wissen, weil sie eben bestimmte Wahrnehmungsbereiche nicht ausbilden konnten und daher z.B. über ein verschwommenes Sehen von Hell-Dunkel nicht hinauskommen.[193]

Keiner kann sich verstecken – Der Stilsinn

Jeder kennt die Situation: Man wartet auf einen guten Bekannten. Man hat den Weg im Blick, den er nehmen wird. Dann kommt jemand, aber es ist eine andere Person. Wir sehen es sofort. So werden wir vielleicht mehrmals enttäuscht. Dann kommt der Erwartete. Wir erkennen ihn bereits von fern, ohne dass wir sein Gesicht sehen können, und zwar erkennen wir ihn an seinen Bewegungen, an seinem Gang. Selbst von hinten könnten wir ihn identifizieren. Und so können wir einen Menschen oft auch daran erkennen, wie er dasteht, sitzt, wie er den Kopf hält, welche Gebärden er macht.

Bewegung: Sprache der Persönlichkeit

So hat jeder Mensch eine ganz eigene Art sich zu bewegen, einen persönlichen Bewegungsstil. Denn Bewegung ist nicht nur eine Sprache, mit der wir Emotionales ausdrücken und Bedeutung mitteilen können, sondern auch eine Sprache, in der sich die Persönlichkeit eines Menschen ausspricht. Und auch diese Sprache können wir wahrnehmen. Wir »sprechen« diese Sprache immer, wenn wir uns bewegen. Das gilt für unsere Alltagsbewegung genau so wie für die künstlerische Bewegung von Tänzern oder Schauspielern, ja für alles, was ein Mensch tut. Nichts ist enthüllender als Bewegung. »Was du bist, findet Ausdruck in dem, was du tust«,[194] sagt die Tänzerin Martha Graham (1894–1991). Was sie mit diesen Worten ausspricht, ist uns aus unseren Alltag vertraut. Wenn wir z.B. vor den Blicken aller Anwesenden quer durch den Raum gehen müssen, dann fühlen wir uns in unseren Bewegungen oft gehemmt, weil wir spüren: Jetzt zeigen wir uns den anderen.

Nun vermittelt uns nicht nur die aktuell ausgeführte Bewegung den Ausdruck der Persönlichkeit, sondern auch die Spur, die sie hinterlässt. Die Handschrift und im Besonderen die Unterschrift ist eine solche Bewegungsspur. Deshalb müssen wir ja in vielen Lebenssituationen unsere Unterschrift leisten, damit wir daran identifiziert werden können.

Aber nicht nur das. Wir erfahren durch die Handschrift auch etwas von den Wesenszügen der Persönlichkeit. Das hat die Graphologie im Einzelnen herausgearbeitet. Sie unterscheidet im Schriftbild das Bewegungselement, das Form- und das Raumelement und bringt diese in Beziehung zu dem, was eine Persönlichkeit antreibt und bewegt, wie sie ihr Leben formt und wie sie sich zur Welt stellt. Wir können diese Merkmale an jeder Handschrift wahrnehmen, wenn wir darin geschult sind, sogar in sehr differenzierter Weise.

Auch andere Bewegungsspuren teilen uns etwas von der tätigen Persönlichkeit mit, z.B. die Handschrift eines Malers, die wir im Pinselduktus vor uns haben. Betrachten wir den Ausschnitt eines Gemäldes, so können wir an der Strichführung, dem Ansatz des Pinsels, der Formung der einzelnen Striche und der Art, wie die Striche ineinandergefügt sind, eine individuelle Handschrift erkennen. Zwei Beispiele:

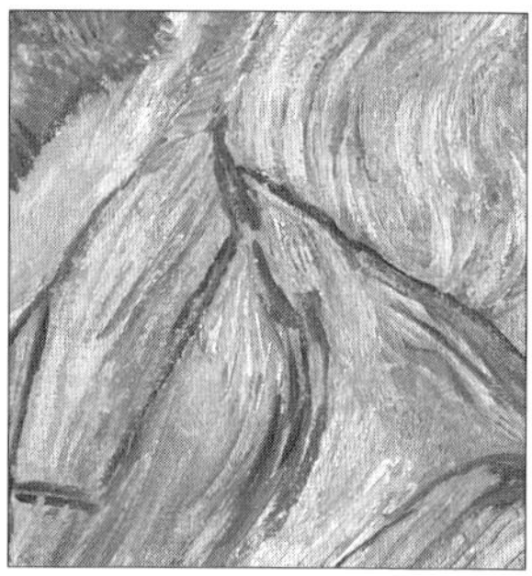

Links sehen wir einen lockeren Strich mit leichtem Ansatz, teils breit hingelegt, teils fein und kraus, getupft und gekleckst, an anderen Stellen sogar verwaschen oder ausgefranst, also einen sehr differenzierten Strich mit unterschiedlicher Ausformung. Dabei scheint dieser Pinselstrich den Malgrund kaum zu berühren. Dieser Bewegungsduktus deutet auf einen empfindsamen Menschen, der auf die unterschiedlichen Phänomene sensibel eingeht und den eigenen Willen eher zurückhält.

Das rechte Beispiel zeigt da etwas anderes. Dort finden wir einen sehr deutlichen, markanten, teilweise sogar groben Strich. Es gibt kaum verwaschene Stellen, fast überall sind die Striche einzeln zu sehen, ja sie scheinen dem Objekt eingekerbt, fast wie geschnitzt. Dabei sind die Striche sehr ähnlich. Immer wieder taucht dieselbe gebogene Grundform auf. Wer solche Bewegungsspuren hinterlässt, der neigt eher dazu, der Welt den eigenen Willen aufzuprägen, vielleicht sogar hartnäckig immer wieder denselben Weg einzuschlagen. Mit diesen beiden Beispielen haben wir zwei persönliche Handschriften vor uns, die nicht zu verwechseln sind, zwei sehr unterschiedliche, individuelle Bewegungsstile. Und jeder Bewegungs- bzw. Malstil spricht von einer bestimmten Persönlichkeit, ihrem Wesen, ihrem Charakter, ihrer Art, in der Welt zu wirken. Daher kann man auch an diesen Bewegungsspuren das Werk eines Malers identifizieren und von Fälschungen oder von den Werken der Schüler und Mitarbeiter unterscheiden. Solche Echtheitsanalysen werden im Kunsthandel immer wieder durchgeführt, manchmal wird auch das gesamte Werk eines Malers einer solchen Analyse unterzogen, wie es bei Rembrandt in den achtziger Jahren des 20. Jahrhunderts der Fall war.[195] Das ist aber nicht nur ein Feld für Experten. Jeder kann diese Handschrift wahrnehmen und an anderen Bildern wiedererkennen. Es bedarf nur, wie bei jeder Wahrnehmung, wiederholter Erfahrung und Übung.

Die gezeigten Ausschnitte stammen von zwei Selbstbildnissen der Maler Claude Monet (1840–1926) und Vincent van Gogh (1853–1890), von deren Persönlichkeit wir bereits beim Betrachten des Pinselduktus etwas erfahren haben. Die Bilder zeigen aber nicht nur im Pinselstrich, sondern auch in allen anderen Merkmalen, in der Wahl der Farben, in der Komposition, ja in der gesamten Präsentation die Handschrift des Malers. Vergleichen wir in diesem Fall, wie der Ausschnitt gewählt und die Person präsentiert ist. Monet zeigt sich in voller Breite, unverstellt und fast frontal. Der Kopf ist nur wenig zur Seite gewendet, der Blick auf uns gerichtet. Der Maler fixiert uns zwar mit prüfendem Blick, seine gesamte Erscheinung ist aber offen und präsent, sodass wir ihm direkt begegnen können. Van Gogh setzt sich deutlich schräg ins Bild, wendet uns, in der rechten Ecke, seine linke Schulter zu und lässt auf der anderen Seite zwischen Schulter und Bildrand einen Spalt offen, wodurch er sich, trotz optischer Nähe, isoliert und distanziert. Die Wendung des Kopfes zur Seite verstärkt diese Distanz, die auch der heraus gerichtete Blick nicht aufheben kann. Auch auf diesem Wege teilen uns Monet und van Gogh etwas von ihrer Persönlichkeit mit.

Claude Monet, Selbstporträt (1886)

Vincent van Gogh, Selbstporträt (1889)

Aber nicht nur Selbstbildnisse oder andere Kunstwerke geben uns Einblick in die Persönlichkeit, sondern alles, was ein Mensch tut. Erinnern wir uns einmal, wie wir einem anderen z.B. beim Kochen und Tischdecken oder bei anderen Tätigkeiten zugeschaut haben und dabei an der einen oder anderen Stelle dachten, wie wir das, wären wir dran, ganz anders machen würden. Jeder hat eben, bei allem, was er tut, seinen eigenen Stil. Was ein Mensch auswählt für sein Tun, mit welchen Dingen er sich umgibt, wie er seine Umgebung gestaltet, sein Zimmer einrichtet und wie er bestimmte Handlungen ausführt, aber auch wie jemand sich gibt, seinen Auftritt arrangiert und vor andere hintritt und sein Gegenüber anblickt, all das spricht eine persönliche Sprache. Und durch diese Sprache des Verhaltens und Handelns nehmen wir die Persönlichkeit und den Stil ihres Zugriffs wahr.

Physiognomie

Kommen wir zu noch einem weiteren Bereich. Wenn wir einem anderen Menschen begegnen, blicken wir ihn an, und das heißt, wir blicken ihm ins Gesicht – nicht auf den Bauch oder auf die Hände. Wir blicken ihm ins Gesicht, weil wir ihm dort am besten begegnen können. Diese Gewissheit bringen wir offenbar ins Leben mit. Neugeborene, das haben Untersuchungen ergeben, suchen mit ihrem Blick das Gesicht, ziehen es allem anderen vor und können schon am ersten Tag das Gesicht der Mutter von anderen Gesichtern unterscheiden.[196] Im Laufe der nächsten Tage und Wochen lernt das Baby dann weitere Menschen am Gesicht zu erkennen. Das ganze Leben über lernen wir ständig neue Gesichter kennen und von anderen zu unterscheiden. Dabei werden, so nimmt man heute an, die jeweiligen Besonderheiten mit einem im Gehirn vorhandenen Gesichtsmuster verglichen.[197] Damit könnte zusammenhängen, dass wir Gesichter, die uns auf dem Kopf stehend gezeigt werden, nur schlecht erkennen können, ja dass wir dann sogar starke Veränderungen eines Gesichtes gar nicht wahrnehmen.[198]

Wir erkennen Gesichter auch dann, wenn Teile verdeckt sind. Veränderte Frisur, Brille oder Barttracht stören uns nicht. Wir merken sie uns meistens auch gar nicht. Auch bei starker Gesichtsverzerrung durch Lachen oder Weinen ist es uns möglich, ein Gesicht wiederzuerkennen, sogar in einer Karikatur. Selbst eine reduzierte Darstellung mit Umrisslinien und Markierungen für Augen, Augenbrauen, Nasenlöcher und Mund genügt, um ein spezifisches Gesicht zu erkennen. Das alles macht deutlich, dass sich das Individuelle eines Gesichtes in wenigen Merkmalen und vor allem in deren Verhältnis manifestiert.[199] Selbst wenn wir menschliche Gesichter auf die wesentlichen Bestandteile reduzieren und dabei Pupille, Augenbrauen, Nasenlöcher, Mundlinie sowie Falte zwischen Unterlippe und Kinn standardisieren, nehmen wir individuelle Züge wahr.[200]

Beim Betrachten solcher Bilder können wir folgende Beobachtungen machen. Jedes Gesicht hat eine spezifische Umrisslinie sowie spezifische Ausformungen und Abstände von Augenbrauen, Pupillen, Nasenlöchern und Mundpartie. Die Umrisslinie kann verdeckt sein, ohne dass der Eindruck beeinträchtigt wird. Wir können auch Teile des Gesichtes abdecken – der Leser möge es ausprobieren – und erkennen den individuellen Zug immer noch. Erst wenn wir so viel wegnehmen, dass keine Beziehungen zwischen den einzelnen Elementen mehr wahrgenommen werden können, ist der individuelle Eindruck verschwunden.

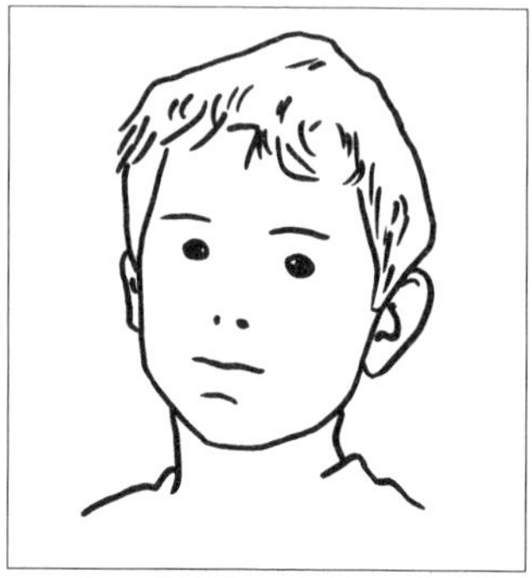

Porträt Dietmar, 7 Jahre

Wenn wir unsere Beobachtungen zusammenfassen, so ergibt sich daraus ein vierter Wahrnehmungsbereich innerhalb des Sehens, in dem wir an den Äußerungen eines anderen Menschen dessen Persönlichkeit erleben. Wir sehen die Bewegungen und die Haltung anderer Personen oder sehen die Bewegungsspuren in Handschrift oder Malduktus und erkennen darin den individuellen Bewegungsstil. Wir beobachten, wie eine andere Person mit Dingen umgeht, sie ordnet, komponiert oder wie sie handelt und sich selbst gibt, und erleben auch darin den individuellen Zugriff des Ich. Und schließlich können wir jeden Menschen an der unveränderlichen Physiognomie erkennen.

Es gibt eine Wahrnehmungsstörung, die genau diesen Bereich ausschaltet, die sogenannte Prosopagnosie.[201] Menschen, die an einer solchen »Gesichtsblindheit« leiden, können zwar Gegenstände erkennen, aber keine Gesichter und können daher keine Personen identifizieren. Das Verhalten solcher Menschen lässt vermuten, dass sie auch die Bewegungen nicht als persönliche Äußerung wahrnehmen können. Das Auftreten dieser Wahrnehmungsstörung zeigt, dass hier tatsächlich ein eigener Wahrnehmungsbereich vorliegt. Man kann diesen Bereich Stilsinn nennen.[202]

Das Wahrnehmungsfeld des Hörens und seine Stufen

Alles klingt – Der Hörsinn

Wenden wir einmal für ein oder zwei Minuten unsere Aufmerksamkeit darauf, was alles zu hören ist, dann werden wir manches Geräusch entdecken, was wir sonst gar nicht beachten.[203] Wir hören z.B. den Wind in den Bäumen rauschen, ein vorbeifahrendes Auto, ein Flugzeug, das Ticken einer Uhr, Wasserplätschern, Kinderstimmen, das Aufschlagen eines Balls, die Bässe einer Musik, das Knacken des eigenen Stuhls, das Rascheln von Papier und, wenn es ganz leise ist, den eigenen Atem. Wir sind die meiste Zeit von solchen Geräuschen umgeben. Und selbst in den seltenen Momenten der Stille bleibt immer noch etwas zu hören, und sei es nur das Strömen des eigenen Blutes. Nun fällt bei einer solchen Beobachtung auf, dass wir in den allermeisten Fällen wissen, was so klingt, sodass wir sagen können: Wind, Auto, Flugzeug, Papier. Untersuchen wir einmal, wie das kommt.

Klanginformationen über die Beschaffenheit

Was erfahren wir denn durch die Geräusche und Klänge? Machen wir dazu einige Beobachtungen. Nehmen wir verschiedene Sorten Papier, z.B. Zeitungspapier, Schreibpapier, Packpapier, feines Seidenpapier, und bitten jemand, einen Moment die Augen zu schließen und sich anzuhören, wie die verschiedenen Papiere klingen, wenn wir sie nacheinander zerknüllen. Er wird uns, auch wenn er zuvor die Papiere nicht gesehen hat, sagen können, um welche Sorte Papier es sich jeweils handelt. Wir könnten das Papier auch einreißen. Wird das Papier durch Zerknüllen oder Einreißen zum Klingen gebracht, teilt es uns seine stoffliche Beschaffenheit mit. Wir erfahren dadurch, wie dick, wie dicht, wie steif oder fest es ist. Mit etwas Übung kann man feinste Unterschiede wahrnehmen. Auch Flüssigkeiten kann man am Klang unterscheiden. Leitungswasser, Sprudel, Saft, Öl oder Wandfarbe haben beim Gießen einen verschiedenen Klang, sogar heißes und kaltes Wasser.

Um noch weitere Beobachtungen zu machen, nehmen wir einen festen Gegenstand und klopfen mit ihm auf verschiedenes Material, auf Stein, Holz, Metall, Styropor, und jeder wird allein am Klang die verschiedenen Materialien unterscheiden können. Wer das Material nicht gleich nach seinem Klang benennen kann, dem fehlt nur die nötige Erfahrung, die nachgeholt werden kann. Die Unterschiede an sich hört jeder. Wir können auch verschiedene Hölzer oder Metalle am Klang unterscheiden. Ein Stück Eichenholz klingt anders als ein gleich großes Stück Birken- oder Lindenholz, eine Kupferplatte anders als eine Platte aus Blei. Fällt etwas zu Boden, so erkennen wir es am Geräusch und können auch hören, auf welches Material es gefallen ist, auf Stein oder Holz. Und wenn wir zwei Materialien aneinander reiben oder mit der Hand darüber streichen, entsteht ein Geräusch, das uns über die Oberfläche des Materials Auskunft gibt.[204]

Das erste Ergebnis ist also: Wird ein Material zum Klingen gebracht, so erfahren wir durch Geräusch und Klang etwas von den spezifischen stofflichen Eigenschaften, der Dichte, Härte, Steifigkeit, Oberflächenstruktur und können daher das Material am Klang oder Geräusch erkennen.[205] Wenn uns das heute selbstverständlich ist, dann deshalb, weil wir als Kinder Gelegenheit hatten, mit verschiedenen Materialien umzugehen und zu spielen und dabei zu hören, wie sie klingen.

Machen wir weitere Beobachtungen. Nehmen wir z.B. zwei gleiche kleine Schachteln und füllen eine mit irgendeinem Material (Sägemehl, Papierschnitzel) randvoll. Klopfen wir mit einem Bleistift auf die beiden verschlossenen Schachteln, so wird jeder, ohne von der Füllung der einen zu wissen, den Unterschied hören und sagen können, welche der Schachteln voll und welche leer ist. Wir können auch mit einem Stock die Wand abklopfen und werden hören, wo es hohl ist. Wer beim Renovieren schon mal die hinter der Tapete versteckten elektrischen Leitungen und Verteilerdosen gesucht hat, weiß es zu schätzen, dass man sie durch Abklopfen der Wand finden kann. Das bedeutet, wir dringen durch das Hören gewissermaßen hinter die Oberfläche und erfahren etwas, was uns an der Oberfläche nicht zugänglich ist. Klopfen wir ein Holzbrett ab, so können wir hören, wo es von unten ausgehöhlt, also dünner ist. Tun wir dasselbe mit einer Tischplatte, so hören wir, an welchen Stellen die Platte aufliegt und ob diese Verbindung fest oder locker ist. Wir werden durch das Anschlagen auch erfahren, wenn die Platte einen Riss hat, was ja auch zum Überprüfen von Porzellan oder Glas gemacht wird. Und füllen wir ein Gefäß mit Wasser, so hören wir am Klang des Plätscherns, wie der Wasserspiegel steigt und das Gefäß voll wird, erfahren also die sich ändernde Größe des Luftraums. An all diesen Beispielen wird deutlich, dass wir durch den Klang die körperliche Dimension, Form und Beschaffenheit eines Dings wahrnehmen, seine Resonanz. Ob etwas groß oder klein, dick oder dünn, hohl oder voll ist und wie es überhaupt hinter der Oberfläche weitergeht, das können wir hören. Und auch hier gilt: Wenn wir davon heute wissen, dann deshalb, weil wir von Kindheit an entsprechende Erfahrungen gemacht haben. Das ist das zweite Ergebnis.

So hat jedes Material und jedes Ding seinen eigenen Klang. Es muss nur zum Klingen gebracht werden. Und das geschieht immer durch eine Bewegung. Wir müssen das Material anschlagen, zerknüllen, zerreißen, fallen lassen, ausschütten, umrühren, aneinanderreiben oder darüberstreichen, damit es klingt. Bei jeder praktischen Tätigkeit entstehen ganz bestimmte Geräusche und Klänge. Ob wir schreiben, einen Nagel einschlagen, Gemüse schneiden oder den Gehweg fegen, immer hat das einen typischen Klang. Sägt jemand mit einer Handsäge ein Holzbrett durch, so hören wir Verschiedenes: einmal, ob das Holz hart oder weich ist, also die Materialbeschaffenheit; dann, ob das Brett dick oder dünn ist, wie das Sägeblatt beschaffen ist und an welcher Stelle des Brettes wir uns mit dem Schnitt gerade befinden, also die körperliche Beschaffenheit von Brett und Sägeblatt. Und dann hören wir außerdem, dass jemand sägt und wie er das tut: schnell, langsam, impulsiv oder stockend. Und so verhält es sich bei jeder Tätigkeit. Auch bei Maschinen nehmen wir den Klang der Bewegungen wahr und können deshalb die verschiedenen Autotypen am Motorengeräusch unterscheiden. Ein Mechaniker kann, wenn er sich darin übt, am Klang eines Motors dessen Zustand erkennen. Und wenn der Arzt uns abhört, dann erfährt er dadurch, wie die Vorgänge und Bewegungen in unserem Organismus ablaufen. Ähnlich ist es bei Naturgeräuschen. So nehmen wir die Stärke des Windes in erster Linie am Geräusch wahr und erfahren am Rauschen der Bäume oder des Meeres, wann es gefährlich wird. Früher wurde sogar die Windstärke zum Teil am Wind- bzw. Wellengeräusch ermittelt.[206]

Neben der stofflichen und der körperlichen Beschaffenheit nehmen wir also drittens die Art der Bewegung oder Tätigkeiten wahr, die den Klang, das Geräusch hervorruft. Es ist einleuchtend, dass man auch in diesem Bereich nur dann differenzierte Wahrnehmungen haben wird, wenn man eigene und fremde Tätigkeiten auch oft genug erlebt hat. Diesen Bereich des akustischen Hörens zu beherrschen, ist heute nicht überholt, im Gegenteil. Bei der Fülle der Bewegungen, die uns im Alltag bei der Arbeit oder im Verkehr umgeben, ist diese Fähigkeit eine wichtige Orientierungshilfe, die uns vor manchem Unfall bewahren kann. Auch auf das eigene Verhalten kann es Einfluss haben, wenn man gelernt hat, auf die hervorgebrachten Geräusche und Klänge zu achten. Der Zusammenhang zwischen Geräusch und Bewegung lässt sich übrigens auch in unserer Sprache finden. Benennen wir Geräusche oder Klänge, dann benutzen wir nämlich Wörter, die eigentlich eine Bewegung oder Tätigkeit meinen und von einem Verb stammen, z.B. knisternd, raschelnd, kreischend, klappernd, kratzend.

Raumerfahrung durch Klang

Unter den verschiedenen Bewegungen und Tätigkeiten nehmen Naturvorgänge wie Wind und Regen eine besondere Stellung ein, weil sie weiträumiger wirksam sind und dadurch zugleich die unterschiedlichsten Klänge hervorrufen. Hören wir doch, wie derselbe Wind oder der Regen in den Tannen, den Laubbäumen und im welken Laub am Boden unterschiedlich rauscht und raschelt. Gehen wir einmal bei Dunkelheit hinaus und lauschen den Geräuschen, die der Wind an den Dingen unserer Umgebung hervorruft, oder schließen bei Tag die Augen. Wir werden erstaunt sein, welch differenzierte Wahrnehmungen wir dabei von unserer Umgebung haben können. Ein blinder Mensch ist ganz auf solche Wahrnehmungen angewiesen. Eindrucksvoll, ja zum Teil überraschend ist hier die folgende Beschreibung des Blinden John M. Hull:

> »Für mich hat der Wind den Platz der Sonne eingenommen, und ein schöner Tag ist ein Tag mit einer sanften Brise. Sie lässt alle Geräusche in meiner Umgebung ertönen. Die Blätter rascheln, Papierstückchen werden über den Gehweg geweht, und die Wände und Kanten der großen Gebäude treten stärker hervor, wenn Wind über sie hinwegstreicht, den ich im Haar und auf dem Gesicht und in meinen Sachen spüre. Ein Tag, an dem es nur warm ist, wäre wahrscheinlich auch ein ganz schöner Tag, aber Donner macht ihn aufregender, weil er plötzlich ein Gefühl von Raum und Entfernung vermittelt. Der Donner baut mir ein Dach über den Kopf, eine sehr hohe, gewölbte Decke aus polternden Geräuschen. Ich spüre dann, dass ich an einem weiten Ort bin, wohingegen vorher gar nichts da war. Ein Sehender hat immer ein Dach über sich, in Gestalt des blauen Himmels oder der Wolken oder der Sterne in der Nacht. Ein Blinder erlebt das gleiche, wenn er das Säuseln des Windes in den Bäumen hört. Es zaubert sie herbei; man ist von Bäumen umgeben, wo vorher nichts war.«[207]

Und dann beschreibt er, wie der Regen die Umgebung für ihn wahrnehmbar macht, weil er an jeder Stelle anders rauscht. So hört er den Busch mit den großen Blättern, die Wiese, die in einem kleinen Hügel ansteigt, hört, wo die Wiese ihre Kante hat, wo der Weg verläuft und wo dieser in die Treppe übergeht. Stünde er ohne Regen da, wüsste er von all dem nichts. Daher fasst er seine Erfahrung zusammen mit den Worten:

> »Ich glaube, dass dieses Erlebnis, bei Regen eine Tür zu einem Garten zu öffnen, mit dem vergleichbar sein muss, was ein Sehender empfindet, wenn er die Vorhänge aufzieht und die Welt draußen sieht.«[208]

Hier wird deutlich, dass wir durch Geräusche und Klänge noch etwas erfahren, nämlich den Raum. Für einen Blinden entsteht der Raum durch die Geräusche, durch Donner, Wind und Regen. Das ist für uns Sehende nicht ganz so, da wir zur Raumerfahrung eben auch das Sehen zur Verfügung haben. Und doch spielt auch für uns das Hören bei der Raumerfahrung eine wichtige Rolle. Ob wir das Brett, um das Beispiel noch einmal aufzugreifen, in einem kleinen oder großen Raum, drinnen oder draußen durchsägen, neben einer Mauer oder auf freier Wiese, es wird jedes Mal anders klingen und dadurch über die räumlichen Verhältnisse Auskunft geben.

Folgende Situation werden wohl die meisten kennen: Wir fahren im Auto, das Beifahrerfenster ist geöffnet, und in rhythmischen Abständen schwillt das Geräusch für kurze Zeit an. Was ist die Ursache? Begrenzungspfosten oder Baumstämme am Straßenrand werfen das Geräusch des Fahrzeugs zurück, wodurch es für uns verstärkt wird. Dadurch können wir ohne hinzuschauen genau sagen, wann sich der Pfosten oder der Baum neben dem Auto befindet. Fahren wir an einer Mauer entlang, hören wir, wo sie beginnt und wo sie zu Ende ist. John M. Hull beschreibt, wie er die Echowahrnehmung nach seiner Erblindung erlernt und sie bald so gut beherrscht, dass er sich dadurch in der Stadt orientieren kann und, wenn er nicht gestört wird, nirgends anstößt.[209] Noch erstaunlicher sind die Fähigkeiten, die der mit sieben Jahren erblindete Jacques Lusseyran entwickelt hat. In seiner Autobiographie beschreibt er, wie er auf Spaziergängen und Wanderungen mit seinem Freund die Bäume zählen und die Landschaft, die Hügel, Berge, Täler und Wälder so beschreiben konnte, dass der Freund nichts zu korrigieren hatte. Und wenn er ein Zimmer betrat, hörte er die Formen des Raums.

> »Seitdem ich blind war, konnte ich keine Bewegung mehr machen, ohne nicht eine Flut von Geräuschen auszulösen. Betrat ich abends mein Zimmer – dasselbe Zimmer, in dem ich früher niemals etwas hörte –, machte die kleine Stuckfigur auf dem Kamin den Bruchteil einer Drehung. Ich hörte ihre Reibung in der Luft, leicht wie die Bewegung einer Hand. Wenn ich einen Schritt machte, weinte oder sang der Fußboden – zweierlei Stimmen konnte ich vernehmen –,

> und dieses Lied pflanzte sich fort von einem Brett zum nächsten bis hin zum Fenster und erzählte mir von der Tiefe des Zimmers ... Ich täuschte mich nie. Ich konnte die kleinste Vertiefung in den Wänden von ferne vernehmen, denn sie veränderte den ganzen Raum. Eine Ecke oder Nische ließ den gegenüberliegenden Schrank hohler klingen.«[210]

Ähnliches hören wir von dem Blinden Dan Kish, der eine Methode der Echowahrnehmung entwickelt hat, die er auch seinen blinden Schülern beibringt. Er schnalzt mit der Zunge, und die Dinge seiner Umgebung antworten mit dem Echo. So erkennt er eine daumendicke Stange aus einem Meter, einen Hydranten aus drei, ein Auto aus fünf und ein großes Gebäude bereits aus hundert Metern Entfernung. Wenn er in fremder Umgebung etwa zweimal in der Sekunde schnalzt, kann er sich problemlos orientieren, in schwierigem Gelände Fahrrad fahren und Bergtouren machen.[211] Was Lusseyran und die anderen hier als eine bewusste Wahrnehmung beschreiben, findet bei uns auch statt, nur bemerken wir es meist nicht. Wir orientieren uns dadurch aber ständig im Raum. Halten wir uns einmal für einige Zeit in einem schallschluckenden Raum auf, dann erleben wir, wie es ist, wenn diese Orientierung fehlt, weil es kein Echo gibt. Und wer, etwa wegen einer Erkältung, auf einem Ohr schlecht hört, wird sich öfter nach dieser Seite umdrehen, weil ihm die Orientierung durch das Hören abgeht. Vor diesem Hintergrund wird übrigens verständlich, wie ein bestimmtes Maß an Geräuschen und Klängen, z.B. das Rauschen des Regens oder das Plätschern eines Baches, eine so beruhigende, ja Sicherheit vermittelnde Wirkung haben können. Wir nehmen durch diese Geräusche ja kontinuierlich die räumlichen Verhältnisse der Umgebung wahr und fühlen uns dadurch ständig orientiert und eingebettet.

Bei der Orientierung im Raum spielt auch eine Rolle, dass wir wahrnehmen, aus welcher Richtung ein Klang kommt. Dieses Richtungshören wird physikalisch dadurch erklärt, dass unsere beiden Ohren ja räumlich auseinanderliegen, weswegen der Schall nicht zu gleicher Zeit und auch nicht mit gleicher Intensität beide Ohren erreicht, es sei denn er kommt genau von vorne oder hinten. An der zeitlichen Differenz, mit der ein Klang unsere beiden Ohren erreicht, erfahren wir die Richtung, aus welcher er kommt.

Wir besitzen noch eine wichtige Fähigkeit. Wir können aus der Fülle der Geräusche und Klänge, die uns umgeben, einen Klang herauslösen und ihn lauter und deutlicher vernehmen als die übrigen. So können wir uns dem Plätschern eines Baches zuwenden, obwohl der Regen laut rauschend niedergeht, aus dem Orchester ein Instrument auswählen und seiner Melodie folgen oder im Stimmengewirr einer Menschenmenge eine Stimme entdecken und sogar ein Gespräch führen (sogenannter Partyeffekt).[212] Das ist wichtig, denn wir haben ja beim Hören immer die Situation, dass wir alles hören, was es in diesem Moment zu hören gibt. Wollen wir etwas aus dem Meer der Klänge herauslösen, müssen wir unsere Aufmerksamkeit aktiv darauf lenken. Wir tun das ständig, und zwar nicht nur bewusst, sondern in weiten Strecken des Alltags aus Gewohnheit.

Fassen wir zusammen. Auf dieser elementaren Stufe gibt uns das Hören Auskunft über die akustische Seite der materiellen Welt. Wenn etwas klingt bzw. zum Klingen gebracht wird, so erfahren wir durch Geräusch und Klang die stofflichen Eigenschaften des Materials, erfahren seine Größe und seine körperliche Beschaffenheit, hören die Bewegung oder Tätigkeit, die den Klang hervorbringt, und erleben den Raum und seine Dimensionen und hören dabei, aus welcher Richtung der Klang an unser Ohr dringt.

Die Welt der Töne

Nun gehört noch eine besondere Gruppe von Klängen in diesen Bereich: die Töne. Wenn wir über die Öffnung einer Flasche blasen oder mit nassem Finger über den Rand eines Stängelglases streichen, entsteht ein klarer Ton, den wir mit einem bestimmten Ton auf dem Klavier vergleichen können, der physikalisch gesprochen also die gleiche Schwingung hat. Wir können den gleichen Ton auch auf einer Geige, einer Flöte, einem Glockenspiel und jedem anderen Instrument erzeugen. Der Ton ist also, anders als das Geräusch, nicht an ein Material oder an ein Instrument gebunden. Und doch geben die verschiedenen Instrumente den Tönen einen ganz bestimmten Charakter, eine besondere Klangfarbe. Diese Klangfarben der Musikinstrumente machen die Vielfalt eines Orchesters aus und sind auch der Anlass dafür, dass wir Vorlieben für das eine oder andere Instrument entwickeln. Die jeweilige Klangfarbe ist nun nichts anderes als der Klang, der eben von den speziellen materiellen Eigenschaften des Instrumentes hervorgebracht wird. Wir nehmen dabei wahr, aus welchem Material das Instrument besteht, wie der Instrumentenkörper beschaffen ist und durch welche Art von Tätigkeit die Töne hervorgebracht werden.

Im Bereich der Töne gibt es, ähnlich wie bei den Farben, Gesetzmäßigkeiten. Der griechische Philosoph Pythagoras (570–480 v. Chr.) entdeckte, dass die Verhältnisse der Töne zueinander mit bestimmten Zahlenverhältnissen übereinstimmen. Das lässt sich leicht demonstrieren, wenn man eine Saite so aufspannt, dass sie zwischen zwei Punkten frei schwingen kann. Halbiert man die Saite durch einen Steg, so erklingt die Oktave des vorigen Tons. Mit anderen Teilungsverhältnissen kommt man zu anderen Tönen, bei 2:3 z.B. zur Quinte des Ausgangstons. Das Pythagoräische Tonsystem, das der europäischen und westlichen Musik zugrunde liegt, ist wohl die harmonischste, am vollkommensten strukturierte Gliederung, aber nicht die einzig mögliche. Es gibt in außereuropäischen Kulturen und gab in geschichtlichen Zeiten auch ganz andere. Die einzige Konstante aller Tonsysteme ist die Oktavengleichheit, die von allen Menschen erlebt wird.

Melodien sprechen, Worte singen – Der Gestaltsinn

Musikalische Gestalt

Stellen wir uns vor, wir haben ein Glockenspiel mit Metallplatten, die locker nebeneinander auf dem Resonanzkörper liegen, auf dem Tisch abgestellt und gehen noch einmal weg, um einen Schlägel zu holen. Währenddessen kommt unsere einjährige Tochter, möchte das interessante Ding haben und zieht an der Tischdecke. Dabei fällt das Glockenspiel klirrend und polternd zu Boden. In diesem Fall hören wir die Geräusche, die Metall und Holz hervorrufen, wenn sie auf dem Boden aufschlagen. Sammeln wir die Platten auf, ordnen sie auf dem Resonanzkörper und beginnen zu spielen, dann hören wir keine Materialgeräusche, sondern Töne und ihre Verhältnisse. Hören wir Verhältnisse?

Ja, wir hören tatsächlich Verhältnisse. Machen wir dazu einige Beobachtungen. Dabei genügt es allerdings nicht mehr, sich die Sache nur vorzustellen. Jetzt müssen wir wirklich hören. Daher ist zu empfehlen, die folgenden Beispiele auf einem Instrument oder mit der eigenen Stimme auszuführen oder jemanden zu bitten, es für uns zu tun. Hören wir uns einmal folgende Melodie an:

Wer diese Melodie hört, wird sofort sagen können, dass es sich nicht um ein Schlaflied oder einen Trauergesang handelt, sondern um ein Lied mit einer fröhlichen Aussage und der Aufforderung, zu beginnen und sich auf den Weg zu machen. Denn das erfahren wir durch die Gebärde der Melodie. Es handelt sich bei dieser Melodie um den ersten Teil eines Liedes. Der Text bestätigt uns die bereits gemachte Wahrnehmung. Es ist ein Morgenlied mit folgendem Text:

Wa - chet auf, wa - chet auf, es kräh - te der Hahn,

Um beobachten zu können, welchen Anteil an der Wirkung die Melodie tatsächlich besitzt, ändern wir die Melodie und singen sie zum gleichen Text.

Die meisten Menschen, die das hören, müssen lachen, weil Text und Melodie in ihrer Aussage jetzt nicht mehr zusammenpassen. Denn die Melodie spricht nun von Traurigkeit, Niedergeschlagenheit und Mitleid für den Hahn, der vielleicht zum letzten Mal gekräht hat. Mit dieser Melodie hätte das Lied seine Aufgabe als Morgenlied verfehlt, und es wäre sinnlos, noch mit dem Aufstehen zu rechnen. Das alles nehmen wir an der Melodie wahr, und zwar obwohl es in eindeutigem Gegensatz zum Text steht. Daran wird zweierlei deutlich: Erstens, wie stark die Aussage einer Melodie ist und Zweitens, dass diese Aussage unabhängig ist vom Text des Liedes. Man höre sich daraufhin einmal nur die Melodien verschiedener Lieder an. Man wird allein aus der Wahrnehmung der jeweiligen Melodie eine Aussage formulieren können, die eine Grundstimmung vermittelt. In der Regel unterstützt die Melodie damit die textliche Aussage eines Liedes, es sei denn, der Komponist verfolgt bewusst eine gegenteilige Absicht. Jede Melodie spricht also zu uns und hat eine emotionale Aussage. Das gilt selbstverständlich nicht nur für die Liedmelodie, sondern für das melodische Element in jedem Musikstück.

Die Gestalt einer Melodie wird dabei durch zwei Elemente bestimmt: durch die Tonschritte und den Rhythmus. Untersuchen wir zunächst die Tonschritte, die sogenannten Intervalle. Spielen wir auf einem Glockenspiel den ersten und den dritten Ton, überspringen also in der Tonleiter einen Ton, dann haben wir das Intervall, das man Terz nennt. Gehen wir vom ersten gleich zum vierten Ton, überspringen also zwei Töne, dann hören wir das Intervall Quart. Wir können diese Intervalle natürlich auch singen oder auf anderen Instrumenten spielen. Wenn wir uns auf den Klang dieser beiden Intervalle einlassen, können wir hören, dass sie einen unterschiedlichen Charakter haben. Die Terz drückt etwas anderes aus als die Quart, egal von welchem Grundton wir ausgehen. Durch die Quart fühlen wir uns direkt angesprochen. Sie hat einen aufmunternden, auffordernden, ja treibenden Charakter. Daher sind die Sirenen der Feuerwehr und der Rettungswagen auf die Quart gestimmt. Und unter den Volksliedern finden wir viele Wander-, Morgen- und Jagdlieder, die mit einer Quart beginnen, z.B. »Es tagt der Sonne Morgenstrahl« »Im Frühtau zu Berge« »Mich brennt‘s in meinen Reiseschuhn« und viele andere.[213]

Die Terz hat einen anderen Charakter, was wir sofort merken, wenn wir die genannten Lieder einmal mit einer Terz statt einer Quart beginnen oder gar die Sirene in der Terz erklingen lassen. Die Terz ist verhaltener, innerlicher, enthält keine so direkte Aufforderung wie die Quart und verlangt eigentlich eine Ergänzung um eine weitere Terz zum Dreiklang. Die Melodie des Morgenliedes besteht in ihrer aufsteigenden Linie aus Terzen und führt beim zweiten Aufstieg zur Quart. Das ist auch die Stelle, mit der die stärkste Aufforderungswirkung verbunden ist. Wird die Quart hier durch eine weitere Terz ersetzt, ist diese Wirkung weg. Die veränderte Melodie des Morgenliedes enthält gar keine Quart, sondern verkürzte, also Moll-Terzen und geht zum Ende abwärts. Beides bewirkt die traurige, pessimistische Aussage.

Betrachten wir nun den Rhythmus des Morgenliedes. Etwas vereinfacht klingt er so (am besten klopft man ihn, im Tempo des Liedes, auf den Tisch):

, , – , , – , – , – –

Dieser Rhythmus ist nicht neutral, sondern hat eine aktive, aufsteigende, anfeuernde Wirkung. Diese geht von dem vorwärtstreibenden Charakter der beiden Rhythmuselemente kurz-kurz-lang und kurz-lang aus, die den Verlauf der Melodie bestimmen. Rhythmus und Tonschritte wirken hier also in dieselbe Richtung. Würden wir der Melodie den gegenteiligen Rhythmus geben, also lang-kurz-kurz oder lang-kurz, mit betonter Länge, würde die Aktivität wegen der passiven, abfallenden Wirkung dieser Rhythmuselemente gebremst und abgeschwächt. Wir können Lieder und Musikstücke auf ihre Rhythmen hin untersuchen und werden immer feststellen, dass jeder Rhythmus etwas Bestimmtes zum Ausdruck bringt und eine bestimmte emotionale Wirkung auf uns hat. Und der Takt? Er spielt eine ähnliche Rolle wie bei der sichtbaren Gestaltung das Format einer Fläche. Er gibt den Grundduktus an und macht dadurch bestimmte Ausdrucksrichtungen möglich. Man denke nur an so Unterschiedliches wie Walzer, Marsch oder Rap. Sie beeinflussen durch Takt und Rhythmus nicht nur unsere Bewegungen, sondern auch unsere emotionale Befindlichkeit. Und deshalb sind gerade diese Elemente immer benutzt worden, um den Menschen emotional anzusprechen oder auch zu beeinflussen.

Welchen Anteil haben Rhythmus und Harmonie an einer Melodie? Das kann man an folgenden Beobachtungen ablesen: Manch einer kennt vielleicht noch das Spiel aus seiner Kinderzeit, bei dem man den Rhythmus eines Liedes klopft und die andern raten lässt, welches Lied gemeint ist. Die Erfahrung zeigt, dass die Lieder gut zu erkennen sind. Der Rhythmus ist also ein wesentlicher Bestandteil der Melodie. Das zeigt auch das gegenteilige Experiment. Nimmt man einer Melodie den Rhythmus, indem man sie mit gleichen Längen und ohne Betonung spielt oder singt, so ist sie nur noch schwer zu erkennen. Man hat ihr eben ein wesentliches Element genommen. Aber auch die Harmonie, die durch die Tonschritte bestimmt wird, ist entscheidend. Fügt man nämlich zwischen die Töne einer Melodie jeweils einen beliebigen anderen Ton, kann die Melodie immer noch erkannt werden. Die Melodie setzt sich in diesem Fall, dank ihrer harmonischen Einheit, gegenüber solcher Irritation durch. Rhythmus und Harmonie – das wird durch diese Beobachtungen deutlich – sind also die bestimmenden Bestandteile einer Melodie und spielen daher auch bei der Melodiewahrnehmung eine entscheidende Rolle.[214]

Nehmen wir eine Melodie wahr, dann brauchen wir dafür keine Vorbildung, kein Wissen von Harmonie und Rhythmus. Die Gestalt einer Melodie, ihre Kontur ist unserer Wahrnehmung unmittelbar gegeben.

Laborversuche haben nämlich gezeigt, dass sich beim Wahrnehmen der Melodiekontur musikalische Laien kaum von Profimusikern unterscheiden.[215] In die gleiche Richtung deutet die Tatsache, dass Kinder zunächst nur die Melodiekontur wahrnehmen und viel später erst in der Lage sind, den Rhythmus- und den Harmonieanteil einer Melodie gesondert zu beachten. Das bestätigt noch einmal: Die Gestalt einer Melodie und ihre emotionale Wirkung erschließen wir nicht aus anderen Wahrnehmungen, sondern wir nehmen sie unmittelbar wahr.

Nun kommt hinzu, dass wir, wenn wir ein Lied oder ein Musikstück vortragen, dies immer mit unserem eigenen Ausdruck tun. Wir singen ein Lied ja nicht einfach so, wie es komponiert ist, sondern immer mit einer Nuance des Ausdrucks, die unserer momentanen Gefühlslage entspricht oder dem, was wir bewusst ausdrücken wollen. Wir modulieren dann den Rhythmus, wählen bestimmte Betonungen und Phrasierungen und verstärken oder verändern dadurch die Aussage des Stücks. So kann z.B. ein fröhliches Lied ein wenig traurig wirken, ein trauriges mit einer heiteren Nuance versehen werden. Ob wir komponieren und improvisieren oder ob wir bereits Komponiertes vortragen, immer bringen wir durch die Sprache der Musik unsere eigenen Gefühle zum Ausdruck.

Fassen wir zusammen. Jede musikalische Gestalt, das heißt jede Harmonie, jeder Rhythmus und besonders jede Melodie hat einen ganz bestimmten Ausdruck. Diesen Ausdruck können wir differenziert wahrnehmen. Die musikalische Gestalt ist also eine Sprache mit emotionaler Aussage, die wir wahrnehmen und deren Wirkung wir empfinden, auch wenn wir sie nicht unbedingt in Worte fassen können. Jeder Komponist beherrscht diese Sprache, und jeder Interpret, jedes Musikstück lebt aus ihr und erhält durch sie sein Temperament und seinen Charakter wie auch seine wechselnden Stimmungen. Und wenn wir Musik genießen, erleben wir diese Sprache. Könnten wir sie nicht wahrnehmen, gäbe es auch keine Musik.

Die Wirkung musikalischer Gestalt auf den Menschen ist im Laufe der Geschichte immer wieder genutzt worden, auch außerhalb des künstlerischen Bereiches. Man denke nur daran, wie vor Jahrhunderten und Jahrtausenden kriegerische Handlungen durch Musik begleitet und stimuliert wurden. Auch im 20. Jahrhundert wurde Musik demagogisch, zur Beeinflussung der Massen eingesetzt. Heute gehört diese Beeinflussung zu unserem Alltag. Denn was aus den Lautsprechern im Einkaufscenter oder Supermarkt tönt oder zwischen den Nachrichten und Kommentaren in Radio und Fernsehen erklingt, ist nach der emotionalen Wirkung ausgewählt, die es auf uns hat. Diese Wirkung tritt auch dann ein, wenn wir von ihr nichts wissen. In Werbespots wird die emotionale Sprache der Musik verwendet, um bei uns bestimmte Gefühle und Wünsche zu erzeugen.[216] Und wir wissen alle, wie real dieser Einfluss ist. Auch in Film und Fernsehen wird die emotionale Sprache der Musik für bestimmte Zwecke benutzt. Läuft z.B. ein Fernsehkrimi im Nebenzimmer, so nehmen wir, ohne den Film zu sehen, an der Untermalung durch Geräusche und Musik das emotionale Geschehen wahr und wissen dadurch, ob sich die Handlung gerade zuspitzt oder nicht. Sitzen wir vor dem Bildschirm, ist es noch schwerer, sich der Wirkung des Gehörten zu entziehen, zumal sie bis in physiologische Vorgänge unseres Körpers reicht.[217] Die Musik findet aber auch eine heilsame Anwendung, nämlich in der Musiktherapie. Da kann ihre emotionale Sprache Gefühle mobilisieren und Bereiche der Seele wieder zugänglich machen, zu denen vielleicht der Patient aus eigener Kraft den Zugang verloren hat.

Sprachliche Gestalt

In den Aufzeichnungen des russischen Schriftstellers Fjodor M. Dostojewski (1821–1881) gibt es eine Stelle, wo er beschreibt, wie sich einige Betrunkene unterhalten und dabei nur ein einziges Wort benutzen. Sie modulieren es im Klang so, dass daraus Frage, Zweifel, Behauptung, Belustigung oder Ironie wird, wodurch zum Ausdruck kommt, was sie von der Meinung des anderen halten.[218] Wir kennen so etwas, wenn wir uns mit verschieden klingendem »Hm« verständigen. Wir können damit nämlich nicht nur unser Wohlbefinden, sondern auch Frage, Ablehnung, Zustimmung und manches andere zum Ausdruck bringen. Auch mit anderen Lauten geht das. Ein »Oh« können wir z.B. so aussprechen, dass es überrascht klingt, bewundernd, entsetzt, belustigt. Jeder wird aus seiner Erfahrung weitere Beispiele ergänzen können. Es ist zu empfehlen, auch die sprachlichen Beispiele wirklich auszuprobieren, vielleicht sogar einem anderen vorzuführen.

An diesen wenigen Beobachtungen wird deutlich: Sprechen wir einen Sprachlaut aus und modulieren ihn, so geben wir ihm eine bestimmte Klanggestalt und damit einen bestimmten emotionalen Ausdruck. Und wer den ausgesprochenen Laut hört, nimmt diese Klanggestalt und ihren emotionalen Ausdruck wahr. Deshalb können wir uns ja auf diese Weise verständigen. Das gilt selbstverständlich auch für Worte und ganze Sätze. Wir können z.B. das Wort »schön« so aussprechen, dass für den Hörenden deutlich wird, wir bewundern die Schönheit einer Sache. Wir können aber das Wort auch so modulieren, dass es abfällig oder verächtlich, ja ironisch klingt. In jeder Unterhaltung spielen diese Modulationen eine wichtige Rolle, weil sie die Bedeutung einer Mitteilung bestimmen. Nehmen wir als einfaches Beispiel den Satz: »Du siehst heute aber schön aus«. Und sofort merken wir, dass dieser Satz ganz Unterschiedliches sagen kann. Ob aus ihm Bewunderung, Ironie oder blanker Hohn spricht, das hängt von der Melodie und Betonung ab, die er durch den Sprecher erhält. Die Möglichkeit, einen Satz durch Modulation der Satzmelodie in seiner Aussage zu verändern, ist erstaunlich groß. Wir können die Aussage eines Satzes sogar ins Gegenteil verkehren, können z.B. »Ich freue mich, dass es heute so schönes Wetter ist« so aussprechen, dass dem Zuhörer klar wird: Es ist das Schrecklichste, was uns heute passieren konnte. Daran können wir sehen, dass die Aussage der Satzmelodie ähnlich unabhängig ist von der lexikalischen Textaussage, wie wir das im letzten Kapitel an Text und Melodie des Morgenliedes festgestellt haben.

Immer wenn wir sprechen, modulieren wir die Laute, Worte und Sätze und geben ihnen damit eine emotionale Aussage. Jeder Zuhörer nimmt diese Aussage wahr, auch wenn das nicht immer bewusst wird. Wenn wir aber, wie z.B. beim Telefonieren, ganz auf das Hören konzentriert sind, dann entgehen uns auch feine Nuancen nicht. So kann es sein, dass der Gesprächspartner uns am Telefon versichert, dass es ihm ausgezeichnet geht, und wir dabei merken, dass er das nur aus Höflichkeit sagt und dass die Modulation seiner Stimme etwas ganz anderes ausdrückt. Es gibt viele Situationen im Alltag, wo wir unter der abstrakten wörtlichen Aussage, die jemand macht, eine konkrete melodische Aussage als die wichtigere erleben und darauf reagieren. Blinde sind uns in dieser Fähigkeit in der Regel voraus, ebenso Kinder. Ihnen entgeht keine dieser emotionalen Botschaften, die beim Sprechen immer mitklingen. Sie hören, ob wir aufgeregt, zerstreut oder unsicher sind und ob wir ein Problem verbergen. Säuglinge verstehen zunächst nur die Sprachmelodie, nicht die Wortbedeutung. Sie freuen sich, wenn unsere Sprachmelodie fröhlich ist, und werden ernst oder traurig, wenn unsere Sprache ernst oder traurig klingt. Und wenn wir ihnen mit den Worten »Nein, nicht die Treppe rauf!« das Hinaufkrabbeln verbieten, das aber in fröhlichem Tonfall tun, dann werden sie weiterkrabbeln, weil sie an der Melodie Zustimmung wahrgenommen haben. Ein ernst ausgesprochenes Nein oder auch nur ein entsprechend modulierter Laut reichen, um das Verbot dem Kind verständlich zu machen. Übrigens zeigen auch Hunde und andere Haustiere an ihren Reaktionen, dass sie die Sprachmelodie unserer Äußerungen wahrnehmen. Wenn wir nämlich einen Hund in fröhlichem Tonfall ausschimpfen, wird er mit dem Schwanz wedeln.

Die Wahrnehmung von Sprache beginnt bereits im Mutterleib. Experimente haben gezeigt, dass ein Säugling nach der Geburt eine Geschichte, die die Mutter während der letzten Wochen der Schwangerschaft mehrmals laut vorgelesen hat, an der Sprachmelodie wiedererkennt, und zwar selbst dann, wenn eine andere Frau sie liest.[219] Säuglinge können von Anfang an alle Sprachlaute wahrnehmen und unterscheiden, ja es steht ihnen das gesamte Spektrum von etwa 70 Sprachlauten zur Verfügung, die in den sechs- bis achttausend Sprachen auf der Erde vorkommen. Nach einem halben Jahr ist das Spektrum dann deutlich verkleinert und im Alter von acht bis neun Monaten beschränkt sich die Differenzierungsfähigkeit schließlich auf die Sprache, die das Kind in seiner Umgebung hört.[220] Wir können also als Kind jede Sprache lernen. Voraussetzung ist nur, dass sie in unserer Umgebung gesprochen wird. Lernen wir eine Sprache, so spezialisieren wir uns auf ihre Laute und können später nur noch diese differenziert wahrnehmen.

Wenden wir uns jetzt den Sprachlauten selbst zu. Sie sind keine neutralen Elemente. Alle Laute, Vokale wie Konsonanten, haben für sich bereits einen bestimmten Klangausdruck und damit einen bestimmten Charakter. Das wird sofort deutlich, wenn wir beobachten, was wir mit einzelnen Lauten ausdrücken können. Vergleichen wir ein langes »Oh« und ein langes »Ih«. Das »Oh« kann freudige Überraschung, Bewunderung, Zuneigung, aber auch Enttäuschung, ja Entsetzen oder im doppelten »O-oh« Warnung ausdrücken. Es wird aber, bei aller nur möglichen Modulation, nicht das ausdrücken können, was das »Ih« ermöglicht. Das »Ih« kann Ablehnung, Abscheu, ja Ekel ausdrücken, aber auch Schadenfreude oder im »Hi-hi« heimliches Vergnügen. Und mit dem Laut »ch« zusammen bringt es im »ich« Selbstbestätigung und Selbstsicherheit, auch Distanz zum Ausdruck, was durch »och« einfach nicht möglich ist. Wir können also nicht mit jedem Laut dasselbe ausdrücken, weil jeder Laut bereits einen eigenen Ausdruck besitzt. Und werden mehrere Laute, also verschiedene Ausdruckselemente, zu einem Wort verbunden, so entsteht die Wortmelodie. Und bei der gilt dann etwas Ähnliches wie in der Musik, wo die Änderung eines Tones die ganze Melodie und damit ihre Aussage verändert.

Worte sind Laut-Melodien und haben insofern eine jeweils spezifische emotionale Aussage. Vergleichen wir z.B. dunkel, finster, düster. Diese drei Worte informieren alle gleichermaßen über die Abwesenheit von Licht. Wie diese Abwesenheit aber erlebt wird, das erfahren wir durch die unterschiedliche Klanggestalt der Worte. Denn wenn jemand etwas als finster oder düster bezeichnet, dann spielen noch andere Gefühle mit, als wenn er es dunkel nennt. Die Gefühle müssen dann nicht extra aufgezählt werden. Wir erfahren sie ja durch die Klanggestalt. Das gilt auch für Worte, die uns nicht so geläufig sind. Vergleichen wir einmal die Worte atmen, schnaufen, keuchen, hecheln, japsen. Abstrakt gesagt, nennen sie verschiedene Formen des Luftholens. Konkret bekommen wir, sobald wir die Worte hören oder lesen, eine Vorstellung von der Art des Atmens, und zwar nicht nur von den Geräuschen, sondern auch von den Gefühlen, die damit verbunden sind. Und wenn im Grimmschen Märchen »Die Bremer Stadtmusikanten« der Esel fragt: »Nun, was japst du so, Packan?«,[221] dann braucht das für niemanden, der in der Sprache zu Hause ist, auch nicht für Kinder, übersetzt zu werden, weil die Bedeutung unmittelbar wahrnehmbar ist. Dass Kinder in diesem Bereich der Sprache besonders gerne verkehren, zeigen die vielen Abzählverse, die bis heute im Gebrauch sind und von Kindern auch neu erfunden werden, wie z.B.:[222]

Ene mene mintzen, oder wer backt Plinzen?
Wer backt Kuchen, der muss suchen.

Eni beni suptraheni,
divi davi domi neni,
ecca brocca, casa nocca,
zingele, zangele, dus.

Wenn Kinder von klein auf von uns Erwachsenen immer wieder Kinderreime hören oder Fingerspiele wie »Das ist der Daumen« oder »Das Irmchen mit dem Schirmchen«, dann stärken wir die Freude an der Sprache und zugleich das Empfinden für ihre Ausdrucksfähigkeit.

Jedes Wort vermittelt also nicht nur einen Begriff, sondern durch seine Melodie auch ein Gefühl, das den Begriff färbt. Wollen wir etwas sprachlich ausdrücken, dann wählen wir, bewusst oder unbewusst, die Worte nicht nur nach ihrem Informationsgehalt, sondern auch oder gerade nach ihrer Ausdrucksqualität. Die folgenden drei Texte zeigen, wie unterschiedlich derselbe Inhalt vermittelt werden kann.

Beispiel 1
Schöne Aussicht, aber verdammt still hier oben. Keen Baum regt sich, und sogar die kleenen Piepmätze halten den Schnabel. Na ja, ich bin ja auch schon müde und bald in'ne Kissen.

Beispiel 2
Es ist ein wunderschöner Abend. Die Berge liegen in majestätischer Ruhe vor mir. Kein Lüftchen regt sich. Der Gesang der Vögel ist verstummt. Ich fühle, dass es auch für mich an der Zeit ist, mich zur Ruhe zu begeben.

Beispiel 3
Über allen Gipfeln
Ist Ruh,
In allen Wipfeln
Spürest du
Kaum einen Hauch;
Die Vögelein schweigen im Walde.
Warte nur, balde
Ruhest du auch.[223]

Es wird wahrscheinlich jedem auffallen, dass, bei weitgehender Übereinstimmung der Fakten, die Stimmung, die von den Texten bewirkt wird, stark voneinander abweicht. Sie erscheint beim dritten Beispiel, dem Gedicht Goethes, am klarsten. Dabei hat Goethe im Vergleich zu den anderen Texten wenige Worte gebraucht, nämlich 24 gegenüber 32 bzw. 39. Aber die verwendeten Worte haben ihren richtigen Platz in der Gesamtmelodie, man darf sie nicht verändern oder austauschen. Sie besitzen das passende Ausdrucksspektrum. Man beobachte nur einmal, welche Stimmung und welches exakte Bild allein durch die Worte Wipfel, spürest, kaum und Hauch entstehen. Auch der Rhythmus der Zeilen hat seine bestimmte Wirkung und ist zur Unterstützung der Lautmelodie eingesetzt. So kommt der dreifache Lang-kurz-Rhythmus der ersten Zeile in der zweiten Zeile mit den zwei Längen der Worte »Ist Ruh« zur Ruhe. Dasselbe geschieht zum Ende mit »du auch«. Bei diesem Gedicht hat man es mit einer auf das äußerste verdichteten Sprachgestalt zu tun, die selbstverständlich auch Begriffe vermittelt, das Wesentliche aber durch Wortmelodie und Rhythmus zum Ausdruck bringt. Daher kann man ein Gedicht auch nicht in Prosasprache übersetzen, ohne dass Wesentliches verloren geht.[224]

Fassen wir zusammen. Laute und Worte sprechen mit ihrer Klanggestalt eine emotionale Sprache. Jeder Laut hat ein bestimmtes Ausdrucksspektrum, das durch stimmliche Modulation ausgeschöpft werden kann. Jedes Wort hat durch seine Laute und seinen Rhythmus eine bestimmte Klanggestalt und dadurch einen bestimmten emotionalen Ausdruck, vermittelt also nicht nur einen Begriff, sondern immer zugleich ein Gefühl.[225] Und dieses Gefühl gibt dem Begriff die Empfindungsqualität, die jedes Wort eben auch besitzt und durch die emotional gesättigte Bilder entstehen. Laute oder Lautfolgen können sogar dann etwas ausdrücken und können zur Verständigung dienen, wenn ihnen kein Begriff zugeordnet ist. Schließlich greifen wir durch Modulation beim Sprechen in die Gestaltung ein und verändern bzw. bestimmen dadurch die emotionale Aussage. Die Gestalt der Sprache als Medium emotionalen Ausdrucks ist also ein eigenständiger Bereich von Sprache, für den wir auch eine eigene Wahrnehmungsfähigkeit besitzen, nämlich den Gestaltsinn, den wir bereits aus dem Bereich des Sehens kennen. Der Gestaltbereich der Sprache ist bis zu einem gewissen Grad unabhängig von ihrer Funktion, Namen, Begriffe und Informationen zu vermitteln.[226] Auch bei der Verarbeitung in unserem Gehirn werden diese Bereiche von Sprache unterschieden, indem die Wortbedeutung vorrangig in der linken, die emotionale Bedeutung, die sich in Intonation, Modulation und Rhythmus, der sogenannten Prosodie, ausdrückt, in der rechten Gehirnhälfte verarbeitet wird, wo ja auch das Melodische in der Musik und jede Phrasierung ihren Ort der Verarbeitung haben.[227] Es gibt eine Störung dieses Wahrnehmungsbereiches, die tonale Aphasie. Menschen, die darunter leiden, erkennen wohl, welchen Sinn ein geäußertes Wort hat, aber sie können seine Bedeutung im konkreten Satz nicht verstehen, weil ihnen die Ausdrucksqualität der Sprache verschlossen ist. Solche Menschen werden nie Gedichte schreiben und auch nicht in der Lage sein, den Humor in einer Äußerung zu verstehen.

Bildung von Sprachlauten

Wie kommt ein Sprachlaut zustande?[228] Der Klang der Stimme entsteht dadurch, dass der Zwischenraum zwischen den beiden Stimmbändern, die Stimmritze, so verengt wird, dass die durchströmende Atemluft die Stimmbänder in Schwingung versetzt. Ob jemand eine hohe oder tiefe Stimme hat, wird von der Länge der Stimmbänder bestimmt. Die konkrete Tonhöhe beim Sprechen oder Singen hängt davon ab, in welcher

Geschwindigkeit die Stimmritze geschlossen und wieder geöffnet wird, und das wiederum hängt mit der Spannung der Stimmbänder und dem Druck der Luft zusammen. Der so entstandene Klang wird dann durch Formung des Rachen- und Mundraumes sowie der Mundöffnung zu einem bestimmten Laut. Man kann das leicht selbst beobachten, indem man einen Ton singt und dann den Mundraum und die Mundöffnung verändert: Alle Vokale und eine Reihe Konsonanten werden dabei entstehen. Jedem Laut entsprechen ein bestimmter Hohlraum und eine bestimmte Öffnung des Mundes. Die Abbildung zeigt im Sagittalschnitt die Hohlraumgestalt des Mundes, wenn die Laute A und I ausgesprochen werden.

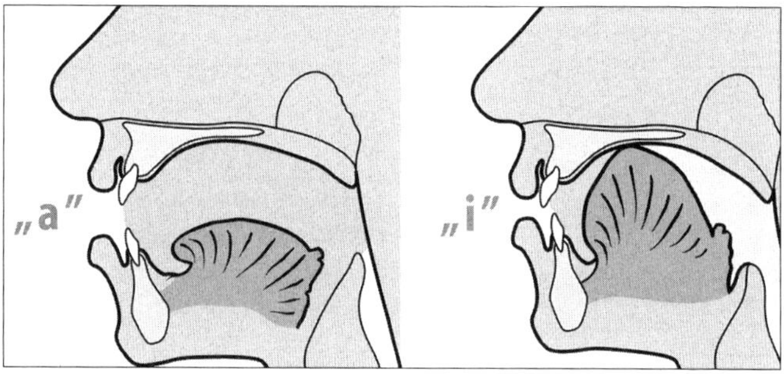

Gestalt des Mund-Rachen-Raumes beim Sprechen der Laute A und I

Durch die Gestalt des Mundhohlraumes werden bestimmte Klangschwingungen (Frequenzen) der Luft verstärkt, andere gebremst. Denn jede Hohlraumform besitzt eine Eigenfrequenz, die durch jede, auch die feinste Änderung des Hohlraumes beeinflusst wird. Auch das lässt sich leicht beobachten. Schnalzt man mit dem Finger von außen gegen die Backe, so kann man durch Änderung des Mundraumes verschiedene Klänge erzeugen und dadurch die Eigenfrequenz der entsprechenden Hohlraumgestalt hörbar machen. So entsteht durch eine bestimmte Gestalt des Mundraumes das spezifische Klangspektrum bzw. Frequenzspektrum des einzelnen Lautes.[229] Macht man die Frequenzspektren der fünf Vokale sichtbar, so zeigen sich bei jedem Vokal unterschiedliche Frequenzverdichtungen, die sogenannten Formanten. Das sind die durch lauttypische Hohlraumformen des Mundes verstärkten Frequenzen. Sie besitzen eine Verwandtschaft zu den Obertönen, was man leicht am Klavier überprüfen kann. Löst man die Dämpfer von den Saiten und spricht z.B. einen Vokal – gleichgültig in welcher Tonlage – in das geöffnete Klavier, so werden, entsprechend den Formanten, bestimmte Saiten mitklingen. Die verschiedenen Schallstrukturen einzelner Laute lassen sich am Schallspektrum eines Wortes, z.B. des Wortes »Akustik«, gut ablesen.

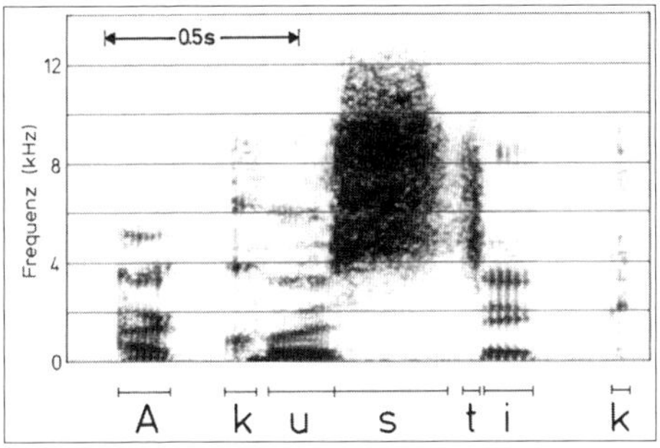

Klangspektrum des Wortes »Akustik«

Bei den Vokalen fällt besonders die unterschiedliche Verteilung der Formanten auf. Unter den Konsonanten hat das gutturale K eine den Vokalen ähnliche Schallstruktur. Die dentalen Laute S und T zeigen, entsprechend ihrer lautlichen Erscheinung, ein diffuses Spektrum.

Künstliche Spracherzeugung baut auf der Kenntnis dieser Zusammenhänge auf. Dabei werden Laute und Worte imitiert, indem die Frequenzen, die durch die Gestalt des Mundraumes entstehen, elektrisch erzeugt werden. Wir sind heute solche sprechenden Maschinen gewohnt, z.B. bei Telefondiensten oder bei sprechenden Puppen. Diese Stimmen haben etwas gemeinsam: Ihnen fehlt das Gefühl, die persönliche Modulation. Das liegt daran, dass die jeweiligen Lautsprecher nur Frequenzen abstrahlen, das heißt nur Schall und keine Laute produzieren.

Sehr viel schwieriger als die künstliche Spracherzeugung ist die Aufgabe zu lösen, Maschinen zu bauen, die gesprochene Sprache, also Worte und vor allem ganze Sätze erkennen können. Das Problem ist daher nicht die Spracherkennung als solche, denn die verläuft einfach umgekehrt wie die Sprachproduktion. Solche Maschinen müssen ja nicht Laute oder Worte hören, sondern Frequenzen registrieren und typische Frequenzgestalten bestimmten lexikalischen Sinneinheiten zuordnen. Die Probleme treten dadurch auf, dass jeder von uns dasselbe Wort anders ausspricht, ja derselbe Sprecher immer wieder anders, weil wir beim Sprechen eben nicht nur Informationen austauschen, sondern auch Gefühle mitteilen. Daher mussten die ersten Spracherkennungscomputer auf eine Stimme programmiert werden und konnten auch dann den Input nur erkennen, wenn jedes Wort sehr deutlich gesprochen wurde.[230]

Für uns ist dieser Unterscheid im Frequenzspektrum kein Problem, wohl aber für eine Maschine. Computer zur Spracherkennung sind daher nur dann brauchbar, wenn es gelingt, beim Erkennen der Frequenzgestalt eines Wortes die Unterschiede zu vernachlässigen, die durch Modulation entstehen. Die Modulation von Sprache darf in diesem Fall für den Computer keine Rolle spielen. Das heißt, man muss Sprache erst von ihren Gestalt- und Ausdrucksqualitäten befreien, damit sie für die Maschine brauchbar ist.

Dieser physikalische Weg, Sprache zu verstehen und für Maschinen handhabbar zu machen, berücksichtigt von der Sprache nur den Schall. Der Schall und seine Frequenz sind aber nicht die Ursache der Sprachlaute. Sie sind vielmehr selbst die Folge der Gestalt des Mundhohlraumes, die durch eine bestimmte Sprechbewegung bewirkt wird. Sprache ist also ursprünglich kein Frequenzphänomen, sondern ein Gestaltphänomen. Es gibt einen noch jungen Forschungsansatz, der die Gestaltnatur der Sprachlaute untersucht. Wir alle kennen die Hauchfahnen, die bei Frost vor unserem Mund zu sehen sind, wenn wir ausatmen. Kaum einer wird aber wissen, dass diese Hauchfahnen ganz bestimmte Gestalten annehmen, wenn wir sprechen. Die Forscherin Johanna Zinke (1901–1990) ist diesem Phänomen in einer Reihe von Untersuchungen nachgegangen.[231] Die Laute erhalten ja nicht nur ihre Schallstruktur, sondern auch ihren Klangcharakter durch unsere Sprechbewegungen. Diese bilden für jeden Laut einen spezifischen plastischen Hohlraum und eine bestimmte Art der Öffnung nach draußen. Und wie das Flussbett Einfluss hat auf das Strömen des Wassers, so hat es die Hohlform des Mundraumes für die beim Sprechen ausgeatmete Luft:[232] Sie bestimmt die Formen des Strömens mit seinen Stauungen und Schnellen, mit Wellen und Wirbeln. Und tritt die Luft beim Sprechen aus dem Mund, so zeigt sie die Strömungsgestalt, die sie durch bestimmte Sprechbewegungen bzw. einen bestimmten Hohlraum des Mundes bekommen hat. Man wird also an dieser Strömungsgestalt etwas von den Gestalttendenzen erfahren können, die bei der Bildung des Lautes wirksam sind.

Das vorliegende Material von Luftlautformen, durch Kältehauch oder Rauch sichtbar gemacht, zeigt, dass bei jedem Laut eine ganz bestimmte Strömungsform vor dem Mund gebildet wird. Die zum A gehörende Form ist unter allen Formen am wenigsten differenziert. Sie ist in ihrer Gestaltung offen, kommt der Kreisform am nächsten und bleibt nah am Mund. Der Laut I zeigt sich in einer der Walze ähnlichen, aber an den Rändern ausgefransten, schräg nach unten verlaufenden Form.

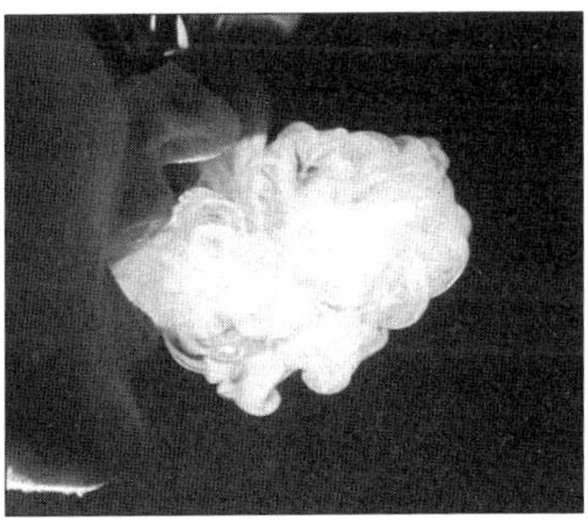

Luftlautform A

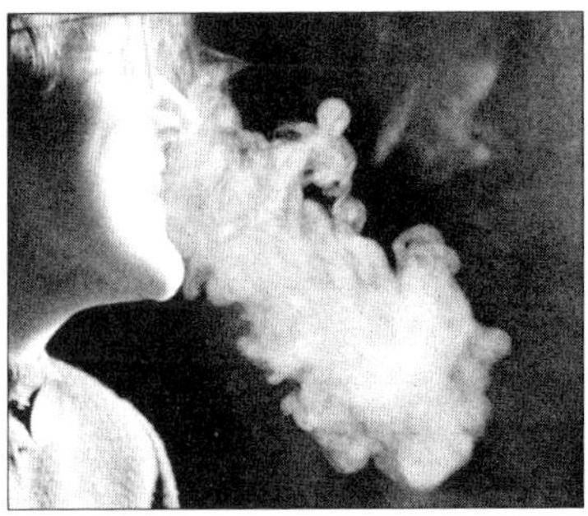

Luftlautform I

Auch beim Sprechen von Konsonanten erscheinen prägnante Gestalten vor dem Mund, so bei T und K. Das dentale T zeigt eine geballte Winkelform, nicht weit vor dem Mund schwebend. Das gutturale K bildet einen sich weitenden Strahl nach unten, dessen Rand von vielen Wirbeln flankiert ist.

Filme zeigen, wie diese Luftlautformen über Bruchteile von Sekunden schrittweise entstehen, sich in ihrer Form aufbauen, zu unterschiedlichen

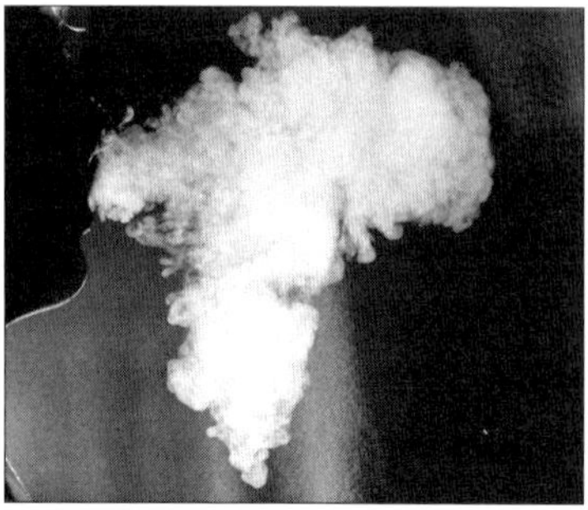

Luftlautform T

Luftlautform K

Zeiten ihren Höhepunkt erreicht haben und sich dann auflösen.[233] Der Vergleich von Bildern desselben Lautes, gesprochen von verschiedenen Sprechern oder auch mehrmals vom gleichen Sprecher, zeigt, dass diese Formen kein Zufallsprodukt, sondern reproduzierbar sind. Sie zeigt aber auch sofort die unterschiedliche Modulation durch die einzelnen Sprecher. Bei Lautverbindungen und einsilbigen Wörtern, andere sind nicht untersucht worden, können Gestaltkombinationen der beteiligten Laute in zeitlicher Anordnung und Durchdringung beobachtet werden.

Gegenwärtig können aus dem publizierten Material noch keine endgültigen Schlüsse gezogen werden.[234] Vergleichen wir aber das Bild des Schallspektrums des Wortes Akustik (s. Abb. Seite 251) mit den Luftlautformen der entsprechenden Laute, so wird deutlich: Hier werden verschiedene Ebenen von Sprache repräsentiert. Beim Schallspektrum wird Sprache auf ihrer akustischen Ebene untersucht, wo sie sich als Schwingung zeigt. Mit den Luftlautformen befinden wir uns in der Ebene, wo sich Sprache in differenzierten Gestalten zeigt, die ähnlich unterschiedlich und prägnant sind wie Klang und Ausdruck verschiedener Laute und Worte. Man kann daher vermuten, dass hier ein Forschungsansatz vorliegt, der bei seinem Vorgehen die qualitative Seite der Sprache, die in ihrer Gestaltnatur zum Ausdruck kommt, berücksichtigen kann.

Sprachwahrnehmung

Wie wird aber nun Gestalt, die im Falle der Sprache ja eine dynamische Gestalt ist, wahrgenommen und verarbeitet? Darüber kann bisher noch nichts Endgültiges ausgesagt werden. Sicher ist allerdings, dass die lange Zeit gültige Vorstellung, Sprache werde an bestimmten, begrenzten Stellen im Gehirn, nämlich im Sprachzentrum (Wernicke-Zentrum), verarbeitet, so nicht mehr haltbar ist. Heute weiß man: Die Verarbeitung von Sprache verteilt sich über weite Bereiche des Gehirns und ist zudem individuell angeordnet.[235] Allgemein gültige Hirnkarten der Sprachbereiche gibt es nicht. Sie müssen individuell erstellt werden, wenn z.B. eine Gehirnoperation ansteht.[236] Neuere Studien haben darüber hinaus ergeben, dass im sogenannten Broca-Areal nicht nur die Steuerung der Sprechbewegungen zum Hervorbringen bestimmter Laute lokalisiert ist, sondern auch das Hören und Entschlüsseln dieser Laute. Man hat nämlich auch in diesem Bereich sogenannte Spiegelneuronen nachgewiesen. Das bedeutet, Neuronen, die feuern, wenn wir ein Wort aussprechen, tun dies auch, wenn wir dasselbe Wort wahrnehmen.[237] Das deutet auf eine enge Verbindung zwischen Sprechbewegung und Sprachwahrnehmung hin.

Auch noch andere Forschungen belegen diesen Zusammenhang. Der Verhaltensforscher William S. Condon entdeckte, als er die unbewussten Körperbewegungen bei menschlichen Kommunikationsprozessen untersuchte, dass das Sprechen begleitet ist von Bewegungen der gesamten Körpermuskulatur. Er filmte Menschen im Gespräch, und zwar mit hoher Geschwindigkeit, sodass bis zu 48 Bilder pro Sekunde zur Verfügung standen. Anschließend analysierte er die Bilder einzeln und in ihrer Folge und fand eindeutige, beschreibbare Körperbewegungen bzw. Haltungsänderungen, die sich über den gesamten Körper, vom Kopf bis zu den Füßen, erstreckten. Der Vergleich mit der Tonspur der gesprochenen Worte zeigte einen exakten Zusammenhang zwischen Sprache und Körperbewegungen, sodass den einzelnen Lauten eines Wortes bestimmte Bewegungseinheiten zugeordnet werden konnten. Ein Beispiel aus Condons Beschreibungen möge das verdeutlichen. Zwei Männer sind im Gespräch und werden gefilmt. Der Laut K aus dem Wort »keeping«, das einer der Männer ausspricht, wird von einer Haltungsänderung begleitet, die über drei Filmbilder zu sehen ist und so lange dauert, wie der Laut K erklingt, nämlich 0,0625 Sekunden. Condon beschreibt diese Bewegungsspur so:

> »Wie … ersehen werden kann, dreht sich der Kopf mit normaler Geschwindigkeit nach rechts, und gleichzeitig bewegt er sich nach vorn und neigt sich leicht nach links, während der rechte Ellbogen sich sehr leicht anwinkelt, während sich das rechte Handgelenk leicht beugt, während die Finger der rechten Hand ein Ausstrecken fortsetzen, welches früher begonnen hatte, doch sie beenden es genau am Ende des Segments …«[238]

Dann schließt sich die Bewegungssequenz des nächsten Lautes an, dann die für den folgenden usw. Die Bewegungen, die zum Wort keeping gehören, wurden in 14 Bildern festgehalten, Dauer 0,29 Sekunden. Es handelt sich dabei um Mikrobewegungen, die zu gering und zu schnell sind, als dass sie mit bloßem Auge wahrnehmbar wären, feste Bewegungsmuster, die an die Sprachlaute gebunden sind und immer mit dem Sprechen zugleich ablaufen.

Wenn wir sprechen, tun wir das also nicht in einer unbewegten, starren Haltung, sondern indem wir das Sprechen unbewusst mit feinsten dynamischen Gebärden begleiten. Sprechen braucht Bewegung, und zwar nicht nur Bewegung der Sprachwerkzeuge, sondern des ganzen Körpers. Das ist für viele sicher ein überraschendes Ergebnis, weil wir davon nichts merken. Wer aber einmal beim Sprechen festgehalten oder sogar gefesselt wurde, weiß wie das das Sprechen erschwert. Viel überraschender ist aber, dass der Zuhörer, wie Condon feststellt, dieselben Mikrobewegungen vollführt, und zwar mit einer Verzögerung von nur 50 Millisekunden. Hören wir jemandem zu, dann machen wir unbewusst und fast gleichzeitig dieselben Mikrobewegungen wie der Sprechende. Auch das Hören der Sprache, so kann man daraus folgern, braucht die Bewegung. Wir müssen uns auch beim Hören zu den Lauten der Sprache bewegen, sie gewissermaßen tanzen, wie es Condon formuliert.

Neugeborene zeigen von Anfang an, also lange bevor sie sprechen können, die gleichen Bewegungsmuster beim Wahrnehmen von Sprache wie Erwachsene. Sie zeigen sie, das wurde geprüft, nur bei Sprache, und zwar bei jeder Sprache. Amerikanische Säuglinge zeigten sprachbegleitende Körperbewegungen auch, als sie chinesische Sprache hörten.[239] Bei den Säuglingsuntersuchungen wurden die Ergebnisse übrigens auch dann festgestellt, wenn die Sprache vom Tonband kam. Unter den Personen, die Condon zur Beobachtung der sprachbegleitenden Mikrobewegungen untersuchte, waren auch solche, die unter Autismus, Parkinson, Schizophrenie, Dyslexie oder Stottern litten. Bei ihnen wurden deutliche Verzögerungen der Bewegungsreaktion festgestellt, und zwar sowohl beim eigenen Sprechen wie beim Zuhören. Und diese Verzögerung entsprach der verzögerten Reaktion auf Geräusche.[240] Leider sind diese Untersuchungen nur vereinzelt aufgegriffen[241] und nicht systematisch fortgeführt worden. Denn es scheint sich hier ein aufschlussreiches Forschungsfeld der Sprachwahrnehmung aufzutun. Könnte es sein, dass diese die Sprachwahrnehmung begleitenden Mikrobewegungen eine ähnliche Funktion haben wie die unbewussten Blickbewegungen des Auges, die bedeutsame Punkte des Blickfeldes blitzschnell abtasten?

Man hört, was es ist – Der Bedeutungssinn

Auf der Aphasie-Station des Krankenhauses läuft der Fernseher. Die Patienten verfolgen die Rede des Präsidenten. Der alte Schauspieler ist ein Charmeur und ein guter Rhetoriker und weiß mit den Emotionen seiner Zuhörer zu spielen. Trotzdem: Er macht keine Witze. Aber die Zuhörer hier krümmen sich vor Lachen. Was ist los? Was haben sie verstanden? Die meisten Patienten leiden unter sensorischer Aphasie, können also den Sinn der Worte und Sätze nicht verstehen. Worüber haben sie dann gelacht? Über Mimik und Körpersprache des Präsidenten und vor allem über den Klang seiner Worte, die Betonungen und Modulationen. Sie haben von seiner Sprache also nur das Gestaltelement wahrgenommen, nur die emotionale Aussage, und die war eben gespielt und daher für sie komisch. Menschen, die unter einer solchen Aphasie leiden, haben oft sogar ein besonders stark ausgeprägtes Wahrnehmungsvermögen für die emotionale Aussage, und zwar nicht nur der hörbaren Sprache, sondern auch der Mimik und Körpersprache. Daher fällt im Alltag ihr Wahrnehmungsdefizit nicht so leicht auf, denn sie können die anderen Menschen auf dieser Ebene durchaus verstehen. Will man eine sichere Diagnose stellen, muss man das Sehen ausschalten und der Sprache, z.B. durch Syntheziser, jede emotionale Modulation nehmen. Dann werden sie an der Sprache nichts mehr verstehen.

Nun befand sich unter den Zuhörern auf der Station auch eine Frau, die unter tonaler Agnosie, also der gegenteiligen Störung litt. Sie konnte nur die begriffliche Bedeutung der Rede wahrnehmen, nicht aber den Tonfall und die durch ihn vermittelte emotionale Aussage. Da ihr Sehvermögen ebenfalls beeinträchtigt war, hatte sie große Schwierigkeiten, die Rede zu verstehen, und stellte nur fest, dass beim Redner wohl etwas nicht stimme, weil er die falschen Worte gebrauche. Ihr fehlte das, was diese »falschen« Worte eben sinnvoll werden ließ, die Sprachmelodie.[242]

An diesem Beispiel wird uns deutlich vorgeführt, wie zum Verstehen von gesprochener Sprache zwei Wahrnehmungsbereiche zusammenwirken müssen: die Wahrnehmung der Gestalt, mit der die emotionale Aussage vermittelt wird, und die Wahrnehmung des begrifflichen Inhalts. Es sind dies zwei unabhängige Wahrnehmungsbereiche, die jeder für sich gestört sein können. Den Gestaltbereich der Sprache haben wir im vorigen Kapitel untersucht. Jetzt steht die Frage im Zentrum: Wie erfahren wir den Inhalt, wenn jemand spricht?

Sprachbedeutung wahrnehmen

Spricht jemand ein Wort in unserer Sprache, so verstehen wir es unmittelbar. Dabei ist es gleichgültig, welcher Art das Wort ist, ob es ein Ding oder Wesen bezeichnet wie Stein, Stuhl, Mensch, eine Eigenschaft wie leicht, rund, freundlich oder eine Tätigkeit wie gehen, tragen, pflegen, ob bloße Verhältnisse ausgedrückt werden wie mit den Worten und, aber, zwar oder ob abstrakte Begriffe gemeint sind, z.B. Phantasie, Freiheit, Gesellschaft. Wir brauchen keine Erklärung. Wer könnte auch ein Wort wie zwar oder aber so ohne weiteres erklären? Wer es versucht, wird feststellen, wie schwer das ist. Zum Verstehen brauchen wir aber diese Erklärung nicht. Wie kommt das? Weil wir die Bedeutung der Worte eben wahrnehmen. Untersuchen wir genauer, wie das geschieht.

Es gibt Worte, die unterschiedliche Bedeutungen haben können. Mit Ball kann einmal der Ball, den man werfen und fangen kann, und einmal der Ball als Tanzveranstaltung gemeint sein, mit Birne die Frucht oder die Glühbirne, mit Hut einmal die Kopfbedeckung, einmal die Situation des Behütens oder die der Vorsicht. Es gibt eine ganze Reihe solcher Worte mit zwei oder mehr Bedeutungen, z.B. Bank, Rost, Star, Stab, Stift, Sporen, Stollen, Raute, Takt. Woher wissen wir dann, welche Bedeutungen im speziellen Fall gemeint ist? Wir erkennen es aus dem Zusammenhang, z.B. wenn wir die folgenden Sätze hören: *Jeden Abend gingen sie zum Tanzen auf den Ball. Nach dem Abendessen holten sie sich immer einen Ball. Die reifen Birnen leuchteten gelb am Baum. Die Birne blendete, weil der Lampenschirm zerbrochen war.* Ball oder Birne erhalten hier ihre Bedeutung durch den Zusammenhang des Satzes, in dem sie vorkommen. Es gibt ein Ratespiel, Teekessel genannt, bei dem gerade das geübt wird, nämlich ein Wort aus dem Zusammenhang zu erkennen. Dieses Spiel wurde früher viel auf Kindergeburtstagen gespielt; man sollte es wieder tun. Da dürfen zwei aus der Runde den anderen die beiden Bedeutungen eines Wortes umschreiben, ohne das Wort selbst zu nennen, und die Mitspieler müssen raten, um welches Wort es sich handelt. h

Ähnlich ist es, wenn wir anderen ein Rätsel stellen. Auch da wird die Bedeutung eines Wortes als Umgebung geschildert und damit das gesuchte Wort als Leerstelle frei gelassen. Hören wir z.B. das Rätsel:

Ein Tal voll und ein Land voll, und am End ist's keine Hand voll so suchen wir das richtige Wort aus dem Bedeutungszusammenhang, den das Rätsel aufstellt. Das schult, Bedeutung in einem gegebenen Zusammenhang wahrzunehmen. Nun, und was ist die Lösung? Nebel.

Nun gilt dieser Zusammenhang nicht nur für Worte mit mehreren Bedeutungen oder für Rätsel. Er gilt immer, für jedes Wort. Schauen wir uns einmal folgende Satzvarianten nacheinander an oder besser noch, lesen wir sie jemandem laut vor:

> Ich pflege Menschen.
> Ich pflege Menschen nicht.
> Ich pflege Menschen nicht immer.
> Ich pflege Menschen nicht immer freundlich.
> Ich pflege Menschen nicht immer freundlich zu grüßen.

Wir können bemerken, wie sich mit jedem neuen Wort nicht nur die gesamte Aussage verändert, sondern auch die Bedeutung des einen oder anderen Wortes. In unserem Beispiel ändert sich beispielsweise der Sinn von *ich pflege*, wenn *grüßen* hinzukommt. Daran wird deutlich: Die Bedeutung einer sprachlichen Aussage nehmen wir aus dem Zusammenhang wahr. Das ist anders auf der Gestaltebene von Sprache, also bei der Wahrnehmung von Lautgestalt, Rhythmus und Sprachmelodie. Hier ist jede Einzelheit entscheidend und bestimmt den emotionalen Ausdruck an jeder einzelnen Stelle. Bei der Wahrnehmung von Bedeutung ist das Gegenteil der Fall. Das Einzelne erhält erst aus dem Zusammenhang seine Bedeutung, wobei es durchaus Schlüsselworte für das Verstehen geben kann. Damit hängt auch zusammen, dass wir, wenn wir die Rede eines anderen Menschen hören, aus dem Sinnzusammenhang ein fehlendes oder unvollständiges Wort ergänzen oder ein falsches korrigieren können, und zwar ohne besondere Mühe. Und wenn ein neues, uns bis dahin unbekanntes Wort auftaucht, können wir es in der Regel verstehen, weil sich sein Sinn aus dem Zusammenhang ergibt.

Genau so lernen wir als Kind unsere Muttersprache. Niemand hat uns die tausend und abertausend Worte unseres Wortschatzes durch Erklären beigebracht. Früher sah man das anders. Augustinus (354–430) glaubte noch, wir würden die Bedeutung der Worte dadurch lernen, dass beim Aussprechen auf das entsprechende Ding gezeigt würde. Viele sind ihm über die Jahrhunderte in dieser Meinung gefolgt. Auch heute noch glauben das manche. Es ist aber nicht so, selbst wenn es in einzelnen Fällen manchmal so abläuft. Auch die Regeln der Grammatik und des Satzbaus werden uns nicht erklärt, und doch beherrschen wir sie bereits mit drei oder vier Jahren, woraus ja der Sprachforscher Noam Chomsky den Schluss zog, dass es eine allen Sprachen zugrundeliegende Universalgrammatik gibt. Wir lernen die Sprache allein dadurch, dass wir sie hören und – was noch wichtiger ist – dass mit uns gesprochen wird, also ein sprachlicher Austausch stattfindet. Und das heißt, wir lernen Sprache dadurch, dass wir die Bedeutung der Worte und die Regeln von Grammatik und Syntax wahrnehmen und das Wahrgenommene im Sprechen selbst ausprobieren. Wenn wir keine Sprache wahrnehmen, können wir auch keine Sprache lernen. Das zeigen die schon erwähnten Fälle von Wolfskindern und stark vernachlässigten Kindern, die sprachlos blieben, weil sie keine sprechenden Vorbilder hatten. Wachsen wir in einer Sprachumgebung auf, dann erwerben wir die Sprache, die wir hören, wie von selbst. Daher ist zutreffend, was der Linguist Derek Bickerton in einem Interview sagt: »Wir lernen die Sprache nicht, sondern wir lassen sie in uns wachsen.«[243]

Wenn wir in der Kindheit in einer sprechenden Umgebung aufwachsen, wächst mit der Sprache noch mehr. Wir nehmen mit der Sprache ja auch Grammatik und Syntax, also eine hochintelligente Struktur wahr und eignen sie uns an. Dabei lernen wir aber nicht nur unsere Muttersprache, sondern entwickeln in uns Intelligenz und Logik, also geistige Fähigkeiten, die durch das Wahrnehmen und Benutzen von Bedeutungen und intelligenten Strukturen angeregt werden. Es gibt verschiedene Untersuchungen, die diesen Zusammenhang zwischen Sprachentwicklung und kognitiver Entwicklung aufzeigen.[244] Sprache weckt und fördert die geistigen Fähigkeiten und gibt uns ein Instrument, mit dem wir unsere Gedanken ordnen können. Wir haben sicher alle schon die Erfahrung gemacht, wie uns die Sprache helfen kann, komplizierte Zusammenhänge zu klären. Da glauben wir vielleicht, eine Sache schon längst verstanden zu haben. Versuchen wir sie dann einem anderen zu erklären, so werden wir feststellen, dass erst das Bemühen, die Zusammenhänge in Worte zu fassen, zum wirklichen Verständnis führt. Das sprachliche Formulieren eines Gedankens bringt erst die volle Klarheit. Der Schriftsteller Heinrich von Kleist (1777–1811) hat das in seinem Aufsatz »Über die allmähliche Verfertigung der Gedanken beim Reden« (1805) dargestellt.[245] Auch wer ein Tagebuch führt oder ein Buch schreibt, kennt diese Erfahrung.

Versuchen wir einen Gedanken zu formulieren, so können wir dabei noch etwas anderes wahrnehmen, nämlich welchen Einfluss einzelne Worte auf die Bedeutung des Satzes haben können. Wenn wir z.B. ausdrücken wollen, dass jemand mit seinen Bemühungen nicht zum Ziel gekommen ist, dann suchen wir nach dem richtigen Wort, um dieses Faktum zu bezeichnen. Waren die Bemühungen umsonst oder vergeblich, erfolglos oder gar sinnlos? Und wir merken sofort: Von diesem Wort hängt ganz wesentlich der Sinn der Aussage ab. Jedes Mal wird aus den Bemühungen etwas anderes, denn ob das Bemühen vergeblich war oder umsonst, das macht einen Unterschied. Und so überprüfen wir, wenn wir formulieren, das einzelne Wort an der Aussage, die wir machen wollen.

Bedeutungsqualität in der Lyrik

Dass die einzelnen Worte durch ihre Bedeutungsqualität auch verantwortlich sind für die Bilder, die in uns entstehen, zeigt sich ganz besonders in der Dichtung. Manchmal kann man die Arbeit eines Dichters beobachten und das Entstehen eines Gedichtes verfolgen, so z.B. bei Conrad Ferdinand Meyer (1825–1898) und seinem Gedicht »Der römische Brunnen«, das in mehreren Fassungen vorliegt. Vergleichen wir die Endfassung dieses Gedichtes mit zwei vorangegangenen Fassungen.[246]

Frühe Fassung:
In einem römischen Garten
Verborgen ist ein Bronne,
Behütet von dem harten
Geleucht der Mittagssonne,
Er steigt in schlankem Strahle
In dunkle Laubesnacht
Und sinkt in eine Schale
Und übergießt sie sacht.

Die Wasser steigen nieder
In zweiter Schale Mitte,
Und voll ist diese wieder,
Sie flutet in die dritte:
Ein Nehmen und ein Geben,
Und alle bleiben reich,
Und alle Fluten leben
Und ruhen doch zugleich.

Späte Fassung:
Der Springquell plätschert und ergießt
Sich in der Marmorschale Grund,
Die, sich verschleiernd, überfließt
In einer zweiten Schale Rund;
Und diese gibt, sie wird zu reich,
Der dritten wallend ihre Flut,
Und jede nimmt und gibt zugleich,
Und alles strömt und alles ruht.

Endfassung:
Auf steigt der Strahl, und fallend gießt
Er voll der Marmorschale Rund,
Die, sich verschleiernd, überfließt
In einer zweiten Schale Grund;
Die zweite gibt, sie wird zu reich,
Der dritten wallend ihre Flut,
Und jede nimmt und gibt zugleich
Und strömt und ruht.

Haben wir in der frühen Fassung zunächst eine Schilderung der Umgebung, der Tageszeit und der Beleuchtungssituation und dann erst des Vorgangs, wie das Wasser aus dem aufsteigenden Strahl in das oberste Becken und von diesem in das zweite und dritte fließt, so ist in der späten Fassung alles auf den Vorgang selbst konzentriert. Nur dieser erscheint in den Worten. Dabei sind einzelne Vorgänge verdichtet. Aus *Er steigt in schlankem Strahle ... Und sinkt in eine Schale* wird: *Der Springquell plätschert und ergießt sich in der Marmorschale Grund.* Wenn wir das lesen oder hören, entsteht ein ganz bestimmtes Bild: Inmitten einer tiefen Marmorschale steigt das Wasser in einer Fontäne auf und füllt die Schale. Nur das Wort *plätschert* passt nicht, es stimmt mit der Bildlogik nicht überein und macht den Vorgang an dieser Stelle viel zu klein für das anschließende *ergießen*. In der Endfassung hat der Dichter es dann korrigiert und die Worte ganz auf den Vorgang konzentriert. Jetzt heißt es: *Auf steigt der Strahl, und fallend gießt er voll der Marmorschale Rund.* Und in der Schale *Rund* ist bereits enthalten, dass sie bis zum Rand gefüllt wird. Das Bild, das so entsteht, übertrifft die Bilder der ersten und zweiten Fassung an Klarheit bei weitem. Auch andere Stellen zeigen solche Präzisierungsschritte. Aus *Und übergießt sie sacht. Die Wasser steigen nieder in zweiter Schale Mitte* wird: *Die, sich verschleiernd, überfließt in einer zweiten Schale Grund.* Und sofort entsteht ein Bild, wie das Wasser ringsum über den Rand der Schale fließt und im allseitigen Herunterfließen einen Vorhang, einen Schleier eben, bildet. Aber nicht nur die äußere Anschaulichkeit wird verstärkt. Das einzelne Wort und das dadurch hervorgerufene Bild werden vor dem Hintergrund der gesamten Aussage, die der Dichter machen möchte, überprüft. In der frühen Fassung heißt es von der zweiten Schale unbestimmt: sie wird *voll* und *flutet in die dritte.* In der späten und der endgültigen Fassung gibt die zweite Schale, weil sie *zu reich* ist. Das ist nicht nur ein anderes Bild, sondern eine ganz andere innere Geste, die zusammenklingt mit der Gesamtaussage vom Geben und Nehmen, vom Strömen und Ruhen. In den Bildern, die durch Worte geschaffen werden, gibt es, ähnlich wie bei sichtbaren Bildern, eine innere Logik, die wir wahrnehmen können. Wenn wir jetzt die letzte Fassung des Gedichtes noch einmal lesen, werden wir erleben, wie schlüssig die sprachlichen Bilder sind und auch, wie die poetische Sprache jeden Erläuterungsversuch an Reichtum und Prägnanz weit übertrifft.

Diese in der Sprache enthaltenen Bilder gehören zur Wahrnehmungsebene der Bedeutung. Sie spielen in der modernen Lyrik eine noch größere Rolle. Nehmen wir als Beispiel ein Gedicht von Hilde Domin (1909–2006).[247]

Wer es könnte
die Welt
hochwerfen
dass der Wind
hindurchfährt.

Wie wäre es, wenn es in der letzten Zeile hieße *hindurchstolpert* oder *hindurchrutscht*? Das Bild würde nicht stimmen, denn der Wind stolpert nicht und rutscht auch nicht. Er kann aber wohl hindurchfahren. Er könnte auch hindurchpfeifen. Dann wäre ein ganz anderer Zusammenhang angesprochen. Hier soll der Wind aber hindurchfahren. Was ist das für ein Bild? Wo kommt das vor? Wo wird etwas hochgeworfen, damit der Wind hindurchfahren kann? Hier wird ein reales Bild verwendet, das heute nicht mehr so geläufig ist, seitdem die Maschinen das Dreschen übernommen haben. Das Getreide wurde nach dem Dreschen am Rand des Ackers oder auf der Tenne mit einer Schaufel hochgeworfen, damit der Wind die Spreu mitnehmen konnte und das wertvolle, schwere Korn wieder zu Boden fiel. Und wenn nun die Welt hochgeworfen wird, dann soll der Wind wohl auch hier Spreu und Korn trennen. Hier wird durch die Wahl der Worte ein bekanntes Bild erzeugt und in einen neuen Zusammenhang versetzt, ähnlich wie im Sehen bei Pistole und Knoten, wodurch eine neue Aussage entsteht. Und dabei nehmen wir neben der Aussage auch wahr, ob die sprachlichen Bilder im Sinne der Bildlogik stimmig sind.[248]

Fassen wir zusammen. Wir nehmen an der gesprochenen Sprache, auch wenn sie durch Schrift vermittelt wird, Bedeutung wahr, und zwar unmittelbar und ohne Erklärung. Wir verstehen die einzelnen Worte sowie den Sinn einer sprachlichen Aussage aus dem Zusammenhang. In diesem sprachlichen Ganzen herrscht Logik, grammatische und syntaktische Logik, aber auch eine Logik der Bedeutungen und Bilder. Wer der Wahrnehmung von Sprache und deren Logik ausgesetzt ist, der lernt nicht nur zu sprechen und die Sprache sinnvoll zu nutzen, sondern entwickelt daran seine eigene Intelligenz und Logik, und die ist wiederum der Schlüssel zum Aufbau einer eigenen Innenwelt und damit zu jeder seelischen Entwicklung. Wieder können uns die Fälle der Wolfskinder und der extrem vernachlässigten Kinder zeigen, wie das Fehlen sprachlicher Wahrnehmung zu einem Stillstand überhaupt jeder seelischen Entwicklung führt. Es ist also nicht gleichgültig, ob unsere Kinder Sprache wahrnehmen und wie viel. Es dürfte auch deutlich geworden sein, dass es genauso entscheidend ist, welche Qualität, bezogen auf die innere Logik, diese Sprache besitzt. Und an dieser Stelle hat schließlich das Vorlesen, später das selbstständige Lesen guter Literatur und guter Poesie seine erzieherische und Entwicklung fördernde Bedeutung, weil Kinder dabei ihr eigenes Inneres an der wahrgenommenen Bedeutung, der inneren Logik der Sprache und ihrer Bilder entwickeln.

Bedeutung in der Musik

Und wie ist es bei der Musik? Gibt es da auch eine Schicht der Bedeutung, eine Aussage, die wir wahrnehmen können? Nun, wir können hier schlecht komplexe musikalische Erfahrungen über ein Buch vermitteln. Aber erinnern wir uns einfach an einige Erfahrungen. Hören wir klassische Musik, so hören wir Stücke mit verschiedenen Sätzen, die vielleicht die Bezeichnung Allegretto, Adagio oder Scherzo tragen. Häufig werden diese Satzbezeichnungen nur für die Bezeichnung eines bestimmten Tempos gehalten, in dem man das Stück spielen soll. Dann versteht man sie aber falsch. Denn die Namen Allegro oder Scherzo bezeichnen nicht ein bloßes Tempo, sondern sie bezeichnen den unterschiedlichen Charaktertyp, den die Sätze besitzen und zu dem selbstverständlich auch ein bestimmtes Tempo gehört. Achten wir beim

Hören nicht nur auf das Tempo und die einzelnen Töne, Melodien und Rhythmen oder auf einzelne Instrumente, sondern lassen das Ganze auf uns wirken, dann nehmen wir nämlich einen ganz bestimmten Charakter, eine bestimmte Aussage an jedem dieser Sätze wahr. Da hat das Scherzo etwas Keckes, vielleicht sogar Rebellisches, das Allegretto dagegen mehr einen graziösen, vermittelnden Charakter, womit die jeweilige Aussage nur angedeutet ist, denn in den meisten Fällen ist die Aussage eines Musikstücks viel zu komplex, als dass wir sie in wenige Worte fassen könnten. Dennoch nehmen wir die Aussage wahr und bauen daraufhin zu dem einen oder anderen Musikstück eine besondere Beziehung auf. Auch innere Bilder werden von Musik erzeugt, ähnlich wie von der gesprochenen Sprache, nur sind die durch Musik erzeugten Bilder in der Regel ungegenständlich und unbegrifflich, und zwar auch dann, wenn sie, wie bei Vivaldis »Jahreszeiten« oder Smetanas »Moldau« Naturstimmungen oder Naturvorgänge in musikalischer Sprache nachbilden. Auch in kleineren Einheiten lässt sich das Bedeutungselement leicht finden, nämlich in den Motiven oder Themen, die ein Stück, einen Satz oder ein Lied in ihrem Grundcharakter bestimmen. Musik umfasst also, wie die gesprochene Sprache, nicht nur die emotionale Ebene, die uns so selbstverständlich ist, sondern auch die Bedeutungsebene. Und so kann man die Musik auch verstehen als eine Art unbegriffliche Sprache, die alle Merkmale einer Sprache besitzt, nämlich einen emotionalen Ausdruck, eine Aussage und ein Beziehungsgeflecht mit eigenen Gesetzen und Kompositionsstrukturen. Und selbstverständlich gilt das nicht nur für unsere Beispiele, sondern für jeden Musikstil und für jedes Genre. Ebenso selbstverständlich ist, dass wir auch in diesem Bereich nur durch entsprechende Übung zu differenzierten Wahrnehmungen kommen können.

Welche Wirkung hat es dann, wenn wir der Musik ausgesetzt sind? Ist das vergleichbar mit der Wirkung, die Sprache auf den Menschen hat? Macht Musik den Menschen intelligenter? Der Geiger Isaac Stern (1920–2001) äußerte sich in einem Interview im Jahre 1998 zu dieser Frage folgendermaßen:

> »Ich habe es immer geglaubt, inzwischen ist es bewiesen: Kinder, die zwischen ihrem fünften und 14. Lebensjahr eine musikalische Ausbildung erhalten, haben anderen gegenüber einen Vorsprung: in logischem Denken, in Mathematik, in Erinnerungsvermögen und in ihren Manieren. Das Grundprinzip der Musik ist Ordnung, und Ordnung braucht man überall im Leben. Musik zivilisiert; Musik macht wachsam; Musik weckt die Phantasie. Sie tröstet dich, wenn du traurig bist; bringt dich zum Lachen, wenn du dir Sorgen machst; macht deinen Kopf klar, wenn alles drunter und drüber geht. Wer Musik macht, lernt, nicht zu hassen. Wer Musik macht, lernt zu sehen, zuzuhören und zu denken.«[249]

Die Aussage ist klar: Die Musik ist eines der wichtigsten Erziehungsmittel des Menschen. Sie macht uns fähiger und erzieht uns zur Menschlichkeit. Jeder Musiker und jeder, der mit Musik lebt oder mit anderen, vor allem mit Kindern, musiziert, wird das durch eigene Erfahrungen bestätigen oder ergänzen können. Aber was genau ist es, was durch Musik gefördert wird?

Wirkung von Musik

Nun gab es in den letzten Jahren verschiedene empirische Untersuchungen zu dieser Frage.[250] Eines der Ergebnisse ist besonders populär geworden, nämlich der Mozart-Effekt, so genannt, weil eben bei Musik von Mozart die positiven Ergebnisse am deutlichsten waren, was den Gouverneur des amerikanischen Bundesstaates Georgia 1998 zu dem Vorschlag veranlasste, allen Neugeborenen eine CD mit klassischer Musik in die Wiege zu legen, als Investition in die Intelligenz der Kinder.[251] Nun geht eine solche Reaktion von einem Missverständnis aus. Der positive Effekt von Mozart-Musik zeigte sich bei Studenten, die komplizierte zeitlich-räumliche Denkaufgaben vorgelegt bekamen. Und zwar waren diejenigen, die vorher 20 Minuten lang die Klaviersonate in D-Dur für zwei Klaviere von Wolfgang Amadeus Mozart gehört hatten, beim Lösen dieser Aufgaben deutlich den anderen überlegen, die entweder eine »mixed music« gehört oder die Zeit in einem stillen Raum zugebracht hatten. Diese Wirkung konnte auch bei wiederholten Tests immer wieder festgestellt werden. Aber es handelt sich um eine momentane Wirkung, die nur etwa 20 bis 30 Minuten anhält. Das Anhören klassischer Musik bewirkt also im Gehirn eine Veränderung, die zu einer Steigerung bestimmter intelligenter Fähigkeiten, wie auch zu einer Veränderung der Stimmung, des Lebensgefühls, führt, weil, wie der Pianist und Komponist Robert Jourdain sagt, »Musik unser Gehirn für den Moment über das normale Maß hinaushebt«,[252] aber eben nur für eine kurze Zeit. Eine Klassik-CD reicht zur Steigerung des IQ nicht aus.

Ein anderes Ergebnis ist daher viel gravierender. Die überwiegende Zahl der Untersuchungen zeigt nämlich: Dauerhafte Wirkungen treten nur dann auf, wenn Menschen selbst musizieren, also nicht nur Musik hören, sondern das Gehörte selbst und vor allem im Zusammenspiel mit anderen hervorbringen. Das ist eigentlich nicht überraschend. Wie wir Sprache und die damit verbundenen Kompetenzen nur erlernen, wenn wir mit anderen sprechen, so können musikalische und durch Musik bewirkte Kompetenzen auch nur durch aktives Musizieren und Ensemblespiel entstehen, nicht durch bloßes Zuhören. Das zeigt im Übrigen auch die Musiktherapie, die ihre wesentlichen und dauerhaften Erfolge besonders dann aufweist, wenn die Patienten selbst aktiv an der musikalischen Interaktion beteiligt sind. Freilich zeigt gerade auch die Musiktherapie, welche tiefe Wirkung bereits das Hören von Musik hat. Denn Musik findet sogar den Zugang zu Menschen, die sich im Koma befinden und auf anderem Wege nicht mehr ansprechbar sind.[253]

Die Ergebnisse der verschiedenen empirischen Untersuchungen zur Wirksamkeit von Musik und Musizieren lassen sich folgendermaßen zusammenfassen: Musik aktiviert beide Gehirnhälften, beansprucht praktisch das ganze Gehirn[254] und ist der stärkste Reiz für neuronale Umstrukturierung, den wir kennen.[255] Musizieren fördert, neben der musikalischen Intelligenz,[256] das räumliche und mathematische Vorstellungsvermögen und steigert Aufmerksamkeit, Motivation und Ausdauer.[257] Außerdem – und das ist heute sicher besonders wichtig – stärkt es die soziale Kompetenz, fördert Empathie und Konfliktfähigkeit.[258] Musik kann das alles bewirken, weil sie Bedeutung und Sinn, Strukturen und Gesetzmäßigkeiten in besonderer Reinheit enthält, und – es sei noch einmal gesagt – weil wir diese durch Wahrnehmung aufnehmen und durch eigenes Musizieren selbst hervorbringen können.

Stimmen täuschen nicht – Der Stilsinn

Jacques Lusseyran (1924-1971) verliert mit sieben Jahren bei einem Unfall in der Schule beide Augen. Damit verschließt sich für ihn die sichtbare Welt. Umso mehr öffnet sich aber die Welt, die dem Hören zugänglich ist. Er lernt bald, sich in dieser Welt zurechtzufinden, und entwickelt eine außerordentliche Fähigkeit, seine Umgebung durch den Klang kennenzulernen. So kann er ein Zimmer und die Möbel und Gegenstände darin beschreiben, wenn er es betritt, ja sogar die Landschaft, in der er spazieren geht. Wir haben davon bereits gehört. Und bald entdeckt er auch die Welt der Stimmen und beginnt in ihnen, wie die Sehenden in den Gesichtern der anderen Menschen, zu lesen.

> »Wenn sich die Leute an mich, den kleinen Blinden, wandten, waren sie nicht auf der Hut. Sie waren überzeugt, dass ich die Worte vernähme, die sie sagten, dass ich ihren Sinn verstehe. Sie ahnten nie, dass ich in ihrer Stimme wie in einem Buch lesen konnte.«[259]

So hört er eines Morgens, wie die Stimme des Mathematiklehrers etwas anderes zeigt als sonst.

> »Er sprach an diesem Tag klar wie gewöhnlich, vielleicht etwas fesselnder als sonst, etwas zu fesselnd. Anstatt gegen Ende der Sätze in die Ausgangslage zurückzufallen, wie sie es hätte tun müssen, das heißt, sich um zwei oder drei Töne zu senken, blieb seine Stimme, nach oben gewendet, in der Luft hängen. Es war, als wolle der Lehrer an diesem Tag etwas verbergen, eine gute Figur machen vor wer weiß was für einem Auditorium, beweisen, dass er sich nicht gehen lasse,

> dass er durchhalten werde, durchhalten müsse! Und ich, der ich an die Kadenz seiner Stimme gewöhnt war, die so regelmäßig war wie das Schlagen eines Metronoms, spitzte die Ohren, und der Lehrer tat mir leid. Ich hätte ihm gern geholfen, doch das schien mir albern, hatte ich doch keinerlei Grund anzunehmen, er sei unglücklich.«[260]

Tage später erfährt er dann, dass der Lehrer tatsächlich einen Grund hatte, unglücklich zu sein. Es interessiert ihn nun immer mehr, was die Stimmen sagen. Er achtet darauf, übt sich darin, es zu erfassen. So erlebt er, wie ein Mitschüler vom Geschichtslehrer die beste Note bekommt, und ist verdutzt, weil die Stimme des Mitschülers ihm verraten hat, dass dieser rein gar nichts begriffen hat. Er nimmt an der Stimme also wahr, was die Persönlichkeit des Sprechers im Innern bewegt, und zwar auch dann, wenn der Sprecher versucht, es zu verbergen. Er nimmt dann eben das Verbergen wahr und versteht dadurch, wie die Persönlichkeit zur eigenen Äußerung steht.

> »Es gab also eine moralische Musik. Unsere Gelüste, unsere Launen, unsere heimlichen Laster und selbst unsere sorgsamst gehüteten Gedanken übertrugen sich auf den Klang unserer Stimme, wurden offenbar in ihrer Modulation, in ihrem Rhythmus. Lagen drei oder vier Töne zu nah beisammen, dann hieß das Zorn, selbst wenn man dem Sprechenden nichts davon ansah. Auch die Heuchler konnte man auf der Stelle ertappen. Ihre Stimme war gedehnt und wies leichte, aber abrupte Abstände zwischen Tönen auf, als ob sie schon beschlossen hätten, ihrer Stimme niemals freie Bahn zu lassen.«[261]

Mit siebzehn gründet er, unter dem Eindruck der Nazi-Herrschaft in Paris, von seinen Freunden unterstützt, die Widerstandgruppe »Volontaires de la Liberté«. Im Zentralkomitee bekommt er die Verantwortung für die Aufnahme neuer Mitglieder, weil – wie die anderen sagen – er das Gefühl für Personen habe. Jeder Neue muss, bevor er endgültig aufgenommen wird, den Blinden in seiner Wohnung besuchen und ihm Rede und Antwort stehen. Hunderte kommen zu ihm. Und Lusseyran lauscht dann auf den unnachahmlichen Klang des Vertrauens. Und wenn der nicht zu finden ist? Zweimal fehlt dieser Klang. Im ersten Fall ist es sofort klar, dass dem Menschen nicht zu trauen ist, und man trennt sich von ihm. Im zweiten Fall kann Lusseyran nicht sofort zu einem eindeutigen Urteil kommen und zögert deshalb mit der Ablehnung.

> »Dieser Mensch brachte meinen Mechanismus in Verwirrung. Meine innere Nadel schlug nach allen Richtungen aus und kam weder auf ›ja‹ noch auf ›nein‹ zur Ruhe. Elio sprach tief, zu tief. Mit seiner Stimme war es wie mit seiner Hand: Ihr fehlte die Klarheit, sie machte keinen ehrlichen Eindruck.«[262]

Da man diese Person aber dringend braucht, beschließt man, es mit ihr zu versuchen. Dieser Versuch endet kurze Zeit später mit dem Verrat. Lusseyran hatte also mit Recht gezögert.

Was erfahren wir an diesen Schilderungen? Der Blinde Jacques Lusseyran erkennt nicht nur den anderen Menschen an seiner Stimme. Er kann auch die ganz persönliche Melodie und den persönlichen Rhythmus wahrnehmen. Und tritt in dieser Melodie, in diesem Rhythmus eine Abweichung ein, dann sagt ihm diese Abweichung etwas, offenbart die geheimen Absichten, die verborgenen Gefühle und Gedanken des Sprechenden. Nun muss man nicht blind sein, um diese Wahrnehmungen haben zu können Auch wir erkennen einen Menschen an seiner Stimme, daran, wie er spricht. Stellen wir uns vor, es betritt jemand hinter unserem Rücken das Zimmer und spricht, dann wissen wir doch, wer es ist, und müssen uns nicht erst umwenden, um ihn zu sehen. Auch am Telefon erkennen wir die anderen Menschen an der Stimme. Wir nehmen Melodie, Rhythmus und Klangfarbe einer Stimme wahr und können sie deshalb identifizieren, auch wenn wir die besonderen Merkmale im Einzelnen nicht ohne weiteres beschreiben können. Wir können auch dann eine Stimme erkennen, wenn der Betreffende im Zorn oder in Erregung spricht, seine Stimme also eine momentane emotionale Färbung hat. Selbst beim Schauspieler, der in seiner Rolle ja eine andere Person darstellt, bleibt die persönliche Prägung, die jeder Mensch seiner Stimme unwillkürlich gibt, wahrnehmbar. Man hört immer, wer da spricht. Über diese Fähigkeit, das Individuelle einer Stimme wahrzunehmen, verfügen wir bereits mit der Geburt. So haben verschiedene Untersuchungen ergeben, dass Neugeborene die Stimme ihrer Mutter unter anderen Stimmen erkennen und bevorzugen.[263]

Hören wir auch, ob jemand die Wahrheit sagt? Ja! Jeder wird das Erlebnis kennen: Wir hören jemand zu und haben das Gefühl, dass etwas nicht stimmt, dass wir dem anderen nicht vertrauen können. Dann nehmen wir an der Stimme des Sprechers solche Ungleichheiten, Verschiebungen und Spannungen wahr, wie sie Lusseyran beschreibt, und die sind dann die Grundlage des Misstrauens. Dass uns diese an der Stimme eines Menschen gewonnenen Wahrnehmungen nicht im Einzelnen bewusst sind und wir sie deshalb auch nicht benennen können, ist nur eine Frage der Übung und der Aufmerksamkeit. Man kann es lernen.

Kann uns die Stimme auch etwas vom Charakter eines Menschen offenbaren? Oh, da kann man sich täuschen, werden viele sagen. Der Blinde John M. Hull sieht das anders. Für ihn gibt die Stimme die tiefsten Einblicke in die Persönlichkeit des anderen Menschen.

> »Das Entscheidende bei jeder neuen Bekanntschaft ist der Klang der Stimme. Ich lerne immer mehr über die erstaunliche Fähigkeit der menschlichen Stimme, die Persönlichkeit zu zeigen. Bei den Menschen, die ich gut kenne, fällt mir auf, dass alle Gefühlsregungen, die sich normalerweise im Gesicht ausdrücken, auch von der Stimme mitgeteilt werden: Müdigkeit, Furcht, unterdrückte Erregung und so weiter. Meine aus der Stimme gewonnenen Eindrücke scheinen ebenso genau zu sein wie die sehender Menschen … Als Blinder sind mir unbewusste Nuancen der Stimme zugänglich, und ich höre oft Dinge, von deren Existenz der Sprecher vielleicht gar nichts weiß … Die Fähigkeit der Stimme, das innere Ich zu offenbaren, ist wirklich erstaunlich. Ist die Stimme intelligent? Ist sie farbig? Hat sie Licht und Schatten? Ist sie melodisch, humorvoll, anmutig, genau? Ist sie sanft, amüsant und abwechslungsreich? Oder umgekehrt, ist die Stimme träge? Ist sie liederlich und nachlässig? Ist sie undeutlich, düster und eintönig? Ist der Wortschatz arm, und werden die Worte ungenau und ohne Sprachgefühl benutzt? Das sind die Dinge, die für mich jetzt wichtig sind.«[264]

Solche Erfahrungen werden viele von uns kennen, wenn auch nicht immer so bewusst. Nehmen wir doch, wenn wir einem anderen Menschen zuhören, nicht nur Laute, Worte und deren Bedeutung wahr, sondern an der Art seines Sprechens zugleich etwas von seiner Persönlichkeit. Selbstverständlich erfassen wir die Persönlichkeit eines anderen Menschen damit nicht ganz, wohl aber den Ausschnitt, der durch den Stil des Sprechens vermittelt wird.

Stilwahrnehmung beim Lesen

Auch beim Lesen können wir etwas von der Persönlichkeit eines anderen Menschen erfahren. Vergleichen wir einmal, um das zu beobachten, zwei Texte, geschrieben von zwei Schriftstellern des 19. Jahrhunderts, und achten beim Lesen oder Anhören nicht nur auf den Inhalt, sondern auch auf den Stil und was dieser uns über die Persönlichkeit der beiden Schreiber sagt.

> Beispiel 1:
> »Als die Sonne aufging, schlenderte ich gemächlich über ein hügeliges goldgelbes Gefilde, dessen Unebenheiten lange himmelblaue Schatten über den goldenen Boden hinstreckten. Der Himmel war so dunkelblau wie Lydias Augen, woran ich unversehens dadurch erinnert wurde; in weiter Ferne zogen sich blaue Berge hin, an welchen das arabische Städtchen lag, das ich bewohnte, und am anderen Rande der Aussicht einige Wälder und grüne Fluren, auf denen man den Rauch und selbst die Zelte der Beduinen wie schwarze Punkte sehen konnte. Es war totenstill überall und kein lebendes Wesen zu erspähen. Da stieß ich an den Rand einer Schlucht, welche sich durch die ganze steinige Gegend hinzog und nicht zu sehen war, bis man dicht an ihr stand. Es floss ein kühler frischer Bach auf ihrem Grunde, und wo ich eben stand, war die Vertiefung ganz mit blühendem Oleandergebüsch angefüllt. Nichts war schöner zu sehen als das frische Grün dieser Sträucher und ihre tausendfältigen rosenroten Blüten und zuunterst das fließende klare Wässerlein.«

> Beispiel 2:
> »Der Weg führte zuerst am Flusse hinan, an einem zwar noch schmalen, nur leichte Kähne tragenden Wasser, das aber nach und nach als größter Strom seinen Namen behalten und ferne Länder beleben sollte. Dann ging es weiter durch wohlversorgte Frucht- und Lustgärten sachte hinaufwärts, und man sah sich nach und nach in der aufgetanen wohlbewohnten Gegend um, bis erst ein Busch, sodann ein Wäldchen die Gesellschaft aufnahm, und die anmutigsten Örtlichkeiten ihren Blick begrenzten und erquickten. Ein aufwärts leitendes Wiesental, erst vor kurzem zum zweitenmal gemäht, sammetähnlich anzusehen, von einer oberwärts, lebhaft auf einmal reich entspringenden Quelle gewässert, empfing sie freundlich, und so zogen sie einem höheren freieren Standpunkt entgegen, den sie, aus dem Walde sich bewegend, nach einem lebhaften Stieg erreichten, alsdann aber vor sich noch in bedeutender Entfernung über neuen Baumgruppen das alte Schloss, den Zielpunkt ihrer Wallfahrt, als Fels- und Waldgipfel hervorragen sahen.«

Was vielen Lesern zunächst auffallen wird, sind die langen Sätze im zweiten Beispiel. Beobachtet man dann genauer, so wird man feststellen, dass in diesen langen, aber gegliederten Sätzen die Wanderung der Gesellschaft als Bewegung durch die Landschaft abgebildet und dabei zugleich unser Blick geführt und von einer Stelle zur anderen gelenkt wird. Überhaupt spielt das Wahrnehmen in der Landschaftsbeschreibung des zweiten Textes eine wichtige Rolle. Bei allen Einzelheiten ist der Zusammenhang erlebbar. Gefühle werden nicht direkt ausgesprochen, an einigen Stellen werden aber beurteilende Adjektive verwendet. Der Erzähler tritt im Text fast ganz zurück. Anders im ersten Beispiel. Hier erfährt man fast in jedem Satz, was der Ich-Erzähler empfindet, z.B. beim Anblick des Himmels, der Blüten, des Baches. Die Landschaft wird stärker empfunden als wahrgenommen. Man erfährt ihren Zusammenhang mehr durch den empfindenden Betrachter als durch eine faktische Beschreibung. Und so entsteht beim ersten Text das Bild einer empfindsamen, im Einzelnen sich verlierenden, mitteilsamen Persönlichkeit. Der zweite Text zeigt dagegen eine stärker vom Bewusstsein geprägte Persönlichkeit, die eine ausgeprägte Wahrnehmungsfähigkeit besitzt und, bei aller Liebe für das Detail, die Übersicht behält und systematisch vorgeht.[265]

Nun soll nicht behauptet werden, dass wir durch die Wahrnehmung eines Textausschnittes allein die Persönlichkeit eines Schriftstellers erfassen können. Dazu ist mehr nötig. Wir müssen z.B. den Zusammenhang, in dem der Text steht, kennen, um nicht jedes Ausdrucksmittel für den persönlichen Stil zu halten. Je mehr wir aber von einem Schriftsteller kennen, desto deutlicher wird, dass seine Texte einen individuellen Stil, seine Figuren einen bestimmten Duktus aufweisen, an denen der Verfasser zu erkennen ist. Das gilt genauso für Dichtung und Musik. Mit ein wenig Übung erkennt man den Dichter am Stil seiner Dichtung, den Komponisten am Kompositionsstil, ja sogar den Interpreten am Stil seines Vortrags. Wer daraus ein Gesellschaftsspiel macht, bei dem man einander literarische, poetische oder musikalische Werke oder Ausschnitte derselben vorträgt und den Autor raten, die Persönlichkeit beschreiben lässt, wird großen Gewinn davon haben. Denn dadurch lernt man das Besondere der anderen Persönlichkeit in deren Äußerungen und Werken wahrzunehmen und anzuerkennen.

Wir können also in dem, was ein Mensch hörbar äußert und gestaltet, auch wenn es in schriftlicher Form übermittelt wird, den persönlichen Ausdruck wahrnehmen und die Persönlichkeit am Stil erkennen. Dass das wirklich für jede hörbare Äußerung gilt, können wir uns klarmachen, wenn wir daran denken, wie wir Personen auch dann erkennen können, wenn sie den Gang entlanggehen oder die Treppe herunterkommen, wir also nur den Schritt hören. Denn der Schritt ist eben, auch wenn er gehört wird, ein Ausdruck der Persönlichkeit.

Das Wahrnehmungsfeld des Tastens und seine Stufen

Anfassen erwünscht – Der Tastsinn

Während wir diese Zeilen lesen, haben wir eine ganze Reihe von Tastwahrnehmungen. Wir halten das Buch in der Hand und spüren den glatten Einband und das etwas rauere Papier. Zugleich spüren wir, wie wir durch unser Gewicht gegen das Polster des Stuhles gedrückt werden und wie wir die Armlehnen berühren. Wir nehmen die Falten der Hose zwischen den übergeschlagenen Beinen wahr und die glatte, harte Oberfläche des Glases, das wir vielleicht gerade zum Mund führen. Wir könnten in dieser Beschreibung noch lange fortfahren, denn selbstverständlich nehmen wir gleichzeitig den Stoff unserer Kleider, das Uhrenarmband, den Druck des Bodens unter den Füßen, kitzelnde Haare wahr und vieles mehr. Stehen wir auf, dann treten andere Tastwahrnehmungen ein, bewegen wir uns, sind es wieder andere. Wollten wir alle Wahrnehmungen, die uns der Tastsinn über den Tag hin liefert, verzeichnen, wir hätten viel zu tun. Reduzieren könnten wir das nur durch völlige Bewegungslosigkeit und Nacktheit. Einen Moment ganz ohne Tastwahrnehmung gibt es aber nicht. Denn wir werden immer die Stelle wahrnehmen, auf der wir stehen, sitzen oder liegen. Und selbst im Schlaf ist der Tastsinn aktiv, sonst könnten wir nicht an einer Berührung erwachen. Der Tastsinn hat also gewissermaßen immer »die Augen offen«. Außerdem gibt es keine Stelle am Körper, die nicht Tastwahrnehmungen vermitteln kann. Allerdings ist die Haut nicht an jeder Stelle so empfindlich wie an der Innenseite der Hände, die wir deshalb am häufigsten für Tastwahrnehmungen benutzen.

Sensibilisierung der Tastwahrnehmung

Die Wahrnehmungen des Tastsinns sind außerordentlich fein. Streichen wir mit der flachen Hand oder mit den Fingerspitzen über eine Tischplatte, so nehmen wir die feinsten Löcher, Kratzer, Kanten und rauen Stellen wahr, auch solche, die unser Auge nicht entdeckt. Wir können raues, glattes, gehämmertes oder gemasertes Papier unterscheiden und, wenn wir es zwischen den Fingern verformen, auch, ob es steif oder weich, dick oder dünn ist. Ganz ähnlich können wir die unterschiedlichsten Textilien beim Anfassen identifizieren, können spüren, ob wir Wolle, Baumwolle, Seide, Acryl oder Leinen zwischen den Fingern haben, ob der Stoff anschmiegsam, steif, grob oder fein ist und ob es sich um Samt, Taft oder Köper handelt. Im Mund haben wir besonders feine Tastwahrnehmungen und bemerken nicht nur das feinste Sandkorn, sondern auch den Unterschied von Weißbrot und Vollkornbrot, Ketchup und Gemüse. Auch die Vibration, die wir im Auto, an der Bohrmaschine oder an einem Musikinstrument erleben, ist eine Tastwahrnehmung. Wir können dabei feinste Veränderungen der Intensität oder Geschwindigkeit registrieren und dadurch etwas von der spezifischen Bewegung wahrnehmen, die der Vibration zugrunde liegt. Auch von Wasser und Wind erfahren wir durch den Tastsinn. Tauchen wir im Dunkeln die Finger in ein Gefäß mit Wasser, so spüren wir, wenn wir den Wasserspiegel berühren. Steigen wir in die gefüllte Badewanne oder ins Schwimmbecken, nehmen wir wahr, bis wohin das Wasser reicht. Halten wir die Hand unter einen Wasserstrahl oder stehen unter der Dusche, erfahren wir nicht nur, wo uns das Wasser trifft, sondern auch wie stark der Wasserstrahl ist. Wer einmal beim Baden vom Regen überrascht wurde, weiß, wie genau man jeden Tropfen wahrnimmt. Und wer ist als Kind nicht gerne, wenn es zu regnen anfing, hinausgelaufen, um die großen Tropfen zu spüren? Kinder lieben solche Tastwahrnehmungen. Sie lassen sich auch gerne den Wind ins Gesicht blasen. Nur wenn der Wind uns trifft, bemerken wir seine Stärke durch den Druck, den er auf unsere Haut ausübt. Ja, nur auf diese Weise bekommen wir eine direkte Erfahrung vom Winde und seiner Wirkung.

Ob wir die beschriebenen und weitere Tastqualitäten wahrnehmen und unterscheiden können, das hängt davon ab, welche Erfahrungen wir bisher mit dem Tastsinn gemacht haben. Denn die Gehirnpartien, die die Reize der Tastrezeptoren verarbeiten und das Wahrnehmen unterschiedlicher Tastnuancen ermöglichen, erhalten die Fähigkeit dazu eben nur durch Tasterfahrungen. Haben wir bisher wenig angefasst, dann können wir auch wenig spüren. Verrichten wir dagegen häufig Tätigkeiten, bei denen unsere Finger mit unterschiedlichem Material und mit verschiedenen Gegenständen und Werkzeugen in Berührung kommen, wird sich die entsprechende Stelle im Gehirn vergrößern, was bedeutet, dass die Wahrnehmungen feiner werden. Dauerhaft wird diese Vergrößerung, und das heißt die Sensibilisierung, allerdings erst, wenn eine bestimmte Tätigkeit über lange Zeit praktiziert wird, wenigstens täglich fünf Stunden, und das über mindestens sechs Wochen. So hat man bei Geigern eine vergrößerte Repräsentation der Greifhand im Vergleich zur Bogenhand oder zur entsprechenden Hand bei anderen Menschen mit anderen Tätigkeiten feststellen können, bei Blinden fand man entsprechendes bei der Lesehand.[266] Es gibt sogar Untersuchungen, die zeigen, dass die Repräsentation eines Fingers im Gehirn, und damit seine Feinfühligkeit, bereits dann vergrößert wird, wenn die Fingerkuppe über drei Stunden regelmäßig feiner Vibration ausgesetzt wird. Der Effekt hält dann allerdings nur einen Tag.[267]

Angesichts dieser Zusammenhänge ist klar, warum es so wichtig ist, dass Kinder alles anfassen dürfen und die Möglichkeit bekommen, mit den unterschiedlichsten Materialien, Gegenständen und Werkzeugen zu spielen. Sie bilden dadurch ihre Wahrnehmungsfähigkeit im Bereich des Tastsinns aus. Und das bedeutet nicht nur, dass sie dann lernen, das Material wiederzuerkennen, sondern auch, dass sie lernen, mit dem Material und den Dingen richtig umzugehen. Tastwahrnehmungen sind nämlich auch nötig, damit wir etwas richtig anfassen und unsere Kraft, das Zupacken und Drücken, richtig dosieren können. Hat man auch nur die Fingerspitzen betäubt, wird das Zuknöpfen eines Hemdes schwierig oder gar unmöglich.[268] Wir brauchen den fein ausgebildeten Tastsinn für alle körperlichen Tätigkeiten. Wird einem Kind jede Tätigkeit abgenommen, kann es passieren, dass die Ausbildung des Tastsinns unterbleibt. Und das hat dann zur Folge, dass dieser Mensch unpraktisch wird. Welche Dimension das im Extremfall annehmen kann, erfährt man am Beispiel einer Frau, von der Oliver Sacks berichtet.[269] Sie ist sechzig Jahre alt, als sie in seine Klinik kommt, und von Geburt an blind. Sie ist intelligent und belesen, ohne jemals selbst etwas gelesen zu haben. Sie lässt sich alles vorlesen, denn sie kann die Blindenschrift gar nicht lesen, ja sie kann mit ihren Händen überhaupt nichts anfangen und nennt sie nutzlose, überflüssige Teigklumpen, die sich so anfühlen, als gehörten sie nicht zu ihr. Tatsächlich kann sie mit den Händen weder etwas ausführen noch etwas identifizieren, was man ihr in die Hände legt. Warum? Sie hat seit ihrer Kindheit nie etwas mit ihren Händen tun müssen. Alles wurde ihr, der Blinden, abgenommen. Als man im Hospital begann, sie mit dem Essen zu locken, und es etwas außerhalb ihrer Reichweite hinstellte, ohne sie zu füttern, streckte sie tatsächlich eines Tages ihre Hand nach dem Teigkringel aus und steckte ihn in ihren Mund. Zum ersten Mal in ihrem Leben benutzte sie ihre Hände. Und in den nächsten Wochen und Monaten lernte sie, sechzig Jahre später als normal, die Dinge zu identifizieren und ihre Hände zu gebrauchen. Man sieht daran, welche negative Wirkung absolute Bedienung haben kann, man sieht allerdings auch, dass es für die Entwicklung dieses Wahrnehmungsbereiches nie zu spät ist.

Wahrnehmung von Material und Stofflichkeit

Wollen wir die Vielzahl der Tastwahrnehmungen ordnen, so können wir drei Bereiche unterscheiden, die sich aus den unterschiedlichen Tastbewegungen ergeben, dem Berühren, Drücken und Drüberstreichen, wobei zu berücksichtigen ist, dass es auf zwei verschiedenen Wegen zu einer Tastwahrnehmung kommen kann: Entweder wir berühren etwas oder wir werden berührt.[270]

Bei *Berührung* tritt zunächst die elementare Wahrnehmung »da ist etwas« auf. Wir nehmen wahr, wo am Körper die Berührung stattfindet und damit natürlich auch, wie die Berührungsstelle gegebenenfalls über den Körper wandert. Durch Berührung sind auch Vibrationen wahrnehmbar. Dabei können wir unterscheiden, ob es sich um schnelle oder langsame, starke, schwache, grobe oder feine Schwingungen handelt.

Drücken wir gegen das Tastobjekt, so erleben wir den Widerstand, den das Material bietet. Am größeren oder geringeren Widerstand können wir hart oder weich unterscheiden. Weicht das Material beim Drücken zurück und ist verformbar, dann können wir wahrnehmen, ob es sich dabei elastisch verhält oder ob die Verformung bleibend ist. Weicht das Material aus und umschließt uns zugleich, dann handelt es sich um eine Flüssigkeit, durch die wir uns bewegen können. Dabei nehmen wir wahr, ob die Flüssigkeit leichtflüssig oder zäh ist. *Drückt etwas* gegen uns, dann haben wir dieselben Wahrnehmungen wie eben beschrieben: Wir erfahren, ob das, was gegen unsere Haut drückt, hart oder weich ist oder ob es verformbar ist und in welcher Art. Wenn es sich um eine Flüssigkeit handelt, die sich auf unsere Haut ergießt oder darauf tropft, dann können wir unterscheiden, ob sie zähflüssig oder leichtflüssig ist. In all diesen Fällen nehmen wir aber auch wahr, mit welcher Kraft gedrückt wird oder welche Wucht und Intensität die Berührung besitzt. Das spüren wir bei einem Schlag, der uns trifft, einem Ball, den wir fangen, aber auch beim Wasserstrahl oder bei Windböen.

Streichen wir über ein Material oder *bewegen es* zwischen den Fingern, dann können wir unterscheiden zwischen glatt und rau, fein und grob, trocken, nass, klebrig und glitschig. Außerdem nehmen wir wahr, wie das Material sich gegenüber der Bewegung, z.B. zwischen den Fingern, verhält, ob es sich anschmiegt oder steif und spröde, dick oder dünn ist.

In den meisten Fällen setzen wir, um zu tasten, nicht nur eine dieser Bewegungen ein, sondern alle drei, und daher nehmen wir beim Betasten eines Materials die verschiedenen stofflichen Eigenschaften gleichzeitig wahr. So spüren wir z.B. an einem Blütenblatt, das wir zwischen den Fingern betasten, zugleich die zartsamtene Oberfläche, die feine Längsstruktur und die weiche, aber unterschiedliche Elastizität. Voraussetzung dafür ist, dass wir die verschiedenen Tastbewegungen einsetzen und das Material berühren, darüber streichen, es drücken und verformen. Nur dann können wir mit dem Tastsinn etwas wahrnehmen. Eine Tastwahrnehmung entsteht also nur, wenn wir auf die materielle Welt, ihre Stoffe und Dinge einwirken. Tun wir es, dann erfahren wir, wie jedes Material sich gegenüber mechanischer Einwirkung verhält oder wie es auf uns mechanisch einwirkt.

Hören mit Händen und Füßen – Der Gestaltsinn

Nehmen wir einmal einen Kieselstein in die Hand und betasten ihn mit geschlossenen Augen, bis wir sicher sind, dass wir seine Gestalt rundum erfasst haben. Der Stein sollte so groß sein, dass er gerade in die Handfläche passt. Dann können wir ihn sowohl mit der ganzen Hand umschließen als auch mit den Fingern in allen Einzelheiten untersuchen. Und? Können wir auf diese Weise seine Gestalt wahrnehmen? Ja, sogar sehr genau. Machen wir die Augen auf, dann werden wir feststellen, dass das Bild, das wir uns durch das Abtasten von dem Stein gemacht haben, mit dem übereinstimmt, was wir sehen, und wir uns allenfalls in der Größe getäuscht haben. An vielen Stellen ist die Tastwahrnehmung sogar viel genauer. Feine Rillen, Löcher oder Unebenheiten und vor allem die leichten Wölbungen oder Dellen in der Oberfläche erfahren wir beim Tasten sofort. Beim Sehen müssten wir den Stein schon sehr genau untersuchen, um sie zu bemerken. Der größte Unterschied zum Sehen ist aber: Beim Tasten erfassen wir die Gestalt immer und auf Anhieb als eine plastische Gestalt und nehmen nicht nur eine Ansicht wahr.

Wir können auch andere Dinge in die Hand nehmen und mit geschlossenen Augen abtasten. Wir werden feststellen, dass wir sowohl die einzelne Form als auch die gesamte Gestalt eines Objektes auf diesem Wege leicht erfassen können. Wir sind uns dessen, wenn wir im Alltag etwas in der Hand haben, meist nicht bewusst, weil wir die Dinge in der Regel eben vorher sehen. Es lohnt sich aber, auf diesem Gebiet ein wenig zu üben und öfter einmal Dinge zu berühren, bevor man sie gesehen hat. Man kann daraus auch ein lohnendes Spiel machen, indem man sich gegenseitig Dinge in die Hand legt, die man vorher nicht gesehen hat, um ihre Form und Gestalt zu beschreiben. Dabei kann es dann vorkommen, dass der Tastende etwas beschreibt, was der Sehende an dem Ding bis dahin noch gar nicht entdeckt hat.

Halten wir fest: Auch mit dem Tastsinn können wir Form und Gestalt der Dinge wahrnehmen, was das Plastische der Gestalt angeht, sogar viel genauer als im Sehen. Hier könnte eingewendet werden, dass wohl eher der Bewegungssinn die Gestalt wahrnehme, da wir beim Abtasten ja Hände und Finger bewegen müssen. Das lässt sich leicht widerlegen. Wenn der Tastsinn durch Betäubung ausgeschaltet wird, ist nämlich keine Wahrnehmung des Objektes und seiner Gestalt mehr möglich, obwohl wir uns bewegen können. Nun haben wir bei der Untersuchung des Sehens und des Hörens ja festgestellt, dass wir an der Gestalt, der gesehenen wie der gehörten, Gefühle wahrnehmen. Ist das auch beim Tasten der Fall? Sind uns auch hier die Gefühle zugänglich, die ein anderer Mensch äußert?

Emotionale Gestaltwahrnehmung des Tastsinns

Menschen, die in besonderer Weise auf den Tastsinn angewiesen sind, weil ihnen weder das Sehen noch das Hören zur Verfügung steht, die also taubblind sind, können uns darüber leicht Auskunft geben. Die wohl berühmteste taubblinde Persönlichkeit ist Helen Keller (1880–1968), von der im nächsten Kapitel noch ausführlich die Rede sein wird. Sie beschreibt in ihrer Autobiografie, was sie an dem Tag, an dem ihre Lehrerin im Hause der Eltern eintraf, von ihrer Umgebung wahrgenommen hat. Sie war damals sechs Jahre alt und hatte noch keinerlei Ausbildung erfahren, wusste also weder davon, dass die Lehrerin an diesem Tag erwartet wurde, noch wusste sie, was eine Lehrerin ist. Sie schreibt:

> »Am Nachmittage jenes folgenreichen Tages stand ich in dumpfer Erwartung an der Haustür. Da ich infolge der Zeichen meiner Mutter und des Hin- und Herlaufens im Hause eine unbestimmte Ahnung von dem Bevorstehen eines außergewöhnlichen Ereignisses hatte, ging ich vor die Tür und wartete auf der Treppe.«[271]

Was meint sie hier mit den Zeichen der Mutter? Die Fingersprache der Blinden kann es nicht sein, die hatte Helen Keller noch nicht gelernt, und ihre Mutter beherrschte sie gar nicht. Es muss sich also um andere Berührungen handeln. Was war es aber an diesen Berührungen, das ihr die Ahnung vom Bevorstehen eines außergewöhnlichen Ereignisses gab? Nun, die Mutter, die wusste, wie sehr die Zukunft ihres Kindes von der Lehrerin abhing, war selbst in gespannter Erwartung, war aufgeregt. Sie wird ihr Kind an diesem Tag anders berührt, anders gewaschen, angezogen und gekämmt, anders umarmt haben als an anderen Tagen. Und dieses Wie der Berührungen war es, was Helen Keller verstand. Außerdem war die Mutter selbstverständlich nicht allein im Haus. Da gab es Dienstboten, die damit beschäftigt waren, das Haus für das Ereignis herzurichten. Auch sie werden an diesem Tag ihre Arbeit anders verrichtet haben, sie werden mehr hin und her gelaufen sein als sonst, vielleicht schneller und unruhiger. Auch das nahm das Kind über seinen Tastsinn wahr, und zwar durch die Vibration des Bodens, die eben je nach Art des Schrittes eine andere ist.

Wir haben also zunächst zwei Möglichkeiten, die Gefühle eines anderen durch Tasten wahrzunehmen. Werden wir von jemand berührt, so teilen sich die Gefühle dieser Person durch die Art der Berührung mit. Sie kann fröhlich, traurig, liebevoll, ärgerlich, ungeduldig oder unsicher sein. Wir können das auch wahrnehmen, wenn uns jemand die Hand gibt, nur achten wir meist nicht darauf. Für einen taubblinden Menschen sind diese Berührungen eine wichtige Quelle, durch die er etwas von den Gefühlen des anderen erfährt. Für Kinder übrigens auch, denn Kinder sind noch nicht so stark auf das Sehen fixiert wie wir Erwachsene. Und wenn ein Taubblinder in der Fingersprache eine Mitteilung in seine Hand erhält, dann nimmt er neben dem Inhalt auch die Prosodie dieser Sprache, den emotionalen Ausdruck also, über die Art der Berührung wahr und erfährt an der liebevollen, groben, flüchtigen oder hektischen

Berührung das Gefühl, das der »Sprecher«, gewollt oder ungewollt, zum Ausdruck bringt. Was wir am Gesicht oder an der Modulation der Sprache wahrnehmen, kann man ebenso an der Berührung der »sprechenden« Finger erfahren. »Fast keiner der Hörenden kann verstehen, was es heißt, die Fingersprache ausdrucksvoll zu lesen«, schreibt die taubblinde Olga Skorochodova.[272] Man kann es aber, wie die Biografien taubblinder Menschen zeigen, lernen.

Die zweite Möglichkeit, Gefühlsäußerungen anderer Menschen zu erfahren, ist das Wahrnehmen von Vibrationen. Wenn wir hören, wie jemand die Treppe heruntergeht oder sich der Türe nähert, dann gehört zu dem spezifischen Klang der Schritte auch eine spezifische Vibration, die der Boden, die Wände, die festen Gegenstände weiterleiten und die unser Tastsinn wahrnehmen kann. Und wie wir dem Schritt anhören, in welcher Stimmung der Betreffende geht, und daher einen müden oder gelassenen Schritt von einem aufgeregten oder wütenden unterscheiden können, so ist das auch möglich, wenn wir die Vibration wahrnehmen. Und so ist es bei jeder Tätigkeit, die in Kontakt ist mit schwingendem Material. *Wie* draußen ein Ball an die Wand geworfen, *wie* nebenan gehämmert wird, das können wir auch an der Art der Vibration wahrnehmen. Aber nicht nur das. Wir erleben doch die Vibration der Bässe, wenn die Musik im Nebenzimmer oder in einem vorbeifahrenden Auto sehr laut ist. Wir könnten, wären wir darin geübt, nicht nur die lauten Bässe, sondern die ganze Musik durch die Vibration wahrnehmen, könnten Lautstärke, Intensität, Ausdruck, die Dauer der Klänge, die Tonhöhen und Klangfarben unterscheiden, ebenso Melodie und Rhythmus und damit auch die emotionale Botschaft spüren. Wieder sind es die taubblinden Menschen, die uns zeigen, was wir im Prinzip alle können. So sieht man z.B. Helen Keller auf Fotos der Musik »lauschen«, indem sie das Klavier bzw. die Geige während des Musizierens berührt.[273] Wer ein Streichinstrument spielt, kennt davon etwas, weil er sein Instrument beim Spielen ja ständig berührt und dabei die Vibration der verschiedenen Klänge erlebt. Und wer einmal ein Klavier oder einen Flügel, auf dem gerade gespielt wird, über längere Zeit berührt, der wird eine Ahnung davon bekommen, wie man Musik über den Tastsinn erfahren kann.

Und weiter: Auch die Gebärde eines Menschen und seine Mimik kann man durch Abtasten wahrnehmen und daran die emotionale Aussage erfahren. Das ist für uns etwas ungewöhnlich, für einen blinden oder taubblinden Menschen aber eine wichtige Wahrnehmung. Und selbstverständlich können wir auch beim Abtasten aller Formen den emotionalen Ausdruck einer Gestaltung erfahren. Denn eine scharfe Kante vermittelt ein anderes Gefühl als eine abgerundete Kante, eine völlig plane Fläche eine andere als eine leicht gebogene, sei es an einem Möbelstück, einem Alltagsgegenstand wie z.B. einer Teekanne oder an einer Skulptur. Wie die Dinge, mit denen wir umgehen, geformt sind, das hat eben nicht nur für unser Sehen eine Bedeutung, sondern genauso für unser Tasten. Dass das so ist, ist noch gar nicht lange im Bewusstsein der Designer. Vieles, was im 20. Jahrhundert entworfen wurde, auch bedeutende Entwürfe von Gebrauchsgegenständen, war für das Sehen gestaltet, nicht für das Tasten. Erst in den letzten Jahren spielt das Tastdesign der Gebrauchsgegenstände eine zunehmende Rolle.[274] Wie ein Kugelschreiber, eine Flasche, wie ein Handy oder eine Computermaus der Form nach sich anfühlt, ist nicht gleichgültig und bestimmt die Gefühlslage des Benutzers und damit auch die Verkaufszahlen. Das Objekt muss z.B. gut in der Hand liegen, eine gute haptische Gestalt haben. Und es muss – und das ist dann ein vierter Bereich emotionaler Tastwahrnehmung – ein entsprechendes Oberflächendesign besitzen. Die Härte des Materials und die Glätte der Oberfläche sind wichtige Bestandteile der haptischen Gestalt und nehmen eine ähnliche Rolle ein wie etwa Farbe und Glanz im visuellen Design. Die Tischplatte, der Schaltknüppel oder das Handy mit matter Oberfläche sprechen uns, wenn wir sie berühren, eben anders an als dieselben Dinge mit spiegelglatter Oberfläche. Und so ist die Zusammenstellung verschiedener haptischer Oberflächenqualitäten vergleichbar der Komposition verschiedener Farben oder Klänge.

Fassen wir zusammen. Auch mit dem Tasten steht uns ein breites Feld an Wahrnehmungen zur Verfügung, durch die wir die Gefühlsäußerungen anderer Menschen wahrnehmen können. Die unmittelbarste Wahrnehmung liegt in der Berührung durch einen anderen Menschen, dann folgt das, was uns die Vibration über die Bewegungen und klanglichen Äußerungen der anderen mitteilen. Schließlich können wir Mimik, Gebärde und Bewegung durch Abtasten wahrnehmen und daran den Gefühlsausdruck erfahren, ebenso am Formdesign und haptischen Oberflächendesign der vom Menschen geschaffenen Dinge.

Die Welt begreifen – Der Bedeutungssinn

Wer eine Schachtel oder eine Schublade voll mit Krimskrams hat, der nütze das jetzt aus, decke sie vor dem Öffnen mit einem Tuch zu oder schließe einfach die Augen und ergreife eines der Dinge, ohne es anzusehen. Kann man sagen, was man in der Hand hat? Ja, in den allermeisten Fällen. Nun wird mancher dagegen einwenden, das gehe nur, weil man den Inhalt der Schachtel kennt. Das lässt sich aber leicht widerlegen. Wir bitten jemand, uns, während wir die Augen geschlossen halten, irgendeinen Gegenstand in die Hand zu legen, oder wir tun dies beim anderen. Er wird den Gegenstand erkennen. Nehmen wir zunächst einfache Gegenstände, dann werden wir feststellen, dass wir schon nach ein oder zwei Sekunden wissen, dass es eine Wäscheklammer, ein Löffel oder ein Spielzeugauto ist. Es ist wirklich erstaunlich, wie schnell das geht. Außerdem fällt bei genauer Beobachtung auf, dass wir den Gegenstand gar nicht, wie etwa bei der Wahrnehmung plastischer Gestalt, vollständig abtasten müssen, um zu wissen, um was es sich handelt. Wenige Merkmale reichen. Manchmal ist nur ein Griff nötig.

Treiben wir das Spiel weiter und gehen zu weniger bekannten und weniger alltäglichen Dingen über, so werden wir vielleicht etwas länger brauchen, werden den Gegenstand aber doch benennen können. Erst wenn wir etwas in die Hand gelegt bekommen, was wir noch gar nicht kennen, müssen wir zunächst passen. Wir können aber das Ding genau untersuchen und werden auf diese Weise eine Vorstellung von der Form bzw. der gesamten Gestalt gewinnen und auch die Funktion des Gegenstandes oder zumindest Hinweise auf diese erkennen. Wer z.B. den Steg einer Geige oder eines Cellos nicht kennt, der wird doch die Funktion dieses dünnen Holzgebildes erfassen, nämlich auf der einen Seite die beiden Füße, die deutlich zum Stehen auf einer etwas gewölbten Fläche geformt sind, am anderen Ende die schmale Kante mit vier Kerben, denen zu entnehmen ist, dass durch sie über die Kante Schnüre oder Drähte laufen sollen. Die Funktion ist damit erfasst, es fehlt nur die Erfahrung mit dem Gegenstand, um ihn auch benennen zu können.

Abtastbewegungen

Das Abtasten wird in der Kindheit durch den Umgang mit den Dingen der Umgebung entwickelt. Die Abtastbewegungen beginnen beim Säugling mit dem Umklammern durch die Händchen und dem Abtasten mit dem Mund. Lebenslang bleibt das Umgreifen ein Grundmuster der Explorationsprozeduren des Abtastens. Mit der Entwicklung der Feinmotorik kommen dann weitere Bewegungsabläufe hinzu, z.B. das freie Halten, das Drücken, das Darüberstreichen. Erst mit etwa neun bis zehn Monaten tritt die zweite Hand dazu. Die Formwahrnehmung und die dafür nötigen Bewegungsmuster des Abtastens entwickeln sich erst etwa ab dem 12. bis 15. Lebensmonat.[275] Untersuchungen haben ergeben, dass diese Explorationsprozeduren sich bei sehenden und bei blinden Kindern kaum unterscheiden, dass sie also nicht vom Sehen abhängig sind.[276] Sie sind vielmehr abhängig vom Objekt und seinen spezifischen taktilen Eigenschaften. Der Erfolg des Abtastens tritt nämlich nur dann ein, wenn sich die Abtastbewegungen nach den Merkmalen des Objektes richten. Jedes Merkmal bzw. jedes Objekt fordert eine andere, typische Bewegung. Härte fordert Druckbewegung, Oberflächentextur Hin- und Herbewegung, Größe und Volumen fordert Umfassen, Form und Umriss, dass wir der Form nachfahren, ein Schraubdeckel einen anderen Griff als eine Wäscheklammer.[277] Wir lernen, die richtigen, für das jeweilige Objekt sinnvollen Abtastbewegungen und Griffe einzusetzen, dadurch, dass wir vielfältigen Umgang mit Gegenständen und Werkzeugen haben, und das ganz besonders in der Kindheit beim Spiel und beim Nachahmen der Tätigkeiten der Erwachsenen. An alltäglichen Verrichtungen können wir beobachten, wie das abläuft.

Wenn Kinder im zweiten Lebensjahr den Schraubdeckel einer Flasche selbst öffnen und schließen wollen, tun sie es zunächst mit der ganzen Hand, was dann nicht so recht zum Erfolg führt. Erst wenn sie den richtigen Griff entdecken und den Deckel mit den Fingerspitzen fassen, können sie ihn richtig aufsetzen und zudrehen. Finden wir, wenn wir etwas in die Hand nehmen, auf Anhieb den richtigen Griff, dann können wir nicht nur das Objekt schnell identifizieren, d.h. seine Bedeutung wahrnehmen, sondern auch mit dem Objekt richtig umgehen. Diese Fähigkeit, Objekte zu erkennen, kann innerhalb des Tastbereichs für sich gestört sein, ohne dass die Tastsensibilität als solche beeinträchtigt ist. Diese Störung, haptische Agnosie oder Astereognosie, die der visuellen Agnosie des Sehens entspricht, kann sogar bloß auf einen Arm beschränkt sein.[278]

Nun gehören in diesen Wahrnehmungsbereich nicht nur die Gegenstände selbst. Blinde Menschen können Gegenstände auch dann erkennen, wenn sie zweidimensional abgebildet sind.[279] Selbstverständlich muss es sich dabei um haptisch erfahrbare Bilder handeln, bei denen Formen durch erhabene Konturen oder erhabene Flächen oder durch verschieden raue Oberflächen wahrnehmbar sind. Bilder sind auch dann erfahrbar, wenn sie in ein Vibrationsmuster z.B. auf den Rücken übertragen werden.[280] Man kann Grundrisse und Grafiken lesen, wenn sie ins Haptische übersetzt sind, kann die Bedeutung und die Handlung einer Darstellung erfassen. Auch Kinder, die von Geburt an blind sind, verstehen Perspektive und zweidimensionale Abbildung plastischer Gegenstände.[281] Selbstverständlich kann man auf dieselbe Weise geometrische Figuren sowie Zeichen und Symbole erfassen. Wir kennen das ja aus Kindertagen. Man kann sich gegenseitig Buchstaben oder Zeichen und Bilder auf den Rücken malen und erkennt, was gemeint ist.

Vorbedingungen gelingender Sprachentwicklung

An dieser Stelle liegt die Frage nahe: Können taubblinde Menschen sich auch durch Sprache verständigen? Ja, sie können es, und zwar durch die Gebärdensprache und, besser noch, durch die Fingersprache, die in die Handfläche geschrieben wird. Allerdings ist es für einen taubblinden Menschen sehr viel schwieriger, so weit zu kommen, als für einen Gehörlosen oder Blinden. Das liegt zum einen an den Besonderheiten des Tastsinns, zum anderen daran, dass bei Taubblindheit nur ein Sinn, eben der Tastsinn, zum Erlernen der Sprache zur Verfügung steht. Ein Kind, das auch hören und sehen kann oder wenigstens eines davon, hat es leicht, die Anregungen aus der Umgebung aufzunehmen. Sie sind ihm ja ständig durch Augen und Ohren zugänglich. Dieses Kind hat also schon viel Sprache wahrgenommen, sei es nun gesprochene Sprache oder Gebärdensprache, bevor es beginnt, sich selbst dieser Sprache zu bedienen. Und es hat, was für das Erlernen der Sprache ebenso wichtig ist, viele Gegenstände kennen und mit ihnen umgehen gelernt. Wie aber geht das bei einem Kind, das weder sehen noch hören kann? Wie ist da Nachahmung möglich? Nur dann, wenn ein Erwachsener sich ganz auf das Kind einlässt und ihm hilft, einen Zugang zur Welt zu bekommen. Und das ist sehr aufwändig. Das Kind kann ja die Tätigkeiten des Erwachsenen nur wahrnehmen, wenn es, die eigenen Hände auf denen des Erwachsenen, diese Tätigkeiten in ständiger Berührung verfolgt. Nur wenn der Erwachsene dem Kind diese ständige Berührung ermöglicht, und zwar mindestens so oft, wie ein sehendes Kind ihn beim Tun sehen würde, kann es die Welt kennenlernen und die eigene Isolierung überwinden.

Folgerichtig setzt eine professionelle Erziehung taubblinder Kinder auch an dieser Stelle an.[282] Dem Kind müssen als Erstes die »Augen« geöffnet werden, indem es lernt, die Bewegungen und Tätigkeiten der anderen durch Berührung zu verfolgen. Dadurch lernt es neben den Handgriffen auch die Gegenstände des täglichen Lebens und ihre Funktion kennen. Auch das Spielen muss so gelernt werden. Der nächste Schritt ist dann, dass das Kind dazu gebracht wird, die Tätigkeiten selbst auszuführen. Auch das ist ein langer Prozess, den der Erwachsene nun seinerseits mit dem Auflegen der Hand begleiten muss, bis Vertrauen in das eigene Tun entstanden ist. Denn das taubblinde Kind hat ja außer dem Tasten keinen anderen Sinn zur Verfügung, um das eigene Tun und seine Wirkung zu überprüfen. Wenn das Kind dann noch gelernt hat, sich am regelmäßigen Tagesablauf zu orientieren und sich in der konkreten Räumlichkeit zurechtzufinden, dann sind die grundlegenden Voraussetzungen für die Sprachentwicklung und für jede weitere Entwicklung gelegt, die sich ein sehendes und hörendes Kind quasi von selbst im ersten Lebensjahr erwirbt. Für das taubblinde Kind muss dieser Prozess durch die Erziehung erst möglich gemacht werden, egal in welchem Alter das Kind sich befindet. Wer das alles nicht zulässt, weil er sein Kind schonen will, es herumträgt, es bedient und ihm alles abnimmt, was leicht aus falsch verstandenem Mitleid entspringen kann, der verurteilt das Kind zum Stillstand und verhindert jede menschliche Entwicklung, wofür es leider Beispiele gibt.[283]

Die Erfahrung der beiden Pioniere der Taubblinden-Pädagogik, Ivan Sokoljanskij (1889–1960) und Alexander Mescerjakov (1923–1974), und ihre Erziehungserfolge im Kinderheim für Taubblinde in Sagorsk[284] zeigen, dass zum Erlernen der Sprache für Taubblinde noch weitere Voraussetzungen hilfreich und in vielen Fällen sogar nötig sind. Dazu gehört, dass die Kinder alle Tätigkeiten der Selbstversorgung beherrschen, auch solche von Gemeinschaftsaufgaben wie Fegen, Abwaschen, Aufräumen, und dass sie, wenn sie bereits älter sind, handwerkliche Tätigkeiten bis hin zur handwerklichen Produktion beherrschen. Ganz wichtig ist auch, das Modellieren von Gegenständen zu pflegen, weil die Kinder dabei lernen, die Dinge genau abzutasten und dadurch genau zu »besichtigen«. Diese Erfahrungen aus der Erziehungspraxis taubblinder Kinder stimmen überein mit älteren und neueren Forschungen, die einen Zusammenhang zwischen der Entwicklung des Tastens und der Sprachentwicklung hörender Kinder festgestellt haben.[285] Verschiedene Studien belegen, dass sprachentwicklungsgestörte Kinder häufig zugleich Defizite im Bereich der Tastwahrnehmung besitzen. Besonders auffällig ist die signifikante Korrelation zwischen passiver Wortschatzleistung und haptischem Objekterkennen.[286] Kinder haben es dann schwer, Dinge tastend wiederzuerkennen. Woran liegt das? Weil sie das Objekt nicht mit dem richtigen Griff betasten. Man beobachte einmal, wie Kinder die Dinge anfassen, um sie mit den Händen zu untersuchen. Man wird feststellen, dass Kinder mit Schwierigkeiten in der Sprachentwicklung häufig die Gegenstände unpraktisch anfassen, was bedeutet, dass sie nicht gelernt haben, die Dinge so zu untersuchen und anzufassen, wie es dem jeweiligen Objekt entspricht. Eine angemessene Objektexploration, die uns befähigt, ein Objekt mit einem Schlag zu erfassen, ist ein Zeichen gelingender Bedeutungswahrnehmung. Und die ist eine entscheidende Voraussetzung der Sprachentwicklung.

Was wir, den Erfahrungen in Sagorsk folgend, als Vorbedingungen für eine gelingende Sprachentwicklung beschrieben haben, das gilt nicht nur für den Fall der Taubblindheit. Jedes Kind braucht diese Erfahrungen, um seine Sprachkompetenz vollständig entwickeln zu können. Nur bemerken wir es im Normalfall nicht, weil es sich, wenn es gelingt, scheinbar wie von selbst abspielt. Heute ist es aber keineswegs gesichert, dass jedes Kind seine Muttersprache problemlos lernt, und da ist ein Blick in die Entwicklungsschritte der taubblinden Kinder wie die Zeitlupenaufnahme kindlicher Sprachentwicklung, an der wir viel für den Normalfall lernen können. Und so sehen wir in dieser Zeitlupe noch ein wichtiges Element, das der eigentlichen Sprache vorauszugehen hat, nämlich sich in Gesten auszudrücken, was jedes Kind ja normalerweise tut, bevor es zu sprechen lernt. Das taubblinde Kind tut es nicht, weil es die Gesten der anderen nicht von selbst wahrnimmt. Daher gehört es auch zur Erziehung der taubblinden Kinder, ihnen beizubringen, die Gesten der anderen wahrzunehmen und sich mit Gesten zu verständigen.

Helen Keller: Der Weg zur Sprache

Alle diese Bedingungen findet man bei der bereits erwähnten taubblinden Helen Keller erfüllt. Sie wird 1880 in Tuscumbia, Alabama, geboren. Mit 18 Monaten erkrankt sie schwer und ist danach blind und taub. Später lernt sie lesen und schreiben, lernt akustisch zu sprechen, hält Vorträge, studiert an der Universität und schließt ihr Studium mit dem Doktorexamen ab. Sie erwirbt sich eine umfassende Bildung, schreibt mehrere Bücher, verkehrt mit bedeutenden Menschen ihrer Zeit, reist durch die Welt und setzt sich für behinderte Menschen ein, z.B. für die Kriegsblinden nach dem Zweiten Weltkrieg. Wie ist das möglich? Schauen wir uns an, wie ihr das gelingt.

Sie muss nach ihrer Krankheit das Laufen neu lernen und sich in der Umgebung neu orientieren. Sie hängt dann der Mutter am Rockzipfel und folgt ihr überall hin, wenn diese im Haus und im Garten zu tun hat. Dabei ertastet sie die Gegenstände, die die Mutter in die Hand nimmt und verfolgt jede Tätigkeit ihrer Hände. Dadurch wird sie mit vielen Gegenständen des Alltags bekannt und lernt mit ihnen umzugehen. Nach und nach kann sie sich selbstständiger bewegen und auch von anderen Personen lernen. Immer mischt sie sich ein und macht die Tätigkeiten mit, die sie erlebt, und wird dabei von allen geduldet. Zur Verständigung mit den Erwachsenen hat sie nur wenige Gesten zur Verfügung, nämlich Nicken und Kopfschütteln für Bejahung und Verneinung, das Wegstoßen für »geh«, das Herziehen für »komm«. Mehr verstehen die Erwachsenen nicht. Mit ihrer Freundin Martha, der Tochter der Köchin, mit der sie viel zusammen ist und die in Küche und Garten viel mithilft, entwickelt Helen eine eigene Gestensprache, mit der sich die beiden verständigen. Dass das mit den Erwachsenen nicht geht, bringt immer wieder Ausbrüche von Zorn und Verzweiflung über sie. Ihr Toben ist wie ein Rütteln an den Gitterstäben des eigenen Gefängnisses, das entsteht, wenn man sich nicht mitteilen kann und dadurch von den anderen isoliert ist.

Als die Lehrerin Ann Sullivan im Hause Keller eintrifft, findet sie eine nicht ganz siebenjährige Helen vor, die sich in ihrer Umgebung sicher bewegen kann, die alle Gegenstände kennt, die viele Tätigkeiten beherrscht und die sich sogar – wenn auch nicht allen Menschen gegenüber – mit Gesten zu verständigen weiß. Es waren also die besten Voraussetzungen vorhanden. Nur eines hatte Helen nicht gelernt: sich einzufügen, sich an irgendwelche Verabredungen und Regeln zu halten. Beim Essen z.B. lief sie um den Tisch herum und holte sich mit den Fingern aus jedem Teller, was sie gerade wollte. Man kann sich vorstellen, wie der Tisch danach aussah. Man hatte sich daran gewöhnt, hatte ihr immer alles durchgehen lassen. Dadurch war sie in der Familie zum Tyrann geworden, der seinen Willen immer und allen gegenüber durchsetzte. Und so wehrte sie sich auch gegen alles, was die Lehrerin von ihr verlangte, trat, biss, kratzte, schlug. Lernen war so nicht möglich. Diese Hürde musste durch eine strenge Erziehung zuerst überwunden werden. Und da die Familie das nicht mit ansehen konnte, zogen Helen und ihre Lehrerin für den Anfang ins Gartenhaus.

Miss Sullivan begann sofort, Helen im Fingeralphabet zu unterweisen, indem sie ihr die Bezeichnungen für die Gegenstände in die Hand schrieb. Helen lernte schnell diese Zeichen nachzumachen und hatte Spaß daran. Es war für sie ein hübsches Spiel. Sie begriff aber nicht, was diese Zeichen mit den Dingen zu tun hatten. Der Durchbruch kam erst etwa nach einem Monat. Es war der 5. April 1887. Miss Sullivan hatte auch an diesem Tag versucht, Helen klar zu machen, was gemeint sei, wenn sie ihr die Zeichen für *doll* (Puppe) in die Hand schrieb. Sie begriff es nicht und zerschmetterte vor Wut die Puppe auf dem Fußboden und bemerkte die Zerstörung mit einer gewissen Schadenfreude. Dann gingen sie hinaus.

> »Wir schlugen den Weg zum Brunnen ein, geleitet durch den Duft des ihn umrankenden Geißblattstrauches. Es pumpte jemand Wasser, und meine Lehrerin hielt mir die Hand unter das Rohr. Während der kühle Strom über die eine meiner Hände sprudelte, buchstabierte sie mir in die andere das Wort ›water‹, zuerst langsam, dann schnell. Ich stand still, mit gespannter Aufmerksamkeit die Bewegung der Finger verfolgend. Mit einem Male durchzuckte mich eine nebelhafte verschwommene Erinnerung an etwas Vergessenes, ein Blitz des zurückkehrenden Denkens, und einigermaßen offen lag das Geheimnis der Sprache vor mir. Ich wusste jetzt, dass ›water‹ jenes wundervolle kühle Etwas bedeutete, das über meine Hand hinströmte. Dieses lebendige Wort erweckte meine Seele zum Leben, spendete ihr Licht, Hoffnung, Freude, befreite sie von ihren Fesseln!«[287]

Von jedem Ding wollte Helen jetzt den Namen wissen und lernte so, bis sie am Haus angekommen waren, etwa dreißig Wörter, wie Ann Sullivan in einem Brief über dieses Ereignis schreibt.[288]

Der Durchbruch zur Bedeutungsebene der Sprache war damit geschafft. In den nächsten Tagen geht das Lernen mit Ungestüm weiter, wobei Helen das Gelernte immer sofort an andere weitergibt und in der Verständigung mit ihnen anwendet. Und immer, wenn sie neue Ausdrücke lernt, hört sie auf, sich mit ihren früheren Zeichen und pantomimischen Gesten zu verständigen. Die Lehrerin beginnt nach dem Brunnen-Ereignis Helen in ganzen Sätzen in die Hand zu »sprechen«, was diese schnell versteht. Sie selbst »spricht« zuerst Einwortsätze, dann Sätze mit zwei Wörtern usw., also ganz so, wie man es von hörenden Kindern während des Sprechenlernens gewöhnt ist.

Noch etwas anderes tritt ein. Als sie vom Brunnen in das Zimmer zurückkehren, erinnert sich Helen an die zerschmetterte Puppe, tastet sich zum Kamin, hebt die Stücke auf und versucht sie wieder zusammenzufügen. Vergeblich! Und Tränen füllen ihre Augen – zum ersten Mal. Sie erlebt Mitgefühl. Auch den Menschen gegenüber verändert sich ihr Verhalten. Wut und Aggression, die das Verhältnis zu den Erwachsenen immer wieder beherrschten, verschwinden und Zuneigung entsteht. »Helen stand heute früh wie eine strahlende Fee auf«, schreibt Ann Sullivan am nächsten Tag in einem Zusatz zum oben erwähnten Brief. »Sie flog von einem Gegenstand zum andern, fragte nach der Bezeichnung jedes Dinges und küsste mich vor lauter Freude. Als ich gestern abend zu Bett ging, warf sich Helen aus eigenem Antrieb in meine Arme und küsste mich zum ersten Male ...«[289] Auch das ist eine Folge des Durchbruchs zur Bedeutungsebene der Sprache: Beziehungen zu den Dingen ihrer Umgebung und zu den Menschen werden jetzt möglich.

Es ist schon bedeutsam, wenn jemand diesen wichtigen Moment beschreiben kann, den jeder von uns auf dem Wege zur Sprache durchmacht. Wir wissen selbst nichts davon, weil dieser Entwicklungsschritt sich in der Regel nicht so dramatisch, sondern wie nebenbei und außerdem zu einer Zeit abspielt, an die wir uns nicht erinnern können. Helen Keller erlebte rückblickend, dass sie erst in diesem Moment am Brunnen, kurz vor ihrem siebten Geburtstag, wirklich Mensch geworden war. Bisher gab es für sie nur das konkrete Ding, das sie berührte, den konkreten Wunsch oder die Ablehnung, die sie beherrschten und die sie auch auszudrücken und durchzusetzen in der Lage war. Jetzt öffnete sich die Welt der Bedeutungen und geistigen Zusammenhänge, der Intelligenz und Logik und zugleich die Möglichkeit, diese in einer Sprache auszudrücken. Um das zu erreichen, braucht das taubblinde Kind die aktive Hilfe eines anderen Menschen, der ihm, wenigstens für den Anfang, die beiden fehlenden kommunikativen Sinne, Sehen und Hören, ersetzt. Und das hat die Lehrerin Ann Sullivan bei Helen Keller in beispielhafter und aufopferungsvoller Weise getan. Nirgends zeigt es sich so deutlich wie im Fall der Taubblindheit: Wer diese Ebene der Bedeutung nicht erreicht, wer nicht die Gedankenwelt in den Äußerungen anderer Menschen wahrnehmen kann, der kann auch bei sich selbst keine Gedankenwelt, keine kognitiven und sozialen Fähigkeiten entwickeln.

Wenn das Verständnis von Sprache gegeben ist, dann kann sich für einen blinden oder taubblinden Menschen auch das Lesen anschließen. Die heute übliche Tastschrift ist die Brailleschrift. Sie wurde von Louis Braille (1809–1852), der selbst seit seinem dritten Lebensjahr blind war, im Jahr 1825 erfunden. Die Buchstaben dieser Schrift bestehen aus erhabenen Punkten, die nach dem Muster der Sechs auf dem Spielwürfel angeordnet sind.

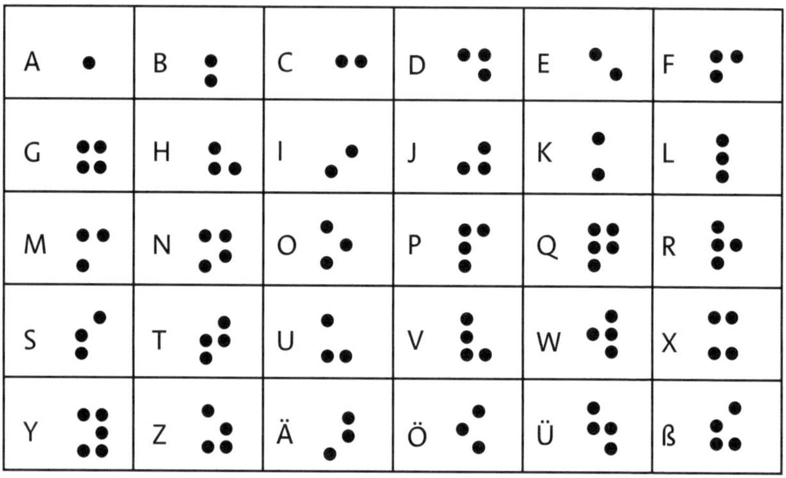

Das Braille-Alphabet

Es gibt auch eine Kurzschrift, die den Umfang der Braillebücher um etwa 30 Prozent verringert und ein rascheres Lesen und Schreiben ermöglicht.[290] Dieselben Zeichen werden auch für die Notenschrift verwendet. Das Lesen mittels des Tastens geht langsamer als das visuelle Lesen. Ein Brailleleser liest im Durchschnitt etwa 80 bis 90 Wörter pro Minute, ein visueller Leser schafft in derselben Zeit etwa 250 bis 300 Wörter. Allerdings kann das Tempo beim Lesen mit der Hand auch gesteigert werden. So hat man bei professionellen Braillelesern mit bestimmten Lesestragegien, z.B. der Verwendung von mehr als einem Finger, eine Steigerung bis auf 200 Wörter pro Minute gemessen.[291]

Was wir in diesem Kapitel zusammengetragen haben, zeigt, dass wir auch im Tasten Bedeutung wahrnehmen können. Die natürlichste Form ist das Wahrnehmen der Gegenstände. Wir haben aber auch die Möglichkeit, Gesten, Zeichen und Symbole, ja auch jede Form von Bildern und ihre Bedeutung wahrzunehmen, wenn sie in tastbarer Form vermittelt werden. Es gibt Schrift und es gibt, viel wichtiger noch, eine Sprache, die es Menschen, die von den kommunikativen Sinnen nur den Tastsinn zur Verfügung haben, ermöglicht, an menschlicher Entwicklung und menschlicher Kultur teilzuhaben.

Das bist du – Der Stilsinn

Gehört es zu unserem Alltag, einen anderen Menschen durch Betasten wahrzunehmen und zu identifizieren? Das ist ein ungewöhnlicher Gedanke. Aber wir tun es meist mehrfach jeden Tag, nämlich immer dann, wenn wir jemand mit Handschlag begrüßen. Da nehmen wir ja nicht nur die Beschaffenheit der Hand, ihre Größe oder Härte wahr, sondern auch den individuellen Zugriff der Person, die uns gegenübersteht. Jeder Händedruck ist anders, das nehmen wir schon wahr, auch wenn wir in der Regel nicht darauf achten. Meist kommt uns diese Wahrnehmung erst zum Bewusstsein, wenn vom anderen gar kein Druck ausgeht oder zu viel davon. Wer sich einmal vornimmt, eine Zeit lang beim Begrüßen auf den Händedruck zu achten, der wird einiges von den Persönlichkeiten erfahren, auch bei Kindern.

Wenn wir achtsam darauf sind, dann können wir auch bemerken, wer uns die Hand auf die Schulter legt oder uns am Arm fasst, ohne es gesehen zu haben. Kinder sind auf diesem Gebiet noch viel sensibler als wir Erwachsene. Sie nehmen sofort wahr, ob es die Mutter ist, die sie berührt und streichelt, oder jemand anderes. Aber es geht hier nicht nur um das Wiedererkennen. Wir nehmen an der Berührung auch die Intention wahr, mit der sie geschieht. So unterscheiden wir im Gedränge ganz selbstverständlich, ob eine Berührung absichtlich oder aus Versehen geschehen ist. Wir merken auch sofort, ob die Umarmung ehrlich ist oder gar nicht ernst gemeint, ob sie vielleicht sogar besitzergreifenden Charakter hat. Und das ist ja dann etwas, was mit der Person des anderen und seiner, häufig unbewussten, Intention zu tun hat. Berührungen sind eben Wahrnehmungen, durch die wir immer etwas von der Persönlichkeit des anderen erfahren. Daher ist die Berührung ja auch so intim, weil sie nicht nur eine Tastwahrnehmung vermittelt, sondern zugleich die Begegnung mit dem anderen Menschen. Wir wissen das und suchen deshalb Berührung mit Menschen, die wir gern haben, mit deren Persönlichkeit wir uns verbinden wollen, und lassen uns andererseits nicht von jedem anfassen.

Man kann auch das Gesicht des anderen Menschen, seine Physiognomie, abtasten, um etwas von ihm zu erfahren und ihn zu erkennen. Es gehört zu den selbstverständlichen Erkundungen blinder und vor allem taubblinder Personen, das zu tun. Wir Sehenden kennen das allenfalls als lustiges Gesellschaftsspiel. Es ist auch möglich, den persönlichen Stil eines Menschen an seinen Bewegungen und seinen Schöpfungen, z.B. den Werken eines Bildhauers, durch Abtasten wahrzunehmen. Dass uns das schwer fällt, liegt daran, dass wir nicht darauf angewiesen sind, weil wir die persönlichen Merkmale eben sehen können. Wer das nicht kann, erwirbt sich ein entsprechendes Wahrnehmen auf dem Felde des Tastens und nimmt an der Art der Gestaltung oder an der Art der Vibration den persönlichen Ausdruck eines Menschen wahr. Wenn wir einen Menschen an der Art seines Schrittes erkennen, dann kann natürlich auch die Vibration diese Wahrnehmung vermitteln. So berichtet die taubblinde Olga Skorochodova:

> »Ich fühle nicht nur, wenn jemand durch die Klinik geht, sondern ich kann sogar nach den Vibrationen bestimmen, wodurch das eine oder andere Klopfen verursacht wird. So habe ich z.B. heute in meinem Zimmer gelesen. Im Spielzimmer rollte Marija eine Kugel über die Rollfläche. Kaum hatte ich die Vibration verspürt, als ich sogleich erkannte, dass es Marija war, die eine Kugel rollt.«[292]

Ein Mensch, der das gelernt hat, der kann durch Vibration auch wahrnehmen, wer auf dem Klavier spielt oder wer der Geiger ist.

Wir sehen, auch im Bereich des Tastens gibt es die Möglichkeit, die Persönlichkeit des anderen Menschen an ihren Äußerungen wahrzunehmen. Damit ist das Tasten, neben dem Sehen und Hören, ein dritter kommunikativer Sinneskomplex. Das mag für viele ein ungewohnter Gedanke sein, was damit zusammenhängt, dass das Tasten im Vergleich mit Sehen und Hören viel unbewusster abläuft. Dadurch übersieht man leicht die Bedeutung, die es in unserem Leben spielt. Das Tasten kann aber, wie wir gesehen haben, Sehen und Hören ersetzen und macht dadurch taubblinden Menschen den Zugang zu den Gefühlen, den Gedanken und den Persönlichkeitsäußerungen anderer Menschen und damit eine Kommunikation mit ihnen möglich.

Einige praktische Konsequenzen

Wer hören will, muss fühlen

Die kommunikativen Sinne sind neben den Körpersinnen die zweite wichtige Säule unseres Lebens. Sie geben uns die Möglichkeit, mit anderen Menschen zu kommunizieren und etwas von ihren Gefühlen, Gedanken und ihrer Persönlichkeit wahrzunehmen. Alles, was menschliche Kultur und Bildung, was Kunst und Wissenschaft ausmacht, wird durch sie vermittelt. Nichts davon gäbe es, hätten wir diese Sinne nicht. Auch Erziehung ist nur dadurch möglich. Und so können wir sagen: Wir bauen aus dem Material, das uns diese Sinne liefern, das Haus unserer Bildung, unserer kognitiven Fähigkeiten, unseres geistigen Lebens. Wie ist das möglich? Schauen wir uns das Baumaterial daraufhin einmal an.

Bei aller Unterschiedlichkeit, die Sehen, Hören und Tasten aufweisen, haben diese drei Wahrnehmungsfelder doch eine gemeinsame Struktur. Sie sind so aufgebaut, dass sie

1. einen elementaren Wahrnehmungsbereich besitzen (wir haben ihn *Sehsinn*, *Hörsinn* und *Tastsinn* genannt), durch den wir das Physisch-Stoffliche an den Dingen und an den Äußerungen anderer Menschen unter visuellem, auditivem oder taktilem Aspekt erfahren. Auf dieser elementaren Stufe baut sich
2. in allen drei Sinnesfeldern der Wahrnehmungsbereich auf, den wir *Gestaltsinn* genannt haben, durch den wir im Sehen, Hören oder Tasten Form, Gestalt, Gebärde und an diesen die Gefühlsäußerungen anderer Menschen wahrnehmen. Danach folgt
3. in einer nächsten Stufe der Bereich des *Bedeutungssinns*, durch den wir die Funktion und Aussage der Bewegungen, Formen, der Dinge und Bilder sowie der gedanklichen Äußerungen anderer Menschen erfassen. Und schließlich haben wir

4. in einer letzten Stufe mit dem *Stilsinn* den Sinnesbereich, durch den die Persönlichkeit anderer Menschen in ihren Bewegungen, Äußerungen und Schöpfungen erfahrbar wird.

Im Überblick lässt sich das so darstellen:

Sehen	Hören	Tasten	
Sehsinn	Hörsinn	Tastsinn	Elementare Stufe
Gestaltsinn			Gestaltstufe
Bedeutungssinn			Bedeutungsstufe
Stilsinn			Persönlichkeitsstufe

Nun gilt es festzuhalten: Gestaltsinn, Bedeutungssinn und Stilsinn können alleine zu keiner Wahrnehmung führen. Sie brauchen einen anderen Sinn als Medium. Und solche Medium-Sinne sind eben Sehen, Hören und Tasten.

Aus der Untersuchung der kommunikativen Sinne lassen sich nun folgende Konsequenzen ziehen, die für den Bau des Hauses der Bildung, d.h. für die Entwicklung des Menschen, insbesondere des Kindes und Jugendlichen, von Bedeutung sind.

Stufenartige Förderung

Die vier Stufen innerhalb eines Wahrnehmungsfeldes, also im Sehen, im Hören oder im Tasten, bauen aufeinander auf. Das heißt, wer Geräusche und Klänge (elementare Stufe) zu unterscheiden gelernt hat, kann auch Sprachlaute und musikalische Klänge (Gestaltstufe) differenzierter hören. Wer gelernt hat, sprachliche Modulationen (Gestaltstufe) wahrzunehmen, der hat es leichter, den Inhalt des Gesagten (Bedeutungsstufe) zu verstehen. Wer das Wahrnehmen der Bedeutungsebene in Sprache und Musik gut entwickelt hat, der hat einen leichteren Zugang zum individuellen Stil. Entsprechendes lässt sich für das Sehen und das Tasten aufzeigen. Farbnuancen, Helligkeitsunterschiede und Reflektionseigenschaften (elementare Stufe) oder taktile Materialeigenschaften (elementare Stufe) unterscheiden zu können, ist unbedingte Voraussetzung für eine differenzierte Gestaltwahrnehmung und damit für gutes Design, gute handwerkliche und künstlerische Gestaltung und Ausführung (Gestaltstufe). Jede gute künstlerische und handwerkliche Ausbildung berücksichtigt das. Wird diese Stufe beherrscht, dann kann man auch mit der Bedeutung frei und spielerisch umgehen (Bedeutungsstufe), z.B. in der Kunst, in der Werbung, ebenso in Pädagogik, Personalführung und vielen anderen Lebensfeldern. Auch in den Methoden wissenschaftlicher Betrachtung ist diese Abfolge zu finden. Man versteht ein Kunstwerk, z.B. ein Bild, erst dann vollständig, wenn man alle vier Stufen der Wahrnehmung und des Ausdrucks untersucht, für sich und in ihren Abhängigkeiten voneinander.[293] Dann basiert das Urteil über ein Kunstwerk auf wirklicher Wahrnehmung und bleibt nicht im Bereich unbestimmter Anmutung.

Für Erziehung und Bildung heißt das: Förderung der höheren Stufen, z.B. Sprachförderung oder kognitive Förderung, setzt eine Förderung auf der niedrigeren, d.h. auch auf der elementaren Stufe voraus. Wenn also das kleine Kind im Spiel mit Material und Gegenständen, mit allem, was es in seiner Umgebung findet, experimentiert und es sieht, hört und tastet, dann ist das eine wichtige Voraussetzung sowohl für die Sprachentwicklung als auch für die kognitive Entwicklung des Kindes. Fördern wir das Spiel des kleinen Kindes, dann bauen wir an den Grundlagen für diese anderen Bereiche. Eine Fördermaßnahme dagegen, die nur den Bereich beachtet, in dem das Defizit auftritt und die darunterliegenden Stufen nicht berücksichtigt und stärkt, baut ein Haus ohne Boden. Das ist die erste Konsequenz, die zu ziehen ist.

Vernetzte Förderung

Ein zweiter Aspekt: Sehen, Hören und Tasten können sich gegenseitig ersetzen. Das wissen wir von den Fällen, bei denen ein ganzes Sinnesfeld wegen Blindheit oder Taubheit ausfällt. Das gilt aber auch für die einzelnen Wahrnehmungsstufen von Sehen, Hören und Tasten. Diese sind untereinander verwandt und können sich daher auch einzeln ergänzen und ersetzen. Wir kennen das aus dem Alltag. Oft verwenden wir nämlich zu unseren Worten Gesten, um das, was wir sagen wollen, ganz zum Ausdruck zu bringen. Dann ergänzen wir die hörbare Sprache durch sichtbare Sprache. Ja, wenn wir Gesten benutzen, fällt es uns leichter, die richtigen Worte zu finden und uns an etwas, was wir erzählen wollen, zu erinnern.[294] Und wer die hörbare Sprache nicht wahrnehmen kann, der kann diesen Mangel eben durch die sichtbare Sprache ersetzen. Und wer auch diese Möglichkeit nicht hat, kann sich der tastbaren Sprache bedienen. Aber nicht nur das. Gestik und Pantomimik, mit denen der Erwachsene seine Worte begleitet, fördern das Sprechenlernen beim Kind.[295] Das entspricht ganz der schon erwähnten Korrelation, die sich zwischen Sprachdefizit und tastendem Objekterkennen beobachten lässt.[296] Daher ist tastendes Objekterkennen oder Modellieren, wie wir am Beispiel taubblinder Kinder gesehen haben, eine so wichtige Voraussetzung für die Sprachentwicklung. Wer richtig »hören« will, muss also »fühlen«, d.h. tasten lernen.

Erziehung und Bildung sowie therapeutische Förderung, das ist die zweite Konsequenz, sollten diese Zusammenhänge berücksichtigen und jedes der drei Sinnesfelder nicht nur für sich (unimodal), sondern auch durch die jeweils anderen (multimodal) fördern und entwickeln. Das ist besonders wichtig, wenn es darum geht, Schwächen oder Defizite auszugleichen. Eine Förderung muss dann gerade in den nicht betroffenen parallelen Sinnesfeldern ansetzen, um zum Erfolg zu kommen. Nur wenn das Berücksichtigung findet, kann Bildung oder Therapie von nachhaltiger Wirkung sein. Für Sprachförderung und Sprachtherapie gilt das in ganz besonderem Maße.

Förderung durch menschliche Vorbilder

Und ein Drittes. Wir konnten bei Helen Keller beobachten, wie ihre Entwicklung auf einer bestimmten Stufe stehen blieb, solange sie nicht die Möglichkeit zur Wahrnehmung von Bedeutung ausgebildet hatte. Denselben Zusammenhang finden wir vereinzelt bei gehörlosen Kindern, die keine Sprache entwickelt haben,[297] und natürlich auch bei Wolfskindern oder stark vernachlässigten Kindern, wie der bereits erwähnten Genie. Sie haben keine Wahrnehmung von menschlichen Äußerungen, sodass ihre Bedeutungswahrnehmung und Persönlichkeitswahrnehmung keine Nahrung bekommen.[298] Und die Folge ist: Sie können dann die entsprechende Stufe auch nicht als eigene Fähigkeit ausbilden. Niemand entwickelt Sprache, der nicht Sprache wahrnehmen kann. Dasselbe gilt für Denken und Persönlichkeit.

Wir brauchen zu unserer Entwicklung menschliche Vorbilder, an denen wir außer den physischen Wahrnehmungen auch Wahrnehmungen der anderen Stufen kommunikativer Sinne haben können. Um Empfindungsfähigkeit auszubilden, braucht das Kind die Wahrnehmung von Erwachsenen, die ihre Gefühle äußern. Dabei ist nicht gemeint, dass man die Kinder ständig an seiner Befindlichkeit teilnehmen lässt, aber dass man seine Freude und seine Trauer, seine Begeisterung, aber auch seinen Ärger zeigt, wenn Anlass dafür vorhanden ist. Wichtig ist dabei, dass die Gefühle auch in verschiedenen Medien erfahrbar werden, in der fröhlichen oder traurigen Melodie, in einem lustigen Ausspruch oder in der dramatischen Geschichte, in Mimik und Gebärde, in der unterschiedlichen Berührung. Dass die ausgedrückten Gefühle echt sein müssen, ist wohl selbstverständlich. Die stärkste Anregung zur Entwicklung des Gefühls geht von den Werken der Literatur, der Musik und Kunst aus. Der Maler Kandinsky hat Recht, wenn er schreibt: »Jedes Kunstwerk ist Kind seiner Zeit, oft ist es Mutter unserer Gefühle.«[299]

Auch um das eigene Denken auszubilden, brauchen wir die Wahrnehmung des Denkens anderer. Daher ist es so wichtig, dass Kinder zuhören, nicht jedem Gequassel natürlich, sondern sinnvoller, bedeutsamer

Sprache, und die ist am besten bei gutem Erzählen und beim Vorlesen guter Literatur gegeben. Denn dabei nehmen wir nicht nur den sachlichen Inhalt auf, sondern auch die innere Logik und Intelligenz. In diesem Sinne macht Zuhören dann Kinder schlau.[300] Voraussetzung ist aber, dass das Geschriebene Niveau besitzt. Und das gerade sucht man bei vielen Bilderbüchern, Kinderbüchern, ja sogar bei Lesebüchern für die Grundschule vergebens. Aber auch das Zusehen macht Kinder, wie wir gesehen haben, schlau, nämlich wenn sie den Gebrauch von Gesten oder von Elementen der Gebärdensprache erleben und ganz besonders wenn sie durchdachte Handlungen, insbesondere handwerkliche oder hauswirtschaftliche Tätigkeiten wahrnehmen können. Da die Letzteren aber immer seltener in der Umgebung der Kinder stattfinden, muss über einen Ausgleich hierfür nachgedacht werden. Gut wäre es, wenn Kinder im Kindergarten hauswirtschaftliche Tätigkeiten und verschiedene Arten von Handwerkern erleben, ihnen Fragen stellen und selbst an der einen oder anderen Stelle helfen könnten.[301] Noch besser wäre es natürlich, Erzieherinnen und Erzieher beherrschten ein Handwerk, das sie im Kindergarten selbst ausführten. Und schließlich, um zur letzten der vier Stufen zu kommen, verlangt die Entwicklung der eigenen Persönlichkeit eine Wahrnehmung anderer Persönlichkeiten als Vorbilder. Dabei ist wichtig, am anderen zu erleben, wie er seinen eigenen Weg geht. Erwachsene, die sich anbiedern oder nur den Trend leben, sind als Vorbilder für die Entwicklung der Persönlichkeit wenig förderlich.

Wir brauchen also die Wahrnehmung anderer Menschen, ihrer Äußerungen und Werke, um uns entwickeln zu können. Wir sind von diesen Wahrnehmungen abhängig, denn sie bilden uns. Fehlen sie, dann bleiben wir in unserer Entwicklung stehen. Das kann die Ausbildung einzelner Fähigkeiten, aber auch die gesamte Weiterentwicklung betreffen. Im Übrigen sind selbstverständlich auch Menge und Qualität ausschlaggebend. Und es ist dringend nötig, heute an eine »Diät« auf diesem Gebiet zu denken. Sollen Erziehung und Bildung gelingen, so müssen alle Wahrnehmungsstufen der kommunikativen Sinne in der richtigen Menge und Qualität zur Verfügung stehen.

Wer hier meint, das sei eine theoretische Erörterung ohne praktischen Wert, der irrt. Denn es gibt heute eine Vernachlässigung der Kinder und Jugendlichen, gewissermaßen auf hohem Niveau, weil die Erwachsenen nicht anwesend sind, mit den Kindern und Jugendlichen nicht sprechen oder sich durch Medien vertreten lassen. Wenn das so ist, fehlt den Kindern und Jugendlichen die Wahrnehmung der Gefühle, Gedanken und der Persönlichkeit der Erwachsenen ihrer Umgebung. Und das ist eine Form der Isolation und Vernachlässigung, die wir sehr ernst nehmen müssen, weil sie zunehmend Ursache von Entwicklungsdefiziten bei Kindern und Jugendlichen ist.

Sprachförderung

Gegenwärtig wird über Defizite in der Sprachentwicklung von Kindern und in Folge dessen auch über Sprachförderung viel zu eindimensional diskutiert, z.B. wenn man annimmt, man könne sprachliche Defizite, zumal in der Vorschulzeit, allein durch Sprachkurse beheben. Diese Annahme ist aber unsachgemäß. Sprache ist kein isoliertes linguistisches Phänomen, sondern Teil einer komplexen Entwicklung, in der die unterschiedlichsten Erfahrungen eine Rolle spielen.[302] Es gibt eben Voraussetzungen für die Entwicklung der Sprachfähigkeit, die außerhalb des direkten Sprachbereichs, ja sogar außerhalb des Hörens liegen. Will man ein Sprachdefizit beheben, dann muss man erst diese Voraussetzungen aufarbeiten, bevor man direkt an der Sprache etwas bewirken kann. Auf einige dieser Voraussetzungen sei hier beispielhaft hingewiesen.

Das Begreifen der Gegenstände durch das Tasten ist eine wichtige Voraussetzung für die Sprachentwicklung. Wir haben darüber im Zusammenhang der Erziehung taubblinder Kinder ausführlich gesprochen. Das haptische Erkennen und Wiedererkennen von Objekten und der Aufbau dazu notwendiger Explorationsprozeduren hat z.B. Einfluss auf das Sprechenlernen und die Entwicklung des Wortschatzes. In mehreren Untersuchungen hat sich eine signifikante Korrelation zwischen passiver Wortschatzleistung und haptischem Erkennen gezeigt.[303] Kinder hatten in diesem Fall Mühe, Gegenstände so anzufassen, wie es dem jeweiligen Gegenstand entspricht, und konnten ihn deshalb nicht erkennen. Gelernt werden kann das nur durch Erfahrung. Kinder, die viel vor dem Bildschirm sitzen oder aus anderen Gründen wenig handgreifliche Welterfahrung machen, haben schlechte Voraussetzungen. Ihnen fehlen dadurch gerade diese Erfahrungen des Bedeutungssinns. Eine andere wichtige Voraussetzung für die Sprache ist, dass Kinder gelernt haben, mit Gesten und Zeichen, also mit anderen sprachlichen Formen umzugehen, sie zu verstehen und selbst zu benutzen. Eine Förderung an dieser Stelle, z.B. durch verstärkte Verwendung von Pantomime, Gesten und Ausdrucksgebärden beim normalen Sprechen, aber auch bei Fingerspielen, Reigen, Rollenspielen, kann für die Sprachentwicklung viel bewirken.[304]

Auch innerhalb des Hörbereichs gilt es wichtige Voraussetzungen für die Sprache zu beachten. Um ähnliche Worte wie z.B. »Nadel« und »Nagel« sicher unterscheiden zu können (phonematische Differenzierungsfähigkeit), was etwa 15 Prozent der Schulanfänger nicht können, müssen wir ein differenziertes Hören entwickelt haben, und das geschieht nicht erst durch Sprachwahrnehmung, sondern bereits durch die Wahrnehmungen des Hörsinns, also der elementaren Stufe des Hörens. Ein Kind, das mit vielfältigem Material umgeht und dessen Klänge hört, Naturgeräusche kennenlernt, Papier zerknüllen darf und so z.B. das Knistern verschiedener Papiersorten unterscheiden lernt, ist in dieser Beziehung gut auf das Hören und Unterscheiden der Sprachlaute vorbereitet. Die sensible Phase für die Ausbildung der phonematischen Differenzierungsfähigkeit liegt im vierten und fünften Lebensjahr. In diesem Alter kann also durch elementare Hörerfahrungen noch viel für die Sprachentwicklung getan werden. Auch die melodische und die rhythmische Differenzierungsfähigkeit sind wichtig zum Erlernen und Beherrschen der Sprache. Ihre sensiblen Phasen zur Ausbildung liegen wesentlich früher. Hat ein Kind keine Erfahrung mit Melodischem, dann entgehen ihm viele Nuancen in der Bedeutung gesprochener Sprache. Es wird z.B.

Schwierigkeiten haben, eine Frage von einer Behauptung zu unterscheiden. Denn rhythmische Feinheiten bestimmen oft die Bedeutung einer Aussage. Ein häufig benutztes Beispiel ist der Satz: »Der Lehrer sagt der Schüler ist ein Esel.« Dieser Satz hat, je nach rhythmischer Gliederung, zwei sehr unterschiedliche Bedeutungen. Einmal ist der Lehrer, einmal der Schüler der Esel. (Der Lehrer, sagt der Schüler, ist ein Esel. Der Lehrer sagt, der Schüler ist ein Esel.) Wer, wenn dieser Satz gesprochen wird, die Gliederung nicht wahrnehmen kann, kann auch die unterschiedliche Bedeutung nicht erfassen. Hier ist ein Kind gut vorbereitet, wenn es in den ersten Lebensjahren reiche Erfahrungen mit Melodie und Rhythmus machen konnte.[305] Häufiges Vorlesen, selbstverständlich erst ab einem bestimmten Alter, wirkt ebenfalls positiv auf die sprachliche Entwicklung.[306] Zunächst ist natürlich die mit dem Vorlesen verbundene Zuwendung ein wichtiges Element, wodurch das Kind in seiner Entwicklung, ganz besonders der sprachlichen Entwicklung, gefördert wird. Das Kind nimmt aber auch die konkrete Lautgestalt und ihre Bedeutung wahr und bildet sich die inneren Bilder dazu. Das stärkt die Fähigkeit, in sprachlichen Phänomenen Bedeutung wahrzunehmen. Außerdem hat musikalische Erziehung einen positiven Einfluss auf die Sprache. Sie stärkt die Fähigkeit, die emotionalen Anteile der Sprache zu verstehen.[307]

Wir sehen daran, dass die Ausbildung bestimmter Wahrnehmungsfähigkeiten im Bereich des Hörens, aber auch im Bereich des Sehens und Tastens die besten, ja zum Teil entscheidenden Voraussetzungen für das Erlernen und Beherrschen der Sprache sind. Und da die meisten sprachlichen Defizite bei Kindern auf dem Felde dieser verschiedenen Voraussetzungen ihre Ursache haben, muss die Sprachförderung, will sie nachhaltig sein, auch dort ansetzen.

Frühe Leseförderung

Auch beim Lesenlernen gilt, ähnlich wie beim Erlernen der Sprache, dass der Erfolg von ganz verschiedenen Voraussetzungen abhängt und dass Lesetraining allein unter Umständen gar nichts bringt. Wir haben im Kapitel über die Bedeutungswahrnehmung im Sehen das Lesen bereits behandelt. Vergegenwärtigen wir uns jetzt noch einmal kurz, was Schrift ist und was es heißt, lesen zu können.

Schriftzeichen sind keine echten Symbole, wie etwa ein gezeichneter Pfeil oder das Zeigen mit der Hand, sondern Stellvertreter für die echten Symbole der gesprochenen Sprache. Die Bedeutung echter Symbole lernen wir durch Wahrnehmung. Das reicht bei den Schriftzeichen nicht aus. Daher muss beim Lesenlernen zuerst der Zusammenhang zwischen gehörter Sprache und sichtbaren Schriftzeichen trainiert werden. Hat sich dieser Zusammenhang eingeprägt, dann nehmen wir nicht mehr die einzelnen Schriftzeichen in ihrer Abfolge, sondern gleich das ganze Wort und seine Bedeutung wahr und können also lesen.

Es gibt, aus dem Blickwinkel der Sprach- und Symbolwahrnehmung, bestimmte Voraussetzungen für ein erfolgreiches Lesenlernen. Um gesprochene Sprache und Schrift aufeinander beziehen zu können, müssen wir die Sprache differenziert hören und die Laute, seien sie noch so ähnlich, unterscheiden können. Was dazu nötig ist, haben wir eben im Kapitel Sprachförderung beschrieben.

Sprache hat, wie wir bereits gezeigt haben, zwei Ebenen: einmal die Lautgestalt und Modulation, die einen emotionalen Ausdruck vermitteln, zum andern die Wortbedeutung. Spricht jemand, dann spielt für das Verstehen gerade die emotionale Ebene eine wichtige Rolle. Kinder sind im Vorschulalter davon noch stark abhängig, weil sie im emotionalen Bereich der Sprache mehr als im Begrifflichen zu Hause sind. Dieser durch Modulation vermittelte emotionale Bereich kommt aber bei der Schrift nicht vor. Ein Kind, das Lesen lernen soll, muss also gelernt haben, von dieser Seite der Sprache abzusehen. Sprechen die Erwachsenen wenig mit den Kindern, und das ist ja immer häufiger der Fall, dann wird es das Kind damit schwer haben. Fördern können wir die

Kinder in diesem Punkt also, wenn wir viel mit ihnen sprechen, vor allem aber, wenn wir Geschichten und Märchen erzählen oder vorlesen. Dabei ist es gut, wenn immer wieder dieselbe Geschichte vorgelesen wird, damit sich die Worte, ihr Bedeutungszusammenhang und die dazugehörigen inneren Bilder einprägen können. Günstig ist auch, wenn wir beim Erzählen und Vorlesen sehr zurückhaltend modulieren, wie das gute Vorleser oder Erzähler ja tun. Eine emotionalisierte oder stark dramatische Sprache, wie sie auf vielen Märchen-Kassetten und -CDs vermittelt wird, hilft den Kindern an dieser Stelle nicht. Sie zeigt bei jedem Abspielen dieselbe Modulation, was eine feste Verbindung zwischen Bedeutung und Modulation einzelner Worte suggeriert. Wenn wir dagegen direkt vorlesen, tun wir das jedes Mal anders, und damit erleichtern wir den Kindern die Erfahrung, dass Gestalt und Bedeutung eigenständige Bereiche sind.

Auch wenn die Schriftzeichen nur Ersatzsymbole sind, ist Lesen dennoch die Wahrnehmung der Bedeutung sichtbarer Symbole. Sie muss aber im Fall der Schrift mühsam gelernt werden. Ein Kind ist dann gut darauf vorbereitet, wenn es mit der Wahrnehmung von Bedeutung im Sichtbaren schon durch andere Erfahrungen vertraut ist. Wenn Bedeutungswahrnehmung im Sehen erst an den Buchstaben gelernt werden soll, ist das Bemühen zum Scheitern verurteilt, weil man das an echten, lebendigen Beispielen lernen muss. Deshalb ist eine wichtige Frühförderung für das Lesenlernen, dass Kinder in ihrer Umgebung sinnvolle Tätigkeiten und sinnvolle Gesten wahrnehmen und erleben, dass Menschen sich mit Zeichen, Symbolen und Gesten verständigen. Wichtig ist auch der Umgang mit Bildern, sprachlichen Bildern, Vorstellungsbildern, z.B. durch ein Puppenspiel erzeugt, und natürlich auch mit gemalten Bildern. Das findet Berücksichtigung in der Praxis der Waldorfschulen, wo die Einführung der Buchstaben über Geschichten und Bilder geschieht. Ebenso wichtig, und für viele vielleicht überraschend, ist für das Lesenlernen der Umgang mit Gegenständen, deren Funktion erlebbar ist. Dieser Zusammenhang wird durch Erkenntnisse der Gehirnforschung bestätigt. Die visuelle Wortformregion, wie man die Stelle im Gehirn nennt, die für die ersten Verarbeitungsschritte beim Lesen verantwortlich ist, gehört nämlich zu einem Gehirnareal, das bei der Objekterkennung, ebenfalls einer Bedeutungswahrnehmung, eine wichtige Rolle spielt.[308] Die Lesefunktion dieser Wortformregion bildet sich erst beim Lesenlernen heraus. Es ist also anzunehmen, dass eine Stärkung der gesamten Region durch vielfältige Erfahrungen in der Objektwelt auch dazu beitragen wird, dass dann für das Lesenlernen eine starke Wortformregion zur Verfügung steht. Berücksichtigt man, wie wir es hier skizziert haben, die Erkenntnisse der Sinnesforschung, dann bedeutet frühe Leseförderung gerade *nicht* frühes Lesenlernen, sondern Förderung der Bedeutungswahrnehmung auf allen Gebieten.

Sehen, Hören, Tasten – drei Verhaltensweisen

Die Erfahrungen des Sehens, des Hörens und des Tastens haben in unserem Leben eine wichtige, aber eine sehr unterschiedliche Bedeutung. Jeder von uns hat ganz verschiedene Schwerpunkte und Vorlieben unter diesen Sinnen. Das kommt nicht nur daher, dass Sehen, Hören und Tasten ganz unterschiedliche Wahrnehmungstätigkeiten sind und jeder dieser Sinnesbereiche einen anderen Aspekt der Welt, eben den optischen, akustischen und taktilen, zeigt. Ein weiterer Grund dafür ist, dass wir beim Sehen in ein ganz anderes Verhältnis zu den Objekten treten, als wenn wir hören oder tasten. Und dadurch gewinnen wir Zugänge zur Welt und vor allem zur menschlichen Umgebung, die eben bei jedem dieser Sinne einen ganz eigenen Charakter tragen. Schauen wir uns unter diesem Blickwinkel die Charaktere dieser drei Sinne einmal an.

Sehen: Überblick und Distanz

Zum Sehen brauchen wir einen bestimmten Abstand vom Objekt. Sind wir zu nah dran, ist das Sehen nicht mehr sinnvoll. Und bei einer Berührung mit dem Auge hört das Sehen ganz auf. Ohne Distanz können wir also nichts sehen. Zugleich kann das Sehen Objekte über große Distanzen wahrnehmen. Dazu kommt, dass unser Blickfeld sich mit dem Abstand ändert. Je größer der Abstand ist, desto mehr sehen wir. Denn, und das ist ein weiteres Merkmal, Sehen ermöglicht uns immer Überblick, und zwar sofort, beim ersten Blick. Machen wir die Augen auf, dann haben wir als Erstes den Überblick über das, was vor uns ist. Die Einzelheiten wahrzunehmen bedarf besonderer Hinwendung und Intention. Diese beiden Merkmale *Distanz* und *Überblick* machen das Sehen so praktisch. Wir müssen uns beim Sehen nicht dem Objekt nähern, uns gar dem Objekt aussetzen oder uns damit verbinden, sondern können immer die Distanz wahren. Der Gesehene muss davon noch nicht einmal etwas bemerken. Er muss auch nichts dafür tun. Mehr als seine Anwesenheit ist nicht nötig. Trotzdem haben wir schnell und ohne Anstrengung einen Überblick, können uns ein Bild machen, uns rasch orientieren und zurechtfinden und die Lage beurteilen. Dadurch wissen wir über vieles schnell Bescheid. Und noch etwas kommt hinzu: Wir bestimmen selbst, ob und was wir sehen wollen. Schließlich können wir die Augen zulassen, vor allem aber unseren Blick jederzeit anderswo hinwenden und können z.B. jemanden, der uns gegenübersteht, einfach nicht anschauen. Unser Gegenüber kann dagegen nichts machen. Wir sind Herrscher über unser Blickfeld. Das heißt, wir haben beim Sehen eine gewisse Machtposition, die uns suggeriert, wir wären Herr über die Welt, in deren Mittelpunkt wir stehen.

Nun hat das Sehen auch Schwachstellen. So schnell wir auch durch das Sehen in der Lage sind, uns einen Überblick zu verschaffen und zu einem Urteil zu kommen, wir können uns dabei auch furchtbar täuschen. Denn erstens ist uns immer nur ein Ausschnitt zugänglich, wir können nie alles zugleich wahrnehmen. Und zweitens sehen wir immer nur die Oberfläche. Wir können mit dem Sehen nicht tiefer eindringen. Das Sehen ist, ganz nüchtern betrachtet, ein oberflächlicher Sinn.[309] Selbst das, was ich vom anderen Menschen an Gefühlsregung im Gesicht oder in den Gebärden wahrnehme, muss der andere erst an die Oberfläche kommen lassen, damit ich es sehen kann. Er kann es aber auch, mindestens teilweise, verbergen.

Das Sehen begründet also ein ganz bestimmtes Verhältnis zur Welt und zu den anderen Menschen. Es macht uns souverän. Wir können Distanz bewahren und etwas von ferne betrachten, sich nähernde Ereignisse vorweg erfassen,[310] können uns schnell orientieren oder uns in Ruhe ein Bild machen. Wir beherrschen das Verhältnis, lassen den anderen dabei ganz frei, erfahren aber auch nur das, was an der Oberfläche zu erkennen ist. Und der andere wird, begegne ich ihm nur mit dem Sehen, die Distanz spüren.

Das Tasten: Intimität und Unmittelbarkeit

Das Tasten steht dem Sehen in vielen Merkmalen polar gegenüber. Wollen wir tasten, dann ist Berührung, d.h. Nähe die absolute Voraussetzung. Nichts, auch kein noch so geringer Abstand, darf uns vom Objekt trennen. Berührung verlangt, dass wir uns ganz auf das Berührte einlassen. Betrachten wir die Stelle, wo wir mit unserer Haut einen Gegenstand oder einen Menschen berühren, genau, so sehen wir, dass wir uns an dieser Stelle dem anderen anschmiegen, bis in die Gestalt der Oberfläche völlig angleichen und damit gewissermaßen uns mit dem anderen identifizieren. Wir müssen alle Vorbehalte aufgeben, oder wir müssen eben auf das Berührungserlebnis verzichten. Verbergen lässt sich beim Berühren nichts. Daher setzt intime Berührung Zuneigung voraus, und zwar nicht nur bei uns, sondern auch beim anderen. Berühren wir einen anderen Menschen, so lassen wir ihn nicht frei. Er muss mitmachen, der Berührung folgen und sich mit dem Berührer identifizieren wollen, oder wir müssen ihn zwingen. Jede Berührung enthält die Gefahr des Zwangs. Deshalb ist eine Berührung gegen den Willen, zumal eine intime Berührung, wie sie bei Missbrauch herbeigeführt wird, so tief verletzend. Wollen wir den anderen nicht verletzen, dann gehen wir bei einer Berührung eben vorsichtig und behutsam vor. Und was erfahren wir? Tasten wir einen Gegenstand ab, dann nehmen wir als Erstes immer eine Einzelheit wahr. Rücken wir mit der Hand weiter, so registrieren wir die nächste Einzelheit, dann die nächste usw.. Wir wissen nie im Voraus, was wir als Nächstes tasten werden. Daher sind unsere Tastwahrnehmungen ja auch so voller Überraschungen. Wollen wir aber den Zusammenhang des Ganzen erleben, müssen wir ihn aus den Detailwahrnehmungen erst zusammenfügen.

Das Verhältnis zur Welt und zu den anderen Menschen, das durch den Tastsinn entsteht, ist intim und unmittelbar. Es gibt keine direktere Begegnung im Bereich der Sinne als die der Berührung. Jede Distanz ist aufgehoben. Das hat zur Folge, dass der Wahrnehmende mit dem Wahrgenommenen eins wird. Beide müssen sich aufeinander einlassen, müssen die Berührung wollen, oder es entsteht Zwang. Subjekt und Objekt der Wahrnehmung sind hier gleichberechtigt. Aber so direkt und intim wir uns auch begegnen, wir begegnen letztlich nur dem Körper und erst über diesen der Person, die sich mit ihrem Körper identifiziert.

Hören: Hinwendung und Geduld

Und wie ist es beim Hören? Hier liegt eine ganz andere Grundbedingung vor. Der andere kann anwesend sein, wir können uns ihm zuwenden, uns ihm nähern. Es wird alles nichts nützen. Wenn der andere sich nicht hörbar äußert, können wir ihn nicht wahrnehmen. Für das Hören existiert die Welt erst, wenn sie erklingt. Daher ist die Welt des Hörens keine Welt des Seins, sondern eine Welt des Werdens, in der die Dinge so lange existieren, wie sie klingen.[311] Der Hörende kann den Klang nicht beeinflussen oder herbeizwingen. Er kann der Welt und den Menschen gegenüber nichts anderes tun als zu warten, sich zu öffnen und bereit zu machen, das aufzunehmen, was vom anderen kommt. Wenn wir dann hören, hören wir immer alles, was in dem Moment zu hören ist. Die Fülle des jeweils Hörbaren ist die Ausgangslage, nicht das Einzelne und auch nicht der Überblick. Wollen wir Einzelnes hören oder bestimmte Zusammenhänge, dann müssen wir dies mit unserer Aufmerksamkeit erst herauslösen. Haben wir aber gelernt zuzuhören und zu lauschen, dann können wir durch die Musik oder durch die Worte, die wir hören, tiefe »Blicke« in das Innere des anderen tun. Denn wer durch Sprache oder Musik sich äußert, öffnet sein Inneres dem Hörer. Daher kann sich der Mensch gegenüber dem Hören am wenigsten verbergen.

Was durch das Hören zwischen Menschen entsteht, ist also wiederum ein ganz anderes Verhältnis. Es ist von Hinwendung und geduldigem Abwarten geprägt und nicht von der Herrschaft über den anderen. Denn es gibt im Hören keine Möglichkeit zu bestimmen, was wir wahrnehmen. Dafür aber öffnet sich das Innere des anderen Menschen, wenn er sich hörbar äußert, und gibt uns Einblicke von einer Tiefe, wie sie die beiden anderen Sinne nicht gewähren.

Wir sehen, es werden wirklich drei verschiedene Verhaltensweisen veranlagt, je nachdem ob wir uns mehr vom Hören, vom Tasten oder vom Sehen leiten lassen. Die Kultur der westlichen Welt, auch unsere Gesellschaft, ist besonders stark vom Sehen geprägt. Ist es dann überraschend, dass wir so unpersönlich und distanziert miteinander umgehen, die anderen leichtfertig beurteilen oder sogar öffentlich bloßstellen? Würden wir in einer Gesellschaft leben, in der das Hören oder das Tasten mehr Bedeutung hätte als das Sehen, würde es ein solches Verhalten wohl nicht geben. Allerdings gäbe es möglicherweise dann andere Einseitigkeiten. Denn für sich genommen sind die drei Verhaltensweisen, die durch Sehen, Hören und Tasten veranlagt werden, einseitig. Wir müssen sie jeweils durch die anderen ergänzen, um diese Einseitigkeiten auszugleichen. Genau das tun wir in vielen Situationen auch ganz selbstverständlich, z.B. wenn wir uns mit Blick, Wort und Handschlag begrüßen oder wenn wir unsere Zuneigung, die wir dem anderen durch ein Lächeln zeigen, mit einem liebevollen Wort und einer Berührung begleiten. Denn der Blick allein, auch wenn er von einem Lächeln begleitet ist, schafft Distanz, die Berührung allein kann aufdringlich sein, ein Wort allein kann verletzen. Wirken sie zusammen, dann kann selbst eine Wahrheit, die schmerzt, zu ertragen sein. Selbstverständlich können wir diese Mittel auch bewusst einsetzen, z.B. in der Pädagogik, wo wir ja ständig mit dem Blick und mit dem Wort und manchmal auch mit einer Berührung auf die Kinder oder Jugendlichen wirken. Aber wir müssen wissen, was wir damit bewirken.

Sucht und Gewalt – Verhältnis der kommunikativen zu den Körpersinnen

Unser ganzes Leben über sind wir mit unseren Sinnen in zwei sehr unterschiedlichen Richtungen tätig. Wir blicken in die Welt und sehen die verschiedensten Objekte, sehen Farben, Bilder, Reklame, andere Menschen oder wir hören Leute, Maschinen, die tausend Geräusche der Stadt, die Nachrichten und erfahren von all den Dingen, die wir berühren. Was wir dabei wahrnehmen, das ist in der Welt vorhanden. Wir nehmen es entgegen, nehmen es auf, sind dabei passiv. Damit ist nicht gemeint, dass Wahrnehmen eine passive Angelegenheit sei. Selbstverständlich ist es ein Vorgang höchster Aktivität. Und doch können wir nur etwas betasten, etwas hören oder sehen, wenn es vorhanden ist und von uns entgegengenommen wird. Wir sind also in diesem Fall Aufnehmende, Empfangende, ja sogar abhängig davon, dass uns die Welt etwas zum Wahrnehmen bietet. Bei den Körpersinnen ist das Gegenteil der Fall. Da müssen *wir* den Sinnen etwas zum Wahrnehmen bieten. Wir haben zwar auch in Ruhe eine körperliche Selbstwahrnehmung. Sollen die Körpersinne aber mehr als den Ruhezustand wahrnehmen, müssen wir uns bewegen, müssen unsere räumliche Lage verändern, uns körperlich anstrengen oder irgendwo anstoßen. Bei den Körpersinnen tritt nur dann eine Wahrnehmung auf, wenn wir selbst körperlich aktiv sind und etwas tun. Bei den kommunikativen Sinnen dagegen muss die Welt, müssen die anderen Menschen uns etwas bieten, damit wir Wahrnehmungen haben können. In diesem Sinn ist das Verhältnis, das wir zur Welt haben, bei den kommunikativen Sinnen ein passives, aufnehmendes, bei den Körpersinnen ein aktives, tätiges. Die Körpersinne sind beteiligt bei jeder Äußerung und jeder Gestaltung, die wir vornehmen, gleichgültig in welchem Medium sie stattfindet. Die kommunikativen Sinne sind beteiligt, wenn wir Eindrücke und Informationen aus der Umgebung aufnehmen. Die Frage ist nun: Welche Bedeutung hat dieser Gegensatz? Gibt es ein bestimmtes Verhältnis zwischen diesen beiden Seiten, sich zur Welt zu verhalten, oder ist es gleichgültig, wie sie in unserem Leben verteilt sind und welche Seite überwiegt? Führen wir uns diese Fragen einmal an folgendem Beispiel vor Augen.

Birger Sellin[312] leidet seit seiner frühen Kindheit unter schwerem Autismus. Niemand weiß, was er denkt und fühlt. Kein Wort kommt über seine Lippen, und auch sonst hat er nicht die Möglichkeit, sich auszudrücken und irgendetwas mitzuteilen. Sein Gesicht ist ausdruckslos, er kann nicht lachen und nicht weinen. Spricht man mit ihm, so weiß man nicht, ob er einen versteht, ja nicht einmal, ob er einen überhaupt hört, denn er zeigt nicht die Spur einer Reaktion. Er hat gelernt, im Alltag zurechtzukommen, er kann sich waschen und anziehen, kann mit der Familie essen, kann inzwischen sogar alleine U-Bahn fahren und den Weg zum Hort zurücklegen, in dem er den Tag verbringt. Wenn er dann nachmittags heimkommt, streunt er zuerst durchs Haus, um zu sehen, ob alles in gewohnter Ordnung ist. Dann setzt er sich, schwer schnaufend, auf das Sofa und wiegt den Oberkörper in stereotyper Bewegung vor und zurück, oder er legt sich auf den Teppich und beginnt die Murmeln, die dort in verschiedenen Haufen liegen, in einen Plastikbecher zu füllen, um sie sich durch die Hand rieseln zu lassen.

Als er neunzehn ist, erfährt die Mutter von der Methode der sogenannten gestützten Kommunikation, mit der Autisten in die Lage versetzt werden, mit dem Computer schreiben zu lernen. Die Mutter erlernt diese Methode und bringt ihren Sohn tatsächlich dazu, am PC zu schreiben. Es fällt ihm sehr schwer, aber nicht weil ihm schreiben und lesen schwer fallen, sondern weil es für ihn eine riesige Anstrengung ist, die richtige Taste zu treffen. Zuerst ist er nach wenigen Worten völlig erschöpft. Mit der Zeit gewinnt er Übung im Schreiben und schafft mehrere Zeilen, schließlich, nach einem Jahr, auch mal eine ganze Seite. Es ist tief beeindruckend, was man da erfährt. Und man kann verstehen, was es für die Eltern bedeutet, von ihrem bis dahin sprachlosen Sohn zum ersten Mal zu erfahren, was er denkt und fühlt, dass er alles wahrnehmen kann und alles versteht. Dabei stellt sich auch heraus, dass

Birger lesen kann, seit er fünf Jahre alt ist. Die Eltern ahnten nicht, dass er las, wenn er als Kind die Bücher schnell durchblätterte und dann um sich herum auf dem Boden stapelte. Er muss zum Lesen nämlich nur Seite für Seite umblättern, denn ein Blick genügt, um das aufzunehmen, was auf einer Seite steht. Als die Mutter das erfährt, überprüft sie es, indem sie ihn nach den Hauptstädten ausgefallener Staaten fragt. Kein Problem für ihn. Er kennt die Namen, weil er die entsprechenden Seiten im Atlas einmal angeschaut hat. Und so hat er alle Bücher, die es zu Hause gibt, auch die über Autismus, gelesen. Wir würden sicher etwas darum geben, ein Stück dieser Fähigkeit zu besitzen. Er selbst ist darüber nicht so froh. Warum? Lesen wir, was er in seiner eigenwilligen Sprache dazu schreibt:

> wusstest du auch
> dass ich fest etwas behalte
> sogar wichtige sachverhalte
> wenn ich etwas nur einmal gelesen habe
> so genannte schwierige daten kann ich auf einen blick erlernen
> ein außerordentliches talent
> aber absolut sinnlos und nutzlos diese ohne sinn und verstand
> birger tut alles wissen mitten in den haufen von chaotischen gelesenem dichterunsinn
> und dichtet sich weiteren unsinn
> daraus sodass quatschgebirge in potenz entsteht[313]

Warum kann er denn mit all dem, was er aufgenommen hat, nichts anfangen? Warum kann er das nur in sich aufhäufen, sodass »quatschgebirge in potenz« entsteht? Weil er das Aufgenommene nicht äußern kann und nicht wieder loswird.

Aufnehmen und gestalten

Daran kann uns etwas deutlich werden, was wir eigentlich alle kennen, was uns aber nicht unbedingt bewusst ist. Wir können nämlich Wahrnehmungen, Eindrücke, Erlebnisse nur dann verstehen und verarbeiten, wenn wir sie auch wieder äußern können. Wenn wir z.B. etwas erlebt haben, das uns beschäftigt, dann brauchen wir, um es verarbeiten zu können und damit fertig zu werden, einen Menschen, dem wir davon erzählen können. Oder wir formulieren das Erlebte im Tagebuch oder schreiben einen Brief. Manchmal reicht auch ein längerer Spaziergang mit viel Bewegung, um ein Erlebnis verdauen zu können. Kinder machen das ganz selbstverständlich. Sie erzählen, was sie gesehen oder erlebt haben, und spielen die entsprechende Situation. Haben sie z.B. erlebt, wie die Feuerwehr einen Brand gelöscht hat, so wird tagelang Feuerwehr gespielt. Und wenn sie etwas älter sind, malen sie außerdem ein Bild, oft sogar viele, in denen sie das Erlebte darstellen. In all diesen Fällen wird das Wahrgenommene, Erlebte nicht nur geäußert, sondern erhält zugleich eine individuelle Gestaltung, und zwar in dem Medium, das uns gerade liegt, uns zur Verfügung steht oder das der Situation angemessen ist, und dazu können alle Äußerungsformen und alle künstlerischen Bereiche gehören. Von dieser Möglichkeit, Aufgenommenes wieder zu äußern und in eine eigene Gestaltung zu bringen, hängt es ab, ob wir das, was wir aufgenommen und erlebt haben, auch verstehen und verarbeiten können. Ist uns das nicht möglich, weil uns die Ausdrucks- und Gestaltungsfähigkeiten fehlen oder weil wir daran gehindert werden, uns in einer eigenen Gestaltung auszudrücken, dann entstehen in unserem Innern nicht nur »Quatschgebirge«, sondern, um in diesem Bild zu bleiben, Problemgebirge oder Gebirge von Unverstandenem, Unbewältigtem. Wollen wir einem Menschen aus dieser Situation heraushelfen, dann führt der Weg nur über das Äußern und Gestalten des Angehäuften. Deshalb sind in solchen Fällen die verschiedensten Formen künstlerischer Therapie sowie die Spieltherapie und Gesprächstherapie so erfolgreich.[314]

Wir sehen, es ist nicht gleichgültig, welches Verhältnis zwischen Aufnehmen einerseits und Hervorbringen und Gestalten andererseits besteht. Nur wenn wir das Aufgenommene, was immer es ist, auch wieder äußern und in eine individuelle Gestaltung umsetzten können, kommen wir in die Lage, es zu verstehen, zu verarbeiten und uns zueigen zu machen. Und erst durch diesen Umsetzungsprozess bekommt das, was wir aufgenommen und erlebt haben, für uns einen bleibenden Wert. Andernfalls bleibt es wertlos und unverstanden oder wird sogar belastend. Jede gute Lernmethode berücksichtigt dieses Verhältnis zwischen Aufnehmen und Gestalten. Es ist auch die Grundlage für so einfache Methoden wie das mündliche oder schriftliche Nacherzählen und Beschreiben oder das Zeichnen und Malen von Gesehenem, die trotz aller Reformen nicht überholt sind, sondern eine wichtige Bedeutung im Bildungsprozess der Kinder und Jugendlichen besitzen, was heute unter dem Druck einseitiger Vorstellungen vom Lernen als Wissensvermittlung leicht vergessen wird. Ein gutes Beispiel ist auch das Epochenheft an Waldorfschulen, das den Schülern Gelegenheit geben soll, den Stoff des Unterrichts in individueller Gestaltung zu verarbeiten. Auch andere Gestaltungsbereiche bieten sich dafür an, das szenische Spiel, das kreative oder poetische Schreiben, die musikalische Improvisation oder die Installation. Vor allem ist eines wichtig: Wir müssen es gelernt haben, uns in verschiedenen Bereichen durch eigene Gestaltung zu äußern. Kinder und Jugendliche dahin zu führen, ist eine der Bildungsaufgaben von Kindergarten und Schule. Denn lebenslanges Lernen, eines der wichtigsten Bildungsziele, hängt wesentlich davon ab, ob wir gelernt haben, Erlebtes und Aufgenommenes kreativ zu verarbeiten.

Input ohne Output

Fragen wir uns einmal: Wie groß ist im Alltag der Anteil dessen, was wir aus der Umgebung aufnehmen, was wir sehen, hören, lesen, und welchen Platz nimmt das Verarbeiten des Aufgenommenen durch Äußern und Gestalten ein? Und vor allem, wie ist das bei Kindern und Jugendlichen? Selbstverständlich ist das von Person zu Person und von Situation zu Situation verschieden. Schauen wir aber auf die allgemeine Tendenz, so müssen wir feststellen, die Zeiten des Aufnehmens überwiegen bei weitem die Zeiten der Eigenaktivität und des Gestaltens, und zwar bei Erwachsenen wie bei Jugendlichen und Kindern. Von morgens bis abends überfluten uns die vielen Eindrücke in der Stadt, im Verkehr, auf dem Weg zur Arbeit, in den Nachrichten, ohne dass sie auch nur im Geringsten verarbeitet werden können. Und Kinder kommen schon morgens mit einer Last unverarbeiteter Eindrücke zur Schule oder zum Kindergarten. Wenn Kinder außerdem ungehinderten Zugang zum Fernsehen haben oder viel DVDs sehen und CDs hören, dann verstärkt sich noch das Übergewicht der Aufnahmeseite, denn dabei sind sie allein und äußern sich nicht und können auch nicht nachfragen, was sehr wohl möglich ist, wenn ihnen jemand vorliest. Und wie ist es in der Schule? Auch hier zeigt sich, sieht man einmal von den Ausnahmen innovativer Schulen und von Waldorfschulen und Reggio-Schulen ab, dass für Eigenaktivität und Kreativität kaum noch ein Platz bleibt. Selbst im Kindergarten wird die Zeit, in der das Kind im freien Spiel Kreativität und Verarbeitungsstrategien entwickelt, abnehmen, wenn sich die Vorstellungen durchsetzen, man müsse auch dort Unterricht machen und den Kindern etwas beibringen.

Nun ist es nicht so, dass für das Verarbeiten der Eindrücke genauso viel Zeit beansprucht wird wie für das Aufnehmen und Sammeln derselben. Wir müssen nicht jeden Eindruck und jede Einzelheit in eine Äußerung, eine Gestaltung umsetzen. Gestalten ist ein außerordentlich ökonomischer Weg der Verarbeitung, bei dem mit einem geringen Aufwand viel bewirkt werden kann. Es muss jedoch genügend Zeit und Freiraum dafür vorhanden sein, und vor allem muss die Fähigkeit dazu in der Kindheit veranlagt und später gepflegt und weiterentwickelt werden, damit sie für das Leben zur Verfügung steht.

Prädisposition zur Sucht

Was ist aber, wenn das nicht der Fall ist, wenn die Aufnahmeseite im Leben dominiert und die andere Seite verdrängt? Schauen wir uns nach Beispielen um. Der Arzt und Psychotherapeut Eckhard Schiffer schildert in seinem Buch *Warum Huckleberry Finn nicht süchtig wurde* folgenden Fall:

»Meine Patientin Wiebke hatte mit sechs Jahren ihre erste Käthe-Kruse-Puppe bekommen. Mit der durfte sie aber nur am Sonntag spielen, weil die ja echte Haare hatte. Als sie das mit den ›echten Haaren‹ ausprobieren wollte und sie der Puppe einen prächtigen Bubikopf verpasste, gab es, wie sie sich ausdrückte, ›Stress‹. Die Puppe war weg und lag erst sieben Jahre später mit einer anderen Puppe zusammen auf dem Gabentisch zum 13. Geburtstag – als sie nach Meinung der Eltern vernünftig genug war, damit zu spielen. Statt der Puppe gab es dann schon im Grundschulalter zweimal Klavierunterricht die Woche, einmal Ballet und dreimal Flötenunterricht. Bald spielte sie so gut Flöte, dass sie an Wettbewerben teilnehmen konnte. Zur Freude der Eltern siegte (!) sie bei diesen Wettbewerben wiederholt. Mit ihrer einzigen Freundin, die gleichfalls mit der Flöte meisterhaft umzugehen wusste, spielte sie zusammen – Flöte. Das Problem begann, als die Freundin ebenfalls an den Wettbewerben teilnahm, worüber es zum Krach und zum Bruch der Freundschaft kam. Wenig später legte Wiebke die Flöte beiseite, um sie bis heute nicht wieder anzurühren, nachdem sie bei Bewerbungen an den Hochschulen Beurteilungen bekommen hatte, die ihren Erwartungen an sich selbst nicht entsprachen. Das sei zu kränkend für sie gewesen. ›Alles oder nichts‹ war ihre Devise. Später erkrankte sie an einer Magersucht.«[315]

Hier wird einem Kind die Möglichkeit zum Spielen genommen, zuerst durch Reglementierung des Spiels und Entzug des Spielzeugs, dann dadurch, dass neben dem Musik- und Ballettunterricht keine Zeit mehr bleibt. Für Wiebke waren ja alle Tage verplant und alle Erlebnisse, alle Erfahrungsfelder und schließlich auch die Erfolgsmöglichkeiten, die ihr Leben ausmachten, von außen bestimmt. Diese Situation macht einen Menschen abhängig, abhängig vom dem, was ihm ständig geliefert wird und sein Leben ausfüllt, ohne dass er sich selbst darum bemühen muss. Huckleberry Finn war da in einer anderen Situation. Es gab glücklicherweise niemanden, der ihm Vorschriften machte oder ihm auch noch seine Abenteuer lieferte. Schiffer sagt es mit deutlichen Worten: »Huckleberry Finn hatte Glück, dass er keine Eltern hatte, die aus Sorge um die Zukunft ihrer Kinder diese zu Sklaven machen, diesen – in unserer Zeit, die Leistung vergötzt – Wettbewerb und Leistung aufnötigen, wo Raum für spontanes Spielen, Ausprobieren, Sinnenlust und Spaß erforderlich wäre.«[316] Im Fall von Wiebke gab es keinen Raum für Selbstbestimmung und Kreativität. Alles, auch das Spielen und Musizieren, war verplant, von außen bestimmt und der Leistungserwartung der Erwachsenen untergeordnet. Wiebke unterlag damit einer totalen Außenbestimmung, und das ist eine Situation, in der ein eigenständiges Inneres, eine unabhängige Persönlichkeit sich nicht bilden kann. Eine solche Abhängigkeit führt, wenn sie in dieser Ausschließlichkeit vorliegt, geradewegs zur Sucht.

Wer zu Erlebnissen, die ihm angenehm oder aus irgendeinem Grund wichtig sind und nach deren Wiederholung er daher verlangt, nicht durch eigene Bemühung kommen kann, sondern nur dadurch, dass er sich diese Erlebnisse durch fremde Mittel von außen liefern oder hervorrufen lässt, der wird von diesen Mitteln abhängig. Und wer ohne diese von außen erzeugten Erlebnisse nicht mehr leben kann, der ist süchtig. Wächst ein Kind so auf, dass sein Leben, wie im Fall Wiebkes, so stark von außen bestimmt ist, dass für Eigenaktivität, geschweige denn für Kreativität und selbstbestimmtes Spiel, kein Platz ist, dann bildet sich bei ihm eine Disposition zur Sucht. Diese wird auch dann veranlagt, wenn ein Kind ständig der Überflutung mit Reizen ausgesetzt ist, denn auch das führt dazu, dass man glaubt, nur mit diesen äußeren Reizen leben zu können. Dasselbe gilt, wenn wir Kinder ständig beschäftigen, bedienen, unterhalten oder von einem Kurs zum nächsten schleppen. Das heißt: Immer wenn die Seite des passiven Aufnehmens so stark wird, dass für die andere Seite, die Seite der Eigenaktivität, des Verarbeitens durch Äußern, Spielen und Gestalten, kein Freiraum mehr bleibt und dies ein Dauerzustand ist, wird die Grundlage zur Sucht gelegt.

Das ist auch der Grund, warum Fernsehen und Computerspiele eine besondere Gefahr für Kinder und Jugendliche darstellen, denn sie haben genau diese Wirkung. Die elektronischen Medien nehmen nämlich eine andere Stellung ein als z.B. das Medium Buch. Wenn wir ein Buch lesen, müssen wir selbst dabei aktiv sein, müssen mitdenken und uns das Geschilderte vorstellen, sonst verstehen wir nicht, was wir lesen. Das Buch fordert diese eigene Aktivität und lässt in der Regel viel Freiraum und vor allem beliebig viel Zeit dafür. Den elektronischen Medien gegenüber sind wir in einer ganz anderen Position, vor allem beim Fernsehen. Es liefert uns alles und lässt keine Lücke frei für unsere eigene Aktivität.[317] Daher ist es ja ein so bequemer Unterhalter, mit dem wir die Zeit füllen können, ohne eigene Mühe aufwenden zu müssen. Da aber das Dargebotene bei uns bestimmte Erlebnisse verursacht, die angenehm oder erregend sind, deren Wiederholung wir jedenfalls wünschen, die wir aber so nicht selbst herbeiführen können, sondern nur durch das Medium geliefert bekommen, ist das Fernsehen, wenn es die Freizeit ausfüllt, Sucht erzeugend. Ähnliches gilt für die Computerspiele. Dass das diejenigen, die damit Geld verdienen, nicht hören wollen, ist klar. Wenn aber nicht endlich verstanden und akzeptiert wird, dass häufiger Konsum elektronischer Medien süchtig macht, werden noch viele Kinder und Jugendliche durch unkontrollierten Medienkonsum eine allgemeine Suchtanfälligkeit entwickeln oder sogar direkt der Mediensucht verfallen.[318]

Disposition zur Gewalt

Was ist nun, wenn die andere Seite, die Seite der Eigenaktivität, des Äußerns und Handelns dominiert und die Seite des Aufnehmens keine Rolle spielt? Gibt es das überhaupt, und wann tritt es auf? Nun, wenn wir etwas tun, und unser Gegenüber sagt nichts, reagiert nicht darauf und gibt keinerlei Rückmeldung, dann haben wir eine solche Einseitigkeit. Wir handeln dann und nehmen das wahr, aber wir erfahren keine Antwort, keine Reaktion, lernen nichts über die Wirkung unseres Handelns und können es deswegen auch nicht korrigieren. Stellen wir uns einmal vor, ein Kind wächst so auf. Es macht etwas, und die Eltern reagieren nicht, sie zeigen keine Gefühle, keine Regung, freuen sich nicht, wenn das Kind etwas gut gemacht hat, tadeln oder korrigieren es nicht, wenn das Gegenteil der Fall war, zeigen ihm auch nicht die Grenzen, wenn es über die Stränge schlägt. Unter diesen Umständen lernt es sein Tun nur aus der eigenen Perspektive kennen und erfährt nicht, was es für die Welt und die anderen Menschen bedeutet. Dann kommt das Kind in die Schule. Wenn Kent, so heißt der Junge, aus der Schule kommt, interessieren sich die Eltern nicht dafür, was er in der Schule erlebt hat, ob er Hausaufgaben hat, ob er sie macht. Zunächst sind die Zeugnisse gut. Als er dann, weil er gar nichts mehr für die Schule tut, ein schlechtes Zeugnis nach Hause bringt, gibt es keine Reaktion. Als er mit dreizehn zum ersten Mal von der Polizei abgeliefert wird: nichts. Als er betrunken nach Hause kommt: nichts. In anderen Fällen: nichts. Dann wendet er sich woanders hin und sympathisiert mit den Neonazis, weil dort klar ist, was erwartet wird. Er schließt sich ihnen an, wird immer wieder massiv gewalttätig und landet mehrmals im Gefängnis. Nach zehn Jahren schafft er den Ausstieg und gründet eine Organisation, Exit, die Jugendlichen beim Verlassen der Szene helfen will. Im Rückblick auf seine eigene Kindheit und Jugend und durch die Gespräche mit gewaltbereiten Jugendlichen und deren Eltern wird ihm klar, wie entscheidend es ist, ob Kinder und Jugendliche eine Rückmeldung auf ihr Tun bekommen, und wie fatal es ist, wenn Eltern alles geschehen lassen und alles dulden, ja im Stillen vielleicht sogar gutheißen. Sie veranlagen dadurch bei ihren Kindern die Tendenz zur Gewalt.[319]

Was wir tun, können wir an uns selbst wahrnehmen. Was wir aber durch unser Handeln bewirken, das erfahren wir auf diesem Wege nicht. Darüber können uns nur die Wahrnehmungen unterrichten, die uns als Antwort auf unser Tun von der Welt und von anderen Menschen entgegenkommen. Wem diese äußeren Wahrnehmungen dauerhaft vorenthalten werden, der landet bei der Gewalt. Davor können uns nur die Antworten von draußen bewahren, und zwar vor allem die, die wir in unserer Kindheit erhalten. Das beginnt bei ganz alltäglichen Erfahrungen.[320] Wird zerstörtes Spielzeug von den Erwachsenen immer wieder einfach ersetzt, dann wird das Kind nicht nur daran gewöhnt, dass eben alles ersetzt wird, sondern es wird daran gehindert zu erfahren, dass es noch eine andere Realität gibt als die seines eigenen Willens. Denn, machen wir uns klar, wir halten als Kinder ja zunächst alles durch den eigenen Willen für machbar und müssen erst lernen, dass es auch andere Kräfte und Realitäten gibt und sich nicht alles nach uns richtet. Und um die verschiedenen Realitäten von Selbst und Welt unterscheiden zu lernen, gibt es eine Grunderfahrung, die jeder von uns als Kind im Umgang mit der Welt und den anderen Menschen macht und die über unser Verhältnis zur Gewalt entscheidet. Dorothea Dieckmann formuliert diese Grunderfahrung in ihrem Buch *Kinder greifen zur Gewalt* so: »Ich bin da, wo das Objekt meiner Attacke nicht standhält – Realität ist da, wo es mir, meinem Willen und meiner Kraft widersteht.«[321] Das heißt: Ich erfahre mich und erhalte eine Bestätigung meines Willens, wenn ich in die Welt eingreifen und etwas bewirken kann, ohne dass mir ein nennenswerter Widerstand begegnet. Tritt mir Widerstand entgegen, dann erfahre ich dadurch, dass es außer mir noch etwas anderes gibt, z.B. Menschen, die auch einen Willen besitzen. Erlebe ich bei meinem Tun also Widerstand, dann lerne ich die Realität des anderen kennen und kann mein Handeln danach richten. Gibt dagegen alles nach, so entwickle ich ein Allmachtsgefühl, das kein Mitgefühl und keine Hemmung kennt und deswegen auch nicht vor dem schlimmsten Fall, dem Tod eines Menschen, zurückschreckt. Und die schrecklichen Taten jenes dreizehnjährigen Marco, der 1991 zwei Gleichaltrige umgebracht hat,[322] oder der beiden Jungen aus Liverpool, die 1993 einen zwei Jahre alten Jungen zu Tode quälten,[323] sind vor diesem Hintergrund zu verstehen als die »Probe aufs Exempel«, als ein Versuch, endlich Gewissheit über die Folgen des eigenen Tuns zu erhalten und zur Realität der äußeren Welt vorzustoßen, die ihnen bislang, aus Mangel an Antworten aus der Welt, verborgen war.[324] Menschen mit dieser Grunddisposition sind deshalb immer wieder überrascht, dass ein Mensch, dem sie mit ihren Stiefeln den Kopf zertrümmern, dadurch kaputtgeht. Dass sie etwas falsch gemacht haben, kommt ihnen nicht in den Sinn. Ihre einzige Reaktion ist dann: Er hätte ihnen eben nicht in die Quere kommen sollen.[325]

Fassen wir zusammen. Die Grunddispositionen zu Sucht und Gewalt entstehen, wenn unser durch die Wahrnehmung begründetes polares Verhältnis zur Welt sich einseitig entwickelt. Überwiegt die Aufnahmeseite und bestimmt und prägt mit ihren Inhalten unser Leben, ohne dass dem ein Freiraum des Verarbeitens, der Eigenaktivität und Kreativität ausgleichend gegenübersteht, dann bildet sich durch diese Dominanz der Aufnahmeseite eine Disposition zur Sucht. Ist das Gegenteil der Fall, werden unsere Handlungen nicht durch die Wahrnehmung ihrer Wirkung ergänzt, erfährt unser Wille also keine Korrektur durch die Antworten der Welt und der anderen Menschen, dann entsteht durch den Mangel an Einwirkung von außen eine Disposition zur Gewalt. Damit soll nicht behauptet werden, dass diese Einseitigkeiten allein zu Sucht und Gewalt führen. In den meisten Fällen braucht es weitere Erfahrungen und Prägungen, um nach der einen oder der anderen Seite wirklich abzugleiten. Sind diese Dispositionen aber ausgebildet, dann bedarf es nur geringer zusätzlicher Ursachen, um süchtig oder gewalttätig zu werden. Sind wir dagegen in unserer Kindheit und Jugend vor diesen Einseitigkeiten bewahrt worden, indem wir die Fülle der Eindrücke kreativ verarbeiten und durch Eigenaktivität ausgleichen konnten und indem wir andererseits durch unsere Umgebung genügend Widerstand und Korrektur für unseren Willen erfahren haben, dann halten wir Erlebnisse und Erfahrungen aus, die sonst zur Sucht oder zur Gewalt führen würden.

Notwendige Erfahrungen: Spiel und Kunst

Nun gibt es einen Bereich in unserem Leben, bei dem die passive Seite mit der aktiven immer verbunden ist, weil wir das, was wir draußen wahrnehmen, selbst hervorbringen. Das ist der Bereich von Spiel und Kunst. Stellen wir uns vor, ein zweijähriges Kind baut einen Turm und legt vorsichtig einen Klotz auf den anderen; sie stehen mal nach der einen, mal nach der anderen Seite über, bei diesem droht der Turm zu kippen, beim nächsten bleibt er dann doch stehen; dann noch ein Klotz, und der Turm fällt um. Macht nichts, das Kind beginnt wieder von vorne. Schließlich sind alle Klötzchen verbraucht, und der Turm steht. Das Kind freut sich darüber und klatscht in die Hände. Dann eine kurze Bewegung, und die Klötze fliegen über den Boden. Triumph! Dann beginnt das Bauen von vorne. In diesem Vorgang stecken die beiden Grunderfahrungen, durch die wir die Welt und unser Selbst erfahren. Durch das Bauen, Einstürzen, wieder Bauen erfährt das Kind etwas über die Welt, über die Eigenschaften der Dinge und über die physikalischen Gesetze, die wirksam sind. Das Spiel mit den Klötzchen ist ein ständiges Erproben der Wirklichkeit, auch dann, wenn zwischendurch mit dem Klotz auf den Tisch gehämmert oder damit geworfen wird. Ähnliche Erfahrungen macht das Kind im Sand oder im Matsch, beim Spielen mit Wasser, beim Einfüllen, Ausgießen, Transportieren. Immer erfährt es ein Stück äußere Wirklichkeit, indem es handelnd in die Welt eingreift und dabei von ihr Antworten erhält. Durch diese Antworten lernt es ein Verhalten, das zur Welt passt. Und der Triumph darüber, den Turm mit einem Schlag zum Einsturz gebracht oder die Sandburg durch einen Sprung zerstört zu haben, zeigt die andere Seite. Hier ist die Aggression der Modus, den Widerstand zu testen. Gibt es nach, dann ist diese Erfahrung eine erneute Vergewisserung, dass der eigene Wille sich durchsetzen und etwas bewirken kann. Wir sehen, wie nah hier Welterfahrung und Selbstbestätigung beieinanderliegen. Wenn dann das ältere Kind sein Spiel durch die Phantasie leiten lässt, kommt eine weitere Erfahrung hinzu, dass nämlich die eigenen inneren Absichten und die äußere Realität zwei verschiedene Wirklichkeiten sind, die nie ganz zur Übereinstimmung gebracht werden können. Das macht Kompromisse nötig, die zu finden Aufgabe der Phantasie ist. Das Spiel ist also deshalb ein so besonderer Raum, weil das Kind hier das Verhältnis seines Inneren zur äußeren Wirklichkeit kennenlernen und gestalten kann wie nirgends sonst. Denn, so formuliert der Pädagoge Gerd E. Schäfer:

> »Im Spiel lernt man nicht nur etwas über die Welt, sondern richtet sein Verhältnis zur Wirklichkeit so ein, dass man allmählich die Notwendigkeiten der Wirklichkeit mit den persönlichen Bedürfnissen versöhnt.«[326]

Auch die künstlerische Tätigkeit leistet eine solche Versöhnung. Wenn wir ein Bild malen und setzen, unserer Intention folgend, den ersten Strich oder den ersten Farbfleck auf das Blatt, dann hat sich die vor uns liegende Fläche durch unseren Eingriff verändert und wir nehmen die

Wirkung wahr, die wir beim zweiten Schritt zu berücksichtigen haben. Das Nächste, das wir dazusetzen, verändert wiederum die Wirkung des Vorigen und setzt Bedingungen für das Folgende. Das heißt, künstlerisches Gestalten besteht in einem fortwährenden Vermitteln zwischen Handeln und Eingreifen einerseits und Wahrnehmen der Wirkung dieses Eingriffs andererseits. Nur wenn wir zur Vermittlung dieser Gegensätze kommen, können wir uns künstlerisch ausdrücken. Und sind wir darin genügend geübt, dann fallen diese beiden Seiten immer mehr zusammen, dann wissen wir bei jedem gestaltenden Eingriff bereits, welche Wirkung er haben wird.

Wir sehen, dass im Spiel und in der künstlerischen Tätigkeit das entwickelt und gefestigt wird, was die Einseitigkeiten aufhebt, die zu Sucht und zur Gewalt führen. Deshalb sind Spiel und Kunst und eine entwickelte Phantasie die beste Prophylaxe gegen Sucht und Gewalt.[327] Vor diesem Hintergrund zeigt sich, wie falsch es ist, das freie Spiel aus dem Kindergarten zu verdrängen, und wie grotesk, wenn man womöglich an die Stelle Förderprogramme setzt, die Kinder zur Gewaltlosigkeit erziehen sollen. Auch der Blick in die Schule zeigt dieselbe Tendenz. Überall werden die künstlerischen Fächer gekürzt oder sogar gestrichen, um den Fächern mehr Raum zu geben, die beim Abschluss zählen. Dabei liegen genügend Erfahrungen vor, welche beweisen, wie erfolgreich künstlerische Bildung in der Schule ist.[328] Verschwindet die Kunst aus der Schule, dann brauchen wir uns weder über eine Verrohung des Verhaltens bis zur Gewalttätigkeit noch über die Zunahme des Drogenkonsums zu wundern. Spiel und Kunst sind eben keine Beigabe, auf die man verzichten kann, sondern ein zentrales Element in der Entwicklung jedes Menschen zu einer starken, widerstandfähigen Persönlichkeit und – vielleicht das wichtigste – zur Menschlichkeit.

Die Gruppe der Wächtersinne

Wie schmeckt es? – Geschmack und Geruch

Wenn wir von einem leckeren Essen sagen, dass es gut schmeckt, dann hat das natürlich seinen Grund. Wir haben daran etwas wahrgenommen, was uns eben gefällt. Sollten wir im Einzelnen beschreiben, warum es gut schmeckt, so würden wir feststellen, wie komplex dieser Wahrnehmungsbereich ist und wie schwer es uns fällt, Einzelheiten überhaupt zu unterscheiden oder gar in Worte zu fassen. Dabei übersehen wir aber vor allem, dass wir es mit zwei verschiedenen Sinnen zu tun haben. Denn was wir im Alltag schmecken nennen, setzt sich aus Geschmack und Geruch, also aus den Wahrnehmungen von Geschmackssinn und Geruchssinn zusammen. Wollen wir beide Sinne kennenlernen, müssen wir sie einzeln untersuchen.

Geschmackssinn

Das Organ des Geschmackssinns[329] ist die Zunge. Ihre raue Oberfläche besteht aus den sogenannten Papillen, kleinen Ausstülpungen, die durch enge Furchen voneinander getrennt sind und an deren Rändern sich die Geschmacksknospen befinden. Es gibt drei verschiedene Papillen, die in unterschiedlicher Häufigkeit auf der Zunge verteilt sind. Die Pilzpapillen befinden sich vor allem an der Zungenspitze und an den Seiten. Bei ihnen befinden sich die Geschmacksknospen oben. Die Blätterpapillen haben die Geschmacksknospen an den Seiten und kommen in den Falten entlang der Zungenränder vor. Die Wallpapillen, die größten unter den dreien, bilden die Oberfläche vor allem ganz hinten, am Zungengrund, und haben die Geschmacksknospen ebenfalls an den Seiten sitzen. Die Geschmacksknospen sind kugelige, knospenförmige Bündel von Sinneszellen, die so in die Oberflächen der Papillen eingefügt sind, dass durch eine Öffnung der Knospe (sog. Porus) Flüssigkeit die Sinneszellen erreichen kann. Die Sinneszellen haben eine Lebensdauer von nur zehn Tagen. Fortwährend müssen also neue Sinneszellen gebildet werden. Zehn bis fünfzig Sinneszellen bilden eine Geschmacksknospe, von denen der Erwachsene bis zu 10.000 auf der Zunge hat, verteilt auf etwa 2000 bis 4000 Papillen. Außerdem ist die Zunge noch überzogen von den sogenannten Fadenpapillen, die aber nicht der Geschmackswahrnehmung, sondern nur der Tastwahrnehmung dienen. Lutschen wir z.B. ein Bonbon, dann fließt der im Speichel gelöste Zucker um die Papillen und dringt in den Porus der Geschmacksknospen ein, wo er die Rezeptoren der Sinneszellen berührt und damit den physiologischen Sinnesvorgang in Gang setzt.

Unterschiedliche Geschmacksqualitäten

Wir können vier Geschmacksqualitäten unterscheiden, nämlich süß, sauer, salzig und bitter. Umstritten ist bis heute eine fünfte, »umami« genannte Geschmacksqualität (z.B. von Glutamat), die in jüngster Zeit erneut postuliert wird.[330] Auch herb wird manchmal als Geschmacksqualität ins Spiel gebracht,[331] und scharf. Doch dabei handelt es sich wohl eher um das Erlebnis der Reizung, deren Wirkung man ja an der Rötung der Zunge und anderer Mundpartien feststellen kann. Immer können wir auch die unterschiedliche Intensität des jeweiligen Geschmacks wahrnehmen. Früher nahm man an, dass die Wahrnehmung der vier Qualitäten auf der Zunge an bestimmten Stellen lokalisiert sei, süß also nur an einer bestimmten Stelle, bitter nur an einer anderen wahrgenommen werde. Das ist durch die Forschung inzwischen überholt. Jede einzelne Sinneszelle, gleichgültig in welcher Papille und an welcher

Stelle der Zunge, reagiert auf alle vier Geschmacksqualitäten, allerdings immer mit einer bestimmten Spezialisierung.[332] Das heißt, jede Sinneszelle registriert eine der Qualitäten stärker als die anderen. Wenn nun mehr Sinneszellen gleicher Spezialisierung in einer Geschmacksknospe versammelt sind und davon wiederum mehrere an einer Papille, dann liegt an diesem Ort der Zunge eine Spezialisierung für diesen Geschmack vor. Dies ist tatsächlich der Fall. Es gibt jeweils größere Partien, in denen die Sinneszellen einer Spezialisierung überwiegen. Und so gibt es doch Zonen auf der Zunge, in denen ein Geschmack bevorzugt, aber eben nicht ausschließlich wahrgenommen wird. Daher ist die Wahrnehmung von süß an der Zungenspitze besonders stark, die Wahrnehmung von sauer dagegen an den Seiten, was wir bei stark saurem Geschmack ja so erleben, als ob die Zunge an den Seiten zusammengezogen würde. Die Wahrnehmung von salzig ist an jeder Stelle der Zunge fast gleich. Bitter nehmen wir vor allem hinten wahr, was wir vom bitteren Nachgeschmack her kennen, den manches hat, was zuerst nur süß erscheint. Auch bei süß und sauer können wir manchmal ein solches Nacheinander erleben. Überhaupt hat das meiste, was wir in den Mund bekommen, nicht nur einen Geschmack, sondern alle vier in einer bestimmten Mischung. Dass wir trotzdem die einzelnen Geschmacksqualitäten bemerken, und nicht nur das Gemisch, ist durch die Spezialisierung der Sinneszellen bzw. der Geschmacksknospen auf der Zunge möglich.

Was schmecken wir? Was ist hier das Objekt unserer Wahrnehmung? Nehmen wir z.B. einen sauber gewaschenen Kieselstein in den Mund und lutschen einige Zeit an ihm. Er wird nach nichts schmecken. Streuen wir dagegen etwas Salz oder etwas Zucker auf die Zunge, dann wird nach kurzer Zeit, nämlich wenn sich etwas vom festen Stoff im Speichel aufgelöst hat, der salzige bzw. süße Geschmack auftreten. Da sich vom Kieselstein nichts im Speichel auflöst, können wir den Kieselstein auch nicht schmecken. Unser Geschmackssinn kann nur Flüssiges wahrnehmen. Trockenes, Festes, Luftförmiges muss erst in Flüssigkeit gelöst werden, damit es unserer Geschmackswahrnehmung zugänglich wird. So können wir zwar saure Luft schmecken, aber erst, wenn sich die Säure der Luft mit unserem Speichel verbunden hat. Das Objekt der Wahrnehmung beim Schmecken ist also Flüssigkeit in ihrer stofflichen, chemischen Zusammensetzung, die wir nach den genannten vier Qualitäten differenzieren können.

Der Geschmackssinn als Wächterfunktion

Was wir schmecken wollen, müssen wir erst in den Mund nehmen oder mit der Zunge ablecken. Und dazu müssen wir bereit sein und den Mund dafür öffnen. Dass wir den Mund auch zulassen können, ist wichtig, denn er ist nicht nur der Zugang zum Geschmackssinn, sondern auch das Tor zu unseren Verdauungsorganen. Was wir schmecken, führt ja nicht nur zu einer Wahrnehmung, sondern wirkt, schon indem es den Speichelfluss verstärkt, in die Prozesse unserer Verdauung ein. Und so ist unser Geschmackssinn zugleich eine Prüfstelle für alles, was wir als Flüssigkeit oder Nahrung aufnehmen. Wie weit der Geschmackssinn diese Funktion ausüben kann, das hängt allerdings davon ab, ob er entsprechend ausgebildet wurde.

Alle Sinne entwickeln sich, wenn wir als Kinder mit ihnen genügend viele und differenzierte Erfahrungen machen können. Für den Geschmackssinn bedeutet dies, dass alle Geschmacksqualitäten in angemessener Weise, und das heißt in natürlicher Menge, Stärke und Mischung vorkommen sollten. Wir müssen ja alle Geschmacksqualitäten kennen und schätzen lernen, um später krank machende Einseitigkeiten vermeiden zu können. Denn von keinem Geschmack dürfen wir zu viel aufnehmen. Wird nun bei der Ernährung eines Kindes ein Geschmack, z.B. süß, übermäßig betont, wird alles zu süß gemacht oder gibt es nur Süßes, so kann sich kein Differenzierungsvermögen ausbilden. Das hat zur Folge, dass der Geschmackssinn seine Wächterfunktion in diesen Bereichen nicht ausüben kann. Außerdem entsteht dadurch eine Prägung auf diesen einen Geschmack hin, d.h. nur er vermittelt die vertraute Sicherheit, und alle anderen werden abgelehnt. Dadurch entstehen häufig einseitige Ernährungsgewohnheiten und Abhängigkeiten, die später zu gesundheitlichen Problemen führen können. Dem können wir vorbeugen, wenn wir im Bereich des Gesckmackssinns Einseitigkeiten vermeiden.

Geruchssinn

Und nun stellen wir uns vor: Wir sind zum Essen eingeladen und freuen uns darauf, weil wir wissen, wie gut die Gastgeber kochen können und wie lecker und würzig es bei ihnen schmeckt. Am Tag der Einladung sind wir aber stark erkältet, die Nase ist verstopft, sodass wir nur durch den Mund atmen können. Wir folgen der Einladung trotzdem. Und dann, welche Enttäuschung! Die Speisen sehen lecker aus, aber alles schmeckt fade. Warum? Weil unser Geruchssinn wegen der verstopften Nase nichts wahrnehmen kann. Denn um etwas riechen zu können, muss der Geruch den Nasenraum durchströmen, und das wird bei geschlossener Nase verhindert. Dann nehmen wir nur den Geschmack der Speisen wahr, also nur, ob sie süß, salzig, sauer oder bitter sind. Das, was uns die Speisen lecker erscheinen lässt, ist jedoch eine gemeinsame Wahrnehmung von Geschmack und Geruch. Wir können das jederzeit nachprüfen, indem wir z.B. beim Essen eines Apfels die Nase zuhalten. Er wird süß schmecken und vielleicht ein wenig sauer, aber ein spezielles Aroma, das ihn von anderen Äpfeln unterscheidet, werden wir dann nicht wahrnehmen können.

Es gibt noch einen anderen Fall, bei dem die leckersten Speisen fade schmecken, obwohl unsere Nase offen, unser Geruchssinn also nicht behindert ist, nämlich wenn das Essen kalt ist. Denn wir können nur etwas riechen, was in der Luft enthalten, also selbst gasförmig ist. Das Aroma, der Duft von etwas ist unserem Geruchssinn also erst dann zugänglich, wenn die Aroma- und Duftstoffe verdunsten, und das tritt eben bei Wärme leichter und schneller ein. Und daher fehlt dem kalten Essen das Aroma, das wir vom warmen Essen kennen. Das können wir auch bei Blüten beobachten, die bei kaltem Wetter im Garten wenig oder gar nicht duften, in der warmen Wohnung dann aber ihren Duft entfalten. Halten wir also fest: Zu riechen ist nur, was luft- oder gasförmig unseren Nasenraum durchzieht.

Das Organ des Geruchsinns,[333] das sogenannte Riechepithel, befindet sich an der Decke der Nasenhöhle. Es nimmt dort eine etwa 2,5 cm^2 große Fläche ein und ist zum Nasenraum hin mit einer Schleimschicht bedeckt. Diese Schleimschicht wird laufend erneuert. Die Luft, die durch die Nase eingesogen wird oder aus dem Mundraum aufsteigt, streicht an dieser Schleimschicht vorbei. Die in der Luft enthaltenen Duftstoffe dringen in die Schleimschicht ein und treffen dort auf die feinen Sinneshärchen, die sogenannten Zilien, von denen etwa 50 bis 100 zu einer Sinneszelle gehören. Von diesen Geruchssinneszellen gibt es beim Menschen sechs Millionen, vielleicht auch zehn Millionen oder mehr.[334] Auch von diesen Sinneszellen nimmt man an, dass sie regelmäßig erneuert werden und eine Lebensdauer von etwa einem Monat besitzen. Berühren die in den Schleim eingedrungenen Duftstoffe die Zilien, wird dadurch der physiologische Sinnesprozess ausgelöst. Bei diesen Vorgängen ist noch längst nicht alles geklärt. Immerhin haben neue Forschungen gezeigt, dass wir Menschen wohl über 350 verschiedene Riechrezeptoren verfügen,[335] mit denen wir etwa 10.000 verschiedene Gerüche wahrnehmen können. Dabei ist zu beachten, dass der Geruch, der von einer bestimmten Sache ausgeht, von vielen Duftstoffen herrührt. So soll sich der Geruch von Kaffee z.B. aus mehr als hundert Duftkomponenten zusammensetzen.[336] Riechen wir also Kaffee oder Banane, dann deshalb, weil von den betroffenen Riechrezeptoren eine ganz bestimmte Kombination von Duftkomponenten, eben die von »Kaffee« oder »Banane«, registriert worden ist. Wie das im Einzelnen abläuft, darüber weiß man aber noch recht wenig.

Geruchsqualitäten

Unser Geruchssinn ist zu außerordentlich feinen Wahrnehmungen in der Lage. So können Gerüche auch in feinster Verdünnung noch wahrgenommen werden. Dabei können wir beobachten, dass wir das Vorhandensein eines Geruches relativ schnell bemerken (Reizschwelle), dass es aber einer höheren Konzentration bedarf, um den Geruch identifizieren zu können (Wahrnehmungsschwelle), wobei das je nach Situation und Person sehr unterschiedlich sein kann. Der Physiker Richard P. Feynman z.B. konnte, so wird berichtet, am Geruch feststellen, wer welches Buch zuvor in der Hand gehalten hatte, und belustigte damit die Anwesenden in mancher Gesellschaft.[337] Ähnliches kann sich jeder mit etwas Übung beibringen. In der Qualitätsprüfung von Weinen, von Parfüm oder von Lebensmitteln werden auch heute noch die feinen Wahrnehmungsfähigkeiten der Duftprüfer gebraucht und können durch einen Gaschromatographen nicht ersetzt werden, denn der kann zwar Duftmoleküle exakt registrieren, aber keine Geruchsqualitäten wahrnehmen.

Wenden wir uns nun den Gerüchen selbst zu. Was nehmen wir denn wahr, wenn wir etwas riechen? Wir betreten einen Raum und nehmen den Geruch von Bananen wahr. Blicken wir uns um, dann sehen wir sie auf dem Tisch liegen. Wir würden auch den Flieder in der Vase oder die Pizza im Backofen erkennen, ohne sie zu sehen. Wenn wir wissen wollen, ob sich in einer Kanne Tee oder Kaffee befindet, nehmen wir den Deckel ab und prüfen es mit der Nase. Und wenn die in Gläsern aufbewahrten getrockneten Kräuter zum Verwechseln ähnlich aussehen, dann hilft es, wenn wir sie zwischen den Fingern zerreiben und an die Nase halten, um unter ihnen Origano zu finden. So können wir Kräuter, Blüten, Früchte, Flüssigkeiten, aber auch Tiere und vieles mehr am Geruch erkennen und unterscheiden. Alles Lebendige und alle Stoffe, die verdunsten, besitzen einen ganz spezifischen Geruch, den wir wahrnehmen und an dem wir sie identifizieren können. Wenn die Milch sauer wird oder das Brot schimmelt, dann riechen wir das ebenfalls. Das heißt, auch bestimmte Prozesse sind mit einem spezifischen Geruch verbunden, z.B. das Schimmeln, Faulen, Gären oder Verbrennen. Und diese typischen Gerüche variieren wiederum, je nachdem, was fault, gärt oder verbrennt. Buchenholz z.B. riecht anders beim Verbrennen als Kiefernholz, ja man kann sogar am Geruch unterscheiden, ob es trocken oder feucht ist. Was wir also durch unseren Geruchssinn wahrnehmen, sind die Ausdünstungen der Stoffe, und was wir daran erkennen, sind die Dinge bzw. Lebewesen, denen diese Stoffe und damit diese Gerüche eigen sind, sowie die Prozesse, die die Stoffe verwandeln.

Selbstverständlich können wir auch die Intensität der verschiedenen Gerüche unterscheiden. Mehr noch. Machen wir uns das an einem Beispiel klar. Erinnern wir uns z.B. an einen Spaziergang. Ein Duftgemisch von Straße und Gärten liegt in der Luft. Wir gehen an Vorgärten vorbei, da, auf einmal Rosenduft. Indem wir weitergehen, wird er stärker, dann kommt er von rechts. Die Überprüfung zeigt, dass dort mehrere Rosenbüsche stehen. Weiter geht es zwischen Gärten, die hinter Hecken verborgen sind. Verschiedene, nicht so leicht zu benennende Gerüche wechseln sich ab. Etwas weiter riechen wir Rauch. Zu sehen ist keiner. Der Geruch kommt von schräg vorne. Wir merken uns die Richtung. Später finden wir die Stelle, von der er ausging. Die Richtung stimmte. Wir gehen weiter. Dann plötzlich Geruch von geschnittenem Gras. Der Geruch kommt von rechts. Im Gehen können wir auch feststellen, wo er beginnt und wo er aufhört. Weitere Gerüche folgen. Auf dem Rückweg kommt dasselbe in umgekehrter Reihenfolge wieder, auch der Rauch. An diesem Beispiel wird deutlich: Wir nehmen nicht nur die verschiedenen Gerüche und ihre unterschiedliche Intensität wahr, sondern auch von wo sie ausgehen und wo sie beginnen und enden, nehmen also die räumliche Ausdehnung eines Geruches und seine Herkunftsrichtung wahr und können ihm deshalb auch ausweichen und nachfolgen. Wir benutzen das ständig, wenn auch meist unbewusst, um uns in unserer Umgebung zu orientieren. Und wer einmal für einige Tage wegen heftigem Schnupfen oder gar für längere Zeit auf den Geruchssinn verzichten muss, wird diese Orientierungsmöglichkeit schmerzlich vermissen. So berichtet eine Frau,[338] die nach der Geburt ihres Kindes für eineinhalb Jahre den Geruchssinn verloren hatte, wie ihr dadurch z.B. jede Orientierung im Bereich der Nahrungsmittel fehlte und sie sich zum Einkaufen oder zum Kochen, ja sogar zum Essen zwingen musste. Was würden die anderen zu dem Essen sagen? Hatte sie die Speisen richtig gewürzt? Waren sie überhaupt noch gut, oder waren sie bereits verdorben? Ohne Geruchssinn fehlt diese Gewissheit, auf die wir sonst so selbstverständlich bauen.

Schwierigkeiten bei der Klassifizierung

Es ist immer wieder versucht worden, die Vielzahl der Düfte zu ordnen und zu klassifizieren. Alle solche Versuche haben dazu geführt, dass man übergeordnete Bezeichnungen, wie z.B. blumig, harzig, faulig, fruchtig, würzig, brenzlich, gefunden hat, denen sich einzelne Gerüche zuordnen lassen. Bisher kann man aber noch nicht sehen, dass diese oder andere Oberbegriffe Ausschließlichkeit besitzen und alle Gerüche erfassen.[339] Solche Klassifizierungsversuche scheinen daher, nach heutigem Stand, mehr dem Ordnungsbedürfnis des Menschen nachzukommen, als dass sie dem Wesen der Gerüche entsprechen. Interessant ist nämlich auch, dass wir keinen wirklich eigenen Namen für einen Geruch besitzen, im Gegensatz zu Geschmack oder Farbe, wo wir über eindeutige Bezeichnungen verfügen. Wenn wir einen Geruch als blumig oder fruchtig, süß, schwer oder stechend bezeichnen, dann benutzen wir damit ja Wörter, die ursprünglich Wahrnehmungen in anderen Sinnesbereichen meinen. Wollen wir über einen Geruch sprechen, sind wir auf sie angewiesen, weil wir eben keine reinen Geruchswörter zur Verfügung haben.

Es gibt kaum genauere Untersuchungen und Beschreibungen von Gerüchen. Eine Ausnahme macht da das Werk der Pädagogin und Rosenkennerin Alma de l'Aigle (1889–1959). Sie unternimmt im Sommer 1955 zum ersten Mal, zusammen mit einem Rosenzüchter, eine Duftselektion an Rosen. Dabei überprüft sie tausend blühende Rosenstöcke derselben Sorte (Virgo) nach ihrem Duft. Sie hatte nämlich festgestellt, dass diese schöne weiße Rose, die gemeinhin als duftlos gilt, in manchen

Exemplaren doch duftet. Und so sucht sie auf dem Feld unter den tausend Exemplaren die aus, die am schönsten und stärksten duften, damit diese dann vermehrt werden. Dadurch hat sie den Duft wieder in das Zentrum der Aufmerksamkeit der Rosenzüchtung gerückt. Sie hatte sich über Jahre die Fähigkeit angeeignet, die Düfte in der Natur und vor allem die Düfte von vielen hundert Rosen zu unterscheiden und, was noch schwieriger ist, zu beschreiben. So entsteht dann ein Buch mit siebenhundert Rosen-Portraits, bei denen die Beschreibung des Duftes ein wichtiger Bestandteil ist.[340] Da heißt es z.B.: »Zu all dieser Schönheit gesellt sich der Duft als Schönstes. Er ist leicht und frisch, lieblich und reich; da ist Apfelblüte und Vanille, Pfirsich und Melone darin enthalten, und dabei ist er doch zart und schwebend.«[341] Oder: »Ein besonders starker Duft macht die Rose vollkommen, er ist frisch und klar, reich und voll, etwa wie Weingelee aus rotem und weißem Wein mit wenig Zitronensaft, abgerundet durch Schlagrahm mit einem Hauch echter Vanille.«[342] Man sieht an diesen Beispielen, wie ein Duft, der für den Geruchssinn doch eindeutig ist und an dem man eine Rose identifizieren kann, nur durch Worte aus anderen Sinnesbereichen umschrieben und durch Vergleiche charakterisiert werden kann. Der Duft einer Rose kann eben dünn oder voll sein, leicht oder schwer, sprühend oder verhalten; andererseits kann er üppig und berauschend sein; er kann nach Ananas, aber auch nach Birnen riechen. Alma de l'Aigle entwickelt ein ganz bestimmtes Vokabular, um Rosendüfte zu beschreiben.[343] Und wenn man ihre zum Teil poetischen Duftbeschreibungen liest, bemerkt man, dass sie aus einer Fülle eigener Duft- und Aromaerinnerungen schöpft, um das spezifische »Duftbild« eines ganz bestimmten Rosengeruches zu »malen«. Eine Wahrnehmung in Sprache zu bringen ist etwas, was uns unter allen Sinnen beim Geruchssinn vielleicht am wenigsten geläufig ist.

Emotionale Reaktion auf Gerüche

Die Nase können wir nicht schließen, da wir durch sie ja atmen müssen. Deshalb sind wir der Welt der Gerüche ständig ausgesetzt, haben immer eine Wahrnehmung der Luft und ihrer Zusammensetzung. Und so ist der Geruchssinn zugleich ein Wächter über unsere Atemluft. Mit dieser Funktion des Geruchssinns und seiner direkten Verbindung zum limbischen System des Gehirns hängt es wohl zusammen, dass das Riechen eine so enge Beziehung zu den Emotionen besitzt und ein Geruch eine sofortige emotionale Reaktion zur Folge haben kann. Gerüche können Angst erzeugen und uns zur Flucht veranlassen oder uns in Wonne und Euphorie versetzen. Es gibt interessante Versuche mit Riechtherapie bei ADHS-Kindern, die zu einer deutlichen Veränderung im Verhalten geführt haben. Dabei wird der Umstand genutzt, dass Gerüche den schnellsten und direktesten Zugang zur Empfindung haben, wodurch, so die Vermutung, auch anderen Sinnesbereichen dieser Zugang und damit dem Kind die innere Beteiligung erleichtert wird.[344] Auch in der Erinnerung sind Gerüche oft mit ganz bestimmten emotionalen Situationen verbunden. So kann es vorkommen, dass wir durch einen Geruch spontan an eine Situation unserer Kindheit erinnert werden, z.B. an das Haus unserer Großeltern oder das eines Freundes, in dem wir häufig waren und wo es so roch. Der Zusammenhang zwischen Düften und Gefühlen wird heute an verschiedenen Stellen zu nutzen versucht. So werden Produkte und auch Geschäfte mit Düften ausgestattet, die beim Konsumenten ganz bestimmte Gefühle und Assoziationen wecken und ihn zum Kauf bewegen sollen. Es gibt sogar Versuche, eine militärische Duftwaffe zu entwickeln, die Menschen vertreibt.[345] Die Schwierigkeit dabei ist: Düfte mit bestimmten Gefühlen oder Reaktionen zu assoziieren, muss gelernt werden,[346] und das geschieht hauptsächlich in der Kindheit. Daher sind die meisten Reaktionen auf Gerüche so individuell.

Geruch als notwendige Orientierung

Die Ausbildung des Geruchssinns wird heute immer schwieriger. Eine gute Ausbildung setzt voraus, dass wir als Kinder immer wieder und in vielfältiger Weise erleben, dass zu den Stoffen und Dingen unserer Umgebung und zu allen Lebewesen ein ganz bestimmter Geruch gehört und auch viele Prozesse von einem typischen Geruch begleitet sind. Da ist es dann wichtig, dass wir als Kinder Blüten am Geruch unterscheiden lernen, ebenso Früchte und Kräuter, dass wir erfahren, wie verschiedene Hölzer riechen oder frische Erde, und auch erleben, wie es riecht, wenn etwas fault oder schimmelt. Und das alles immer wieder. Viele Kinder erleben es nicht mehr, weil es in ihrer Umgebung nicht vorkommt. Deshalb ist es wichtig, dass in Kindergarten und Schule bei der Sinneserziehung der Geruchssinn nicht vergessen wird. Aus diesem Grund sind in den letzten Jahren an vielen Orten, den Anregungen von Hugo Kükelhaus (1900–1984)[347] folgend, Erlebnispfade zur Schulung und Übung der Sinne entstanden, auch in Schulen und Kindergärten. Da sind dann z.B. viele Duftproben gesammelt, die es zu erkennen und zuzuordnen gilt. Das kann Spaß machen und anregend sein. Man darf aber nicht vergessen: Solche Sinnesexperimente ersetzen nicht die reale, natürliche Situation, die wir brauchen, um jeden Geruch in seinem Zusammenhang kennenzulernen. Denn wir müssen den Geruch ganz konkret als Eigenschaft eines Stoffes oder eines Lebewesens und als Ausdruck bestimmter Prozesse erfahren haben, damit er uns wirklich etwas sagen kann. Andernfalls fehlt uns ein wichtiges Stück Orientierung, vor allem in der Welt des Lebendigen. Dann kann der Geruchssinn seine Wächterfunktion nur unvollständig ausüben, mit der Folge, dass wir den Wirkungen der Düfte stärker ausgeliefert sind.

Wärmesinn

Bei jeder Berührung haben wir neben der Tastwahrnehmung auch eine Wärmewahrnehmung. Machen wir dazu einige Beobachtungen. Berühren wir einmal im Zimmer verschiedene Gegenstände und Materialien. Was nehmen wir dabei an Wärme wahr? Zunächst fällt auf, dass sich die Dinge und Materialien verschieden warm anfühlen. Legen wir die flache Hand auf die Schreibtischplatte, fühlt sich das kühl an, der Stapel Papier nicht ganz so kühl, das Kunstleder des Terminkalenders ist warm, der Leineneinband des Buches auch, ebenso die mit Stoff bezogene Armlehne, der Teppich sogar noch wärmer. Ganz kalt dagegen sind die große Bodenvase und die Metallteile am Stuhl. Das Regalbrett ist im Vergleich mit der Tischplatte deutlich wärmer. Was ist da los? Besitzen diese Dinge unterschiedliche Temperatur? Selbstverständlich nicht. Sie sind lange genug im Raum, sodass sie alle längst die Zimmertemperatur angenommen haben. Sie fühlen sich aber deswegen verschieden warm an, weil sie sich gegenüber der Wärme unterschiedlich verhalten und diese leichter oder schwerer aufnehmen und weiterleiten. Berühren wir Metall, dann nimmt das Metall die Wärme, die von unserer Hand ständig abstrahlt, leicht auf und entzieht ihr, wenn die Berührung länger dauert, viel Wärme, was wir anschließend an der kalten Handfläche feststellen können. Legen wir die Hand auf den Teppich, so nimmt dieser nur wenig Wärme auf, entzieht der Hand also keine Wärme, sondern staut sie sogar etwas. Noch stärker ist das, wenn wir die Hand auf ein Stück Styropor legen. Von der gestauten Wärme kann es an der Handfläche richtig heiß werden. Tischplatte und Regalbrett fühlen sich unterschiedlich warm an, weil hartes oder weiches Holz sowie glatte und raue Oberfläche die Wärme verschieden aufnehmen. Ein nasser Lappen fühlt sich kälter an als ein trockener, weil Flüssigkeit die Leitfähigkeit erhöht. Dass wir die Dinge unterschiedlich warm wahrnehmen, obwohl sie die gleiche Temperatur besitzen, hängt also mit der Wärmeleitfähigkeit der verschiedenen Materialien zusammen. Und das heißt, wir erfahren durch unseren Wärmesinn eine Eigenschaft der Dinge und ihres Materials, nämlich wie sie die Wärme aufnehmen. Das ist die erste, auf die Objekte bezogene Wahrnehmung des Wärmesinns.

Wärmeaustausch

Wenn wir im Winter längere Zeit draußen in der Kälte waren und dann ins Zimmer treten, finden wir es dort wohlig warm, während jemand, der aus der warmen Küche kommt, es im selben Zimmer kalt findet und die Heizung höher stellen will. In diesem Fall nehmen wir Wärme nicht durch Berührung mit einem Gegenstand wahr, sondern durch Berührung mit der Luft. Auch hier gilt: Kommen wir aus dem Kalten ins Warme, wird uns dort weniger Wärme entzogen als vorher, und das ergibt die Wahrnehmung »warm«; kommen wir aus einem warmen Raum in einen kälteren, dann wird uns jetzt Wärme entzogen, was wir als »kalt« wahrnehmen. Dasselbe kann auch an folgendem bekannten Experiment beobachtet werden: Wir nehmen drei Gefäße und füllen eines mit kaltem Wasser, ein zweites mit warmem Wasser. Im dritten Gefäß mischen wir lauwarmes Wasser, so dass es sich von beiden anderen gut unterscheidet. Nun tauchen wir für 20 bis 30 Sekunden die eine Hand in das kalte, die andere in das warme Wasser. Halten wir anschließend beide Hände in das lauwarme Wasser, so haben wir gegensätzliche Wahrnehmungen. An der Hand, die sich vorher im kalten Wasser befand, nehmen wir das lauwarme Wasser deutlich warm, an der anderen dasselbe Wasser eindeutig kalt wahr. Das ist keine Täuschung, wie manchmal behauptet wird, sondern die Wahrnehmung realer Verhältnisse. Denn die warme Hand verliert im lauwarmen Wasser an Wärme, was wir als kalt wahrnehmen. Der kalten Hand fließt stattdessen im lauwarmen Wasser Wärme zu, und das erleben wir als warm. Wenn wir kalt oder warm wahrnehmen, dann ist das also nicht die Wahrnehmung einer bestimmten Temperatur, wie häufig geglaubt wird, sondern das Wahrnehmen des Wärmeaustausches zwischen uns und der uns umgebenden Luft, dem Wasser oder den Dingen der Umgebung. Kalt ist demnach, wenn unsere eigene Wärme an der Berührungsstelle weniger wird, warm, wenn sie gleich bleibt oder sich erhöht. Dabei können wir ein stärkeres oder schwächeres Wegfließen oder Zufließen von Wärme wahrnehmen und dadurch verschiedene Grade von warm und kalt unterscheiden. Das zweite, was der Wärmesinn leistet, ist also auf uns selbst bezogen: Wir erfahren, ob unserem Körper Wärme zufließt oder ob ihm Wärme entzogen wird.

Auf der Suche nach den Rezeptoren für den Wärmesinn entdeckten die Forscher M. Blix (1883) und A. Goldscheider (1884), dass wir nicht an jeder Stelle der Haut kalt und warm wahrnehmen können, sondern dass es besondere Punkte für die Kaltempfindung, andere für die Warmempfindung gibt. Man kann das nachprüfen, indem man mit einem spitzen gekühlten bzw. erwärmten Nagel die Haut Punkt für Punkt berührt. Man wird feststellen, dass der kalte Nagel an manchen Stellen eine Kältewahrnehmung auslöst, an anderen Stellen nicht, und ebenso der warme Nagel. Dabei gibt es in der Regel mehr Punkte, an denen der kalte Nagel wahrgenommen wird als der warme. Wir besitzen also mehr Kalt- als Warmrezeptoren in der Haut. An empfindlichen Stellen liegen beide enger beieinander, an weniger empfindlichen Stellen sind die Abstände größer. Die Handflächen weisen z.B. pro cm^2 bis zu fünf Kaltpunkte und einen Warmpunkt auf, das Gesicht, die empfindlichste Stelle, noch etwas mehr.[348] Über die Funktion der beiden Rezeptoren weiß man Folgendes: Die Warmsensoren feuern (d.h. geben Impulse an das Gehirn) bei steigender Wärme zwischen 30°C und 43°C, die Kaltsensoren feuern bei abnehmender Wärme ab 33°C.[349] Dies zeigt, dass unser Wärmesinn nicht auf das Registrieren bestimmter Temperaturen, sondern auf das Wahrnehmen der Zu- bzw. Abnahme der Wärme eingestellt ist, und zwar bezogen auf unsere Körperwärme. Das können wir, außer an den bereits genannten Beispielen, auch in folgender Situation erfahren: Wenn bei einer fiebrigen Erkältung das Fieber steigt, dann frieren wir und haben den Eindruck, es würde uns Wärme fehlen. In Wirklichkeit haben wir mehr Eigenwärme als zuvor. Da bei höherer Eigenwärme aber auch mehr Wärme von uns wegströmt, tritt die Wahrnehmung kalt auf. Fällt das Fieber, dann sind die Verhältnisse umgekehrt und es ist uns warm.

An dieser Stelle soll noch ein Experiment erwähnt werden, dessen Ergebnis bis heute als rätselhaft gilt.[350] Legen wir eine an der Heizung erwärmte und eine im Kühlschrank abgekühlte Münze im Abstand von einigen Zentimetern auf die Haut, so werden wir in der Regel wahrnehmen, welches das warme bzw. das kalte Geldstück ist. Nach etwa 30 Sekunden ist die Unterscheidung nicht mehr so leicht möglich, und schließlich dreht sich die Wahrnehmung um, sodass die ehemals warme Münze jetzt kalt erscheint, die kalte warm. Wie kommt es dazu? Geht man davon aus, dass unser Wärmesinn nicht einzelne Temperaturen wahrnimmt, sondern den Zufluss zu unserer Körperwärme oder ihren Abfluss, dann lässt sich das Experiment durchaus erklären. Wenn die warme Münze abkühlt, indem sie Wärme an die Umgebung abgibt, kommt der Punkt, an dem sie der Haut keine Wärme mehr zuführt, weil kein Temperaturunterschied mehr besteht, und wo sie anfängt, wegen ihres Materials der Haut Wärme zu entziehen, die sie weiter an die Umgebung abgibt. Und diesen Wechsel vom vorigen Zustand hin zum Entzug von Eigenwärme erleben wir dann als kalt. Die andere, kalte Münze wird vom Körper aufgewärmt, sodass nach einiger Zeit auch hier der Temperaturunterschied aufgehoben ist. Der Wechsel vom Wärmeentzug zur Wärmegleichheit wird dann als warm erlebt, selbst wenn auch diese Münze selbstverständlich auf Dauer der Haut Wärme entzieht. Wir sehen, es macht Sinn, diesen Wahrnehmungsbereich Wärmesinn und nicht Temperatursinn zu nennen.

Nun ist die Wärme ja, neben der Ernährung und der Atmung, ein drittes lebenswichtiges Element für uns. Wir brauchen zum Leben eine ganz bestimmte Eigenwärme, die unser Organismus ununterbrochen herstellen und aufrechterhalten muss. Daher müssen wir uns vor zu großer Kälte und zu großer Wärme, d.h. vor einem zu starken Wärmeentzug und einer zu starken Wärmezufuhr schützen. Das können wir selbstverständlich nur, wenn wir die Abnahme oder Zunahme der eigenen Wärme wahrnehmen. Und das leistet eben der Wärmesinn. Dadurch wird er zum Wächter über den Wärmeaustausch zwischen uns und unserer Umgebung.

Den Wärmesinn ausbilden

Nun können wir auch in einzelnen Fällen die Temperatur einer Sache richtig einschätzen, z.B. beim Badewasser oder bei einer Babyflasche, mit etwas Übung auch die Lufttemperatur im Freien. Das ist etwas, was wir Erwachsene mit der Zeit lernen können, weil wir das verschieden starke Zu- oder Abnehmen der eigenen Wärme eben unterscheiden lernen. Kinder können das noch nicht. Überhaupt hat der Wärmesinn eine lange Lern- und Entwicklungszeit. Kinder haben noch mit sieben oder acht Jahren keine klare Wahrnehmung davon, ob sie von zu viel oder zu wenig Wärme umgeben sind. So kann es sein, dass sie bei kaltem Wetter ohne Jacke stundenlang draußen spielen und nicht merken, wie ihr Körper auskühlt oder, anders herum, in zu dicker Kleidung mit vor Hitze hochrotem Kopf immer weiter spielen. Sie brauchen daher bis in dieses Alter Hilfe, um sich der äußeren Temperatur entsprechend anzuziehen. Auch mit dem Einschätzen von Temperatur haben sie noch lange Schwierigkeiten. Die Entwicklung des Wärmesinns muss lange begleitet werden, damit wir später fähig sind, auf die Wärmesituation in unserer Umgebung richtig zu reagieren. Wer nur klimatisiert aufwächst oder immer unterkühlt oder überhitzt, der ist auch später in Gefahr, auf Temperaturschwankungen nicht angemessen reagieren bzw. nicht mit ihnen leben zu können. Wenn Kinder dagegen bei jedem Wetter draußen sind, aber in jeweils angemessener Kleidung, dann lernen sie, wie man auf Wärme und Kälte richtig reagiert. Und wenn sie draußen spielen oder laufen, lernen sie außerdem, welchen Unterschied es beim Wärmeempfinden macht, ob man sich bewegt oder nicht. Soll darüber hinaus der Wärmesinn auch in Bezug auf die Wahrnehmung der Wärmeeigenschaft der Dinge und Materialien eine differenzierte Ausbildung erfahren, dann ist es nötig, dass wir als Kinder auch mit verschiedenen Dingen und vor allem mit unterschiedlichstem Material Umgang haben. Nur dann werden wir Metalle, Steine, Hölzer oder Textilien auch in ihren Wärmeeigenschaften unterscheiden lernen.

Wir haben diese drei Sinne, Geschmackssinn, Geruchssinn und Wärmesinn, so unterschiedlich auch ihre Wahrnehmungsbereiche sind, hier zu einer Gruppe zusammengefasst, weil sie eben auch eine gemeinsame Funktion haben, nämlich die Wächterfunktion zum Schutz unseres Organismus. Der Geschmackssinn wacht über die Flüssigkeit und Nahrung, die wir zu uns nehmen, der Geruchssinn über die Luft, die wir atmen. Der Wärmesinn tut dasselbe in Bezug auf das Zuströmen und Wegfließen der Wärme. Man könnte hier noch einen vierten Sinn mit Wächterfunktion einfügen, nämlich den Tastsinn. Seine Wahrnehmungen schützen uns vor dem Eindringen fester Stoffe in unseren Körper. Man kann daher diese Sinne als Wächtersinne bezeichnen.

Zusammenhänge

Integration der Sinne

Eine Wahrnehmung tritt nie alleine auf. Immer ist sie von Wahrnehmungen anderer Sinne begleitet. Dass wir in den Kapiteln dieses Buches so getan haben, als könne man die Wahrnehmungen eines Sinnes ganz für sich haben, war eine notwendige Maßnahme, um das einzelne Sinnesfeld zu untersuchen. Das entspricht aber nicht dem Leben. In Wirklichkeit haben wir in jedem Augenblick Wahrnehmungen verschiedener Sinne. Sehen wir z.B. ein Auto vorbeifahren, so haben wir von ihm zugleich eine Geräuschwahrnehmung. Fangen wir einen Ball, so sehen wir seine Farbe, seine runde Form, die Textur der Oberfläche, hören den Klang, der beim Auftreffen auf die Hände entsteht, und spüren die Wucht, mit der er aufprallt, seine Wärme und seine Elastizität. Zugleich nehmen wir bei der Berührung die taktilen Eigenschaften des Leders wahr und riechen es. Wir erfahren also durch verschiedene Sinne gleichzeitig die unterschiedlichsten Eigenschaften desselben Objektes. Nun fangen wir den Ball nicht irgendwo isoliert, sondern an einem konkreten Ort. Und so sehen wir, während wir den Ball fangen, auch die von der Sonne beschienenen Bäume, den Menschen, der den Ball geworfen hat, hören ihn rufen, hören zugleich den Wind rauschen und riechen den

Duft geschnittenen Grases. Wir erfahren durch die gleichzeitigen Wahrnehmungen also nicht nur die verschiedenen Eigenschaften eines Objektes, sondern auch die räumliche Situation und den Aktionszusammenhang, in dem sich das Objekt befindet. Ständig, in jedem Moment des Tages, erleben wir eine solche Vielzahl von Wahrnehmungen. Wir sind aber in der Regel dadurch nicht verwirrt, weil wir seit unserer frühen Kindheit gelernt haben, die gleichzeitigen Wahrnehmungen aufeinander zu beziehen bzw. als zusammengehörig zu verstehen.[351]

Nun kommt noch ein weiterer Wahrnehmungsbereich hinzu, den wir leicht vergessen, weil er uns selbst betrifft. Beim Fangen des Balls, um bei diesem Beispiel zu bleiben, machen wir ja Bewegungen und nehmen sie wahr, spüren die Handflächen, wenn der Ball darauf trifft, spüren vielleicht auch die Anspannung in den Muskeln und bemerken eine Änderung der Gleichgewichtslage. Das heißt, wir haben zu gleicher Zeit Wahrnehmungen der Körpersinne und wissen dadurch, dass wir uns bewegen, unsere Haltung ändern, den Ball berühren. Nur durch diese Wahrnehmungen der Körpersinne kennen wir unsere Rolle in der betreffenden Situation und sind uns sicher, dass wir der Fänger sind. Und noch etwas. Auch dass wir der Wahrnehmer des Geschehens sind, wissen wir nur dank der Wahrnehmungen der Körpersinne, denn Sehen, Hören, Riechen usw., die Weltsinne also, haben von sich selbst keine Wahrnehmung. Das leisten die Körpersinne in jeder Situation, denn auch wenn wir nicht tätig sind, liefern sie uns Wahrnehmungen. Immer nehmen wir Berührungen, nehmen wir die Lage unseres Körpers, die Stellung unserer Glieder, die körperliche Befindlichkeit wahr. Es gibt keinen Moment im bewussten Leben ohne eine Körperwahrnehmung.[352] Das bedeutet, dass alle Wahrnehmungen der Weltsinne stets von Körperwahrnehmungen begleitet sind, und zwar nicht von irgendwelchen, sondern gerade von denen, die uns unsere körperliche Situation vermittelt, während wir etwas in der Welt wahrnehmen. Die Wahrnehmungen der Körpersinne ziehen sich wie ein Kontinuum durch unsere Existenz und geben uns dadurch die Möglichkeit, die Vielzahl der Weltwahrnehmungen miteinander und mit uns selbst zu verbinden, d.h., sie zum Gegenstand, zur Situation, zur Handlung zusammenzufügen.[353] Das bedeutet aber letztlich, dass wir auch dadurch erst in der Lage sind, dem, was wir in der Welt wahrnehmen, eine bestimmte Existenz zuzusprechen.[354] Auch die Körpersinne selbst sind ständig untereinander durch gleichzeitige Wahrnehmungen verbunden. Denn bei jeder körperlichen Bewegung sind Bewegungssinn, Vitalsinn, Gleichgewichtssinn und Tastsinn beteiligt, besonders wenn wir bei einer Tätigkeit mit Material, Gegenständen oder Werkzeugen umgehen. Und nur wenn das Zusammenspiel der Körpersinne klappt, können wir uns sicher und geschickt bewegen und damit auf die Wahrnehmungen der Weltsinne reagieren.

In der Kindheit müssen wir diese Zusammenhänge erst durch Erfahrung kennenlernen, und dazu ist nötig, dass wir die Dinge und Vorgänge in der Welt durch möglichst viele Sinne wahrnehmen. Das heißt konkret, wir müssen z.B. Blätter, Nüsse, Tannenzapfen oder Fell nicht nur sehen, sondern anfassen und ihre Oberflächenbeschaffenheit, ihre Elastizität und ihre Wärme sowie ihren Geruch und ihr Gewicht wahrnehmen. Wir müssen Hölzer, Steine und Metalle oder auch Textilien nicht nur an ihrer Farbe unterscheiden lernen, sondern erfahren, wie sie sich zwischen den Fingern anfühlen, wie sie sich zur Wärme verhalten, wie schwer sie sind, wie sie klingen, wie das Licht auf ihrer Oberfläche spielt, wenn wir sie bewegen. Und so bei allen Dingen: Lernen wir als Kinder die Welt durch alle Sinneskanäle kennen, dann bilden wir uns ein Bild der Wirklichkeit, das die volle Realität der Dinge enthält. Voraussetzung ist dabei, dass wir nicht nur Betrachter sind, sondern dass wir aktiv eingreifen können, dass wir die Dinge anfassen, bewegen, eindrücken, wegtragen, anschlagen, verbiegen, verformen, ja manchmal auch zerreißen und zerbrechen dürfen. Je mehr wir beim Zustandekommen der Erfahrungen selbst aktiv beteiligt sind, desto vollständiger und gesättigter wird unsere Erfahrung von Wirklichkeit, da wir dann die Einzelerfahrungen leichter integrieren können[355] und zugleich die Wirkung unseres Tuns, unsere Beteiligung an den Erfahrungen und damit unser Verhältnis zur Welt kennenlernen.

Bildschirm-Erleben

Wenn ein Kind nur über ein oder zwei Sinne die Welt erfährt, dann führt das zu einer eingeschränkten Kenntnis und zu einem unvollständigen und daher unzutreffenden Bild von Wirklichkeit. Einem solchen Kind bleiben viele Seiten der Welt unbekannt, mit der Folge, dass es auch nicht lernt, mit Dingen und Situationen richtig umzugehen. Die Frage ist nun, gibt es solche Fälle, in denen Kinder die Welt nur mit einem oder zwei statt mit allen Sinnen kennenlernen? Diese Situation ist häufiger, als mancher vermuten wird. Denn, um den verbreitetsten Fall zu nehmen, lernt ein Kind die Welt im überwiegenden Maße durch den Bildschirm kennen, dann sind allenfalls zwei Sinne beteiligt, das Sehen und das Hören. Dabei entspricht das, was zu hören ist, in den meisten Fällen nicht den wirklichen Klängen und Geräuschen. Tasten, Riechen, Schmecken, Wärmewahrnehmung sind ausgeschlossen und die Körperwahrnehmungen, die auftreten, während wir auf den Bildschirm blicken, haben nichts mit denen zu tun, die wir vor Ort in der abgebildeten Situation wirklich hätten. Vor dem Bildschirm erfahren wir also gleichzeitige Wahrnehmungen, die aber nichts miteinander zu tun haben. Nun trifft das im Prinzip für alle Medien zu, und niemand wird deshalb behaupten, dass Medien prinzipiell schlecht sind. Ein Problem wird es aber dann, wenn Kinder, die noch dabei sind, für sich ein Bild der Wirklichkeit aufzubauen, mehr Zeit vor dem Bildschirm als in der realen Situation zubringen, weil dann das Bild, das auf Grund dieser Erfahrungen entsteht, der Wirklichkeit nicht entspricht. Haben wir bereits genügend Wirklichkeitserfahrung gemacht, dann können die Informationen durch das Medium bereichernd sein. Haben wir aber noch nicht genug Erfahrung an der Wirklichkeit gemacht, dann führt dasselbe zur Verarmung. Wir können nämlich die Fähigkeiten, die wir brauchen, damit der Umgang mit einem Medium fruchtbar wird, nicht *in* diesem Medium erwerben, sondern nur außerhalb. Und so brauchen wir die ersten fünf bis sechs Jahre des Lebens, um in der Fähigkeit sicher zu werden, die Fülle gleichzeitiger Wahrnehmungen zum Gegenstand und zur Situation zu integrieren und mit dem eigenen Tun in Beziehung zu setzen. Deshalb ist es so wichtig, dass Kinder in diesen Jahren mit allen Sinnen die Welt erfahren und beim Zustandekommen dieser Erfahrungen durch eigenes Tun beteiligt sind. Beides ist vor dem Bildschirm nicht möglich.

Synästhesie

Wenn wir über Farben und musikalische Klänge sprechen, dann taucht in unserer Sprache unwillkürlich eine interessante Überschneidung von Sehen und Hören auf. So nennen wir Farben und ihre Nuancen Farbtöne und die Zusammenstellung verschiedener Farben einen Farbklang und bezeichnen andererseits den Charakter, den Töne durch verschiedene Musikinstrumente erhalten, als Klangfarbe. Das deutet darauf hin, dass wir zwischen Farben und Klängen einen Zusammenhang erleben. Auch mit anderen Sinnesbereichen gibt es solche Verknüpfungen, etwa wenn wir bei Farben warme und kalte unterscheiden, wenn wir eine sprachliche Mitteilung eisig, kühl oder warm nennen und sichtbare Formen hart oder weich. Nun ist das im strengen Sinn noch nicht Synästhesie, hat aber damit zu tun.

Synästhesie ist die unwillkürliche Verknüpfung von Wahrnehmungen verschiedener Sinne, also z.B. von Zahl und Farbe, Farbe und Klang, von Aroma und Farbe oder sogar von Aroma und bestimmten Formen, wie bei dem Kunstprofessor, von dem der Neurologe Richard E. Cytowic berichtet. Dieser Mann kocht gerne, und wenn er das Essen abschmeckt, dann komponiert er Formen. Denn er nimmt das Aroma der Speisen in Gestalt von Formen wahr, und zwar von plastischen Formen, die er so erlebt, wie wenn er sie abtasten könnte. So beschreibt er z.B. Pfefferminz-Aroma als senkrechte Säule von seidiger Glätte, an der er mit den Händen sowohl entlanggleiten wie herumfassen kann und die nach unten und oben nicht endet.[356] Bestimmte Aromen sind für ihn spitz, andere rund. Es besteht für diesen Menschen keine Wahl. Er kann

Aroma nicht anders wahrnehmen als in gegenständlich-plastischen Formen. Diese Verbindung stellt sich zwanghaft ein. Dies ist ein extremer Fall von Synästhesie. Solche Fälle gibt es etwa zehn auf eine Million Menschen.[357] Dabei ist es sehr verschieden, welche Sinnesbereiche in dieser Weise verknüpft werden. Und selbst wenn es sich bei zwei Personen um dieselben Sinne handelt, können im Einzelnen ganz unterschiedliche Bezüge vorkommen. Diese synästhetischen Verknüpfungen sind also nicht allgemeingültig, sondern individuell. Das steht im deutlichen Widerspruch zu den Versuchen verschiedener Maler und Musiker der ersten Hälfte des 20. Jahrhunderts, in die Beziehung von Farben und Tönen eine allgemeingültige Systematik zu bringen. Angeregt durch den Film und seine Projektionstechnik konstruierten sie Klaviere, die jeden Ton automatisch in eine Farbprojektion umsetzten.[358] Vielleicht liegt es an den starren, automatisierten synästhetischen Bezügen, dass sich dieser Weg in der Kunst nicht durchgesetzt hat.

Häufiger als die strenge Form ist eine schwächere Form der Synästhesie, wie sie z.B. der Maler Wassily Kandinsky (1866–1944) besaß. Kandinsky beschloss erst spät im Leben, mit dreißig Jahren, Maler zu werden, und dabei war ein starkes synästhetisches Erlebnis ausschlaggebend. Er hörte die Oper »Lohengrin« von Richard Wagner und erlebte die Musik als lebendiges Spiel von Farben und Linien.[359] Die Verknüpfung von Farben oder Linien mit Klängen war für Kandinsky aber kein Zwang, er konnte Musik auch als Musik, Farben als Farben wahrnehmen. Dennoch bestanden für ihn konkrete Beziehungen, z.B. zwischen hellem Gelb und dem Klang einer scharf geblasenen Trompete oder dunklem Blau und dem Klang des Cellos.[360] Wer die Farben, wie Kandinsky, auch musikalisch erlebt, der geht als Maler anders mit ihnen um, als wenn allein der Seheindruck entscheidend ist.

Steigerung der Achtsamkeit durch freie Synästhesie

Was bedeutet das nun für uns Nicht-Synästhetiker? Zunächst werden wir durch die Schilderung synästhetischer Erlebnisse darauf aufmerksam, dass Wahrnehmungen auch inhaltlich nicht isoliert sind, sondern etwas mit den Erlebnissen anderer Sinne zu tun haben. Aber mit welchen? Gibt es ein Kriterium für die richtigen Beziehungen? Bei den zwanghaften Synästhetikern ist der Zusammenhang festgelegt. Bei ihnen, so vermutet man, kommt es zu einer Verbindung bestimmter Sinneseindrücke, weil im Gehirn entsprechende Verknüpfungen zwischen Sinneskanälen entstanden sind.[361] Wenn wir, die keinem solchen Zwang unterliegen, zwischen Sinneseindrücken verschiedener Sinne Beziehungen erleben, dann ist das Verbindende die Empfindung, die diese Wahrnehmungen in uns hervorrufen. Bringen wir also eine Farbe mit einem bestimmten Klang in Verbindung, dann deshalb, weil die Farbe in uns eine Empfindung bewirkt, die der Empfindung entspricht oder zumindest ähnlich ist, die ein bestimmter Klang hervorruft. Wenn wir, auf Grund der gleichen oder ähnlichen Empfindung, Wahrnehmungen verschiedener Sinne miteinander verbinden, kann man von einer freien Synästhesie sprechen.

Versuchen wir einmal solche synästhetischen Verwandtschaften zu finden. Nehmen wir einen ganz bestimmten Farbton und suchen nach einem Klang, einer Form, einem Geruch, ja vielleicht auch nach einer Gebärde, einem Wort oder einer Person, die zu dem Farbton passt. Zunächst ist uns das vielleicht fremd, und wir fragen uns, was denn eine Farbe und eine Gebärde gemeinsam haben sollen. Wenn wir uns aber erinnern, dass ja beide einen emotionalen Ausdruck vermitteln, dann können wir einsehen, dass es z.B. eine aggressive Farbe und eine aggressive Gebärde geben kann und dass die beiden dann in der Aggressivität übereinstimmen können. In diesem Sinn kann es also eine »rote« Gebärde und ein »wütendes« Rot geben. Wenn wir uns darin üben, zusammengehörige Wahrnehmungen zu finden, wird sich zweierlei einstellen. Wir werden einerseits die Farbe und die entsprechende Gebärde immer genauer und differenzierter wahrnehmen. Andererseits werden wir auch die Empfindungen, welche durch Farbe und Gebärde in uns hervorgerufen werden, deutlicher bemerken und werden lernen, die feinsten Nuancen dabei zu unterscheiden und auf die auslösende Wahrnehmung zu beziehen. Das Ergebnis einer solchen Übung ist also eine Steigerung der Wahrnehmungs- und Empfindungsfähigkeit. Wir werden dadurch wacher und achtsamer für das, was wir wahrnehmen. Synästhetische Übungen sind also auch eine Voraussetzung, um Achtsamkeit zu entwickeln, die ja als eine gesundende Kraft gegenwärtig immer mehr in den Blick kommt. Weitere Übungen können wir zwischen Farben und Formen oder Farben und Worten versuchen, oder wir können von Formen, von Klängen oder Gerüchen ausgehen. Auch mit komplexeren Wahrnehmungen, z.B. einer Melodie, einem Gedicht, einer Plastik oder einem Bild können wir so verfahren und nach den Sinneseindrücken suchen, die etwas Ähnliches ausdrücken. Und auch hier werden sich Wahrnehmen und Empfinden verfeinern, wodurch unser Erlebnis von Musik, Poesie, Theater oder bildender Kunst reicher wird. Wer sich im Wahrnehmen und Verstehen anderer Menschen üben will, der erprobe Ähnliches ruhig auch mit einer Person. Sich zu fragen, welche Farbe oder Form, welche Blume, welcher Baum, welches Tier oder welches Musikstück dieser Person entspricht, oder nach dem passenden Gegenstand, Musikinstrument oder Werkzeug zu suchen, schärft den Blick für die Qualitäten und Eigenarten einer Persönlichkeit. Dass das mit dem nötigen Takt zu geschehen hat, ist selbstverständlich. Alle diese Beispiele und viele mehr können gut in Gemeinschaft durchgeführt werden, sei es als ernsthafte Übung oder als amüsantes Gesellschaftsspiel. Die Erfahrungen werden uns in jedem Fall bereichern. Denn die freie Synästhesie ist geeignet, unsere Wahrnehmungs- und Empfindungsfähigkeit zu steigern und zu erweitern. Ohne sie wird unser Leben arm. Manche menschlichen Äußerungen bleiben uns dann verschlossen. Gerade Kunst kann man ohne diese Form von Synästhesie weder schaffen noch wirklich verstehen.

Nachbemerkung

Die Sinne, die uns Menschen zur Verfügung stehen, haben wir untersucht. Dabei sind wir der Frage nachgegangen, was sie uns geben und was die Erfahrungen für uns bedeuten, die wir durch diese Sinne machen. Es hat sich gezeigt: Sie bedeuten viel, sehr viel für unser Leben. Welche Fähigkeiten wir entwickeln, welche Entwicklungsmöglichkeiten wir haben und wie wir im Leben stehen, das hängt in hohem Maße davon ab, welche Sinne wir ausbilden können bzw. welche Wahrnehmungen uns zur Verfügung stehen. Wir brauchen Wahrnehmungen, das ist sicher. Ohne sie können wir nicht leben und uns nicht entwickeln.

Nun haben wir bei der Untersuchung der Sinne auf zwei Gruppen besonderes Gewicht gelegt, auf die Körpersinne und die kommunikativen Sinne. Die Körpersinne sind, was ihre Bedeutung für die Entwicklung von Basisfähigkeiten betrifft, im pädagogischen und therapeutischen Bereich nicht unbekannt. Das Maß ihrer Auswirkungen wird allerdings meist unterschätzt, der Vitalsinn überhaupt übersehen. Die kommunikativen Sinne dagegen sind als Gruppe neu. Zu ihnen gehören außerdem Bereiche, von denen es bisher nicht üblich war, sie als Wahrnehmung zu betrachten. Es hat sich aber gezeigt, dass es richtig ist, von Gestaltsinn, Bedeutungssinn und Stilsinn zu sprechen. Wir haben ja gesehen, dass wir es beim Auffassen von Sprache, gleichgültig ob sie gehört, gesehen oder ertastet wird, mit Wahrnehmung zu tun haben. Kein Kind würde sonst die Sprache, die es hört, sprechen lernen. Auch wenn wir die Bedeutung einer Äußerung, einer Tätigkeit oder eines Bildes erfassen, ist das eine Wahrnehmung. Niemand würde sonst die Grammatik der Muttersprache lernen einfach dadurch, dass er der Erfahrung von Sprache ausgesetzt ist. Und wenn uns andere Menschen Vorbild sein können, dann deswegen, weil wir ihre Persönlichkeit in ihren Äußerungen wahrnehmen, eine Wahrnehmung, die gerade in Kindheit und Jugend entscheidend die Entwicklung der eigenen Persönlichkeit prägt. Die kommunikativen Sinne bilden also neben den Körpersinnen eine zweite Säule menschlicher Entwicklungsbedingungen und damit ein wichtiges Element in der Pädagogik.

Wenn wir unsere Sinne entwickeln, dann öffnen sich uns die Bereiche der Welt, die wir durch diese Sinne wahrnehmen können. Fehlt ein Sinn oder hat er keine Wahrnehmungen, dann wissen wir von dem entsprechenden Teil der Welt nichts, ja es gibt ihn dann für uns gar nicht. Nun kann sich ein Sinn nur entwickeln, wenn er Wahrnehmungen bekommt. Dafür müssen wir Erwachsene sorgen. Und das ist heute nicht mehr selbstverständlich. Vieles wird heute nicht gemacht und geht deshalb verloren, weil man nichts davon weiß. Daher braucht es, gerade im Bereich der Pädagogik, eine Forschung, die dafür sorgt, dass Menschen wieder wissen, was nötig ist, damit sich Kinder und Jugendliche entwickeln können. Und so, wie eine Spielforschung und eine Bindungsforschung entstanden sind, weil sich die Bedingungen für das Spiel des Kindes und die Bindung an den Erwachsenen nicht mehr von selbst einstellen, so ist auch eine Sinnesforschung notwendig. Das vorliegende Buch ist ein Beitrag dazu.

Anhang

Anmerkungen

[1] U.a. bei Lutzker (1996) S. 222, Eliot (2001) S. 516f., Spitzer (2002) S. 236
[2] Roth (1997) S. 90f.
[3] Sherrington (1906), siehe hierzu auch Sacks (2002) S. 69f.
[4] Merleau-Ponty (1966), siehe hierzu auch Waldenfels (2000)
[5] Steiner (1960) S. 143–149, (1965) und (1981)
[6] Solche Versuche liegen vor bei Göbel (1982) und Scheurle (1984)
[7] Sacks (2001) und (2002)
[8] Dieser Fall wird von Oliver Sacks unter der Überschrift »Die körperlose Frau« berichtet und findet sich in Sacks (2002) S. 69–83.
[9] Sacks (2002) S. 81
[10] Man findet den Tastsinn heute oft unter »Somatosensorik« oder »mechanische Hautsinne« eingeordnet und als »taktile Wahrnehmung« bezeichnet.
[11] Montagu (1995) S. 8 und Beyer/Weiss (2001) S. 31
[12] Siehe hierzu Goldstein (1997) S. 432ff. (macht keine Unterscheidung zwischen behaarter und unbehaarter Haut), v. Campenhausen (1993) S. 30ff., Zimmermann in: Schmidt/Thews (1993) S. 210f., Weinmann in: Wehr/Weinmann (1999) S. 20ff., Beyer/Weiss (2001)
[13] Eliot (2001) S. 187
[14] Anzieu (1996) S. 86
[15] Siehe auch Montagu (1995) S. 100. Schäfer (2001) S. 33 spricht vom psychosozialen Uterus nach der Geburt. Dabei bezeichnet er das »Halten und Gehaltenwerden als die ich-unterstützende Tätigkeit der Umwelt für ein Kind« (S. 40). Siehe dazu auch Winnicott (1978) S. 32f.
[16] Montagu (1995) S. 48ff. führt hier eine Reihe Untersuchungen an.
[17] Siehe die an verschiedenen Stellen gemachten Erfahrungen mit Frühgeborenen bei Montagu (1995) S. 89ff. und Eliot (2001) S. 205
[18] Eliot (2001) S. 205ff., Ratey (2001) S. 97 und S. 443. Beide beziehen sich u.a. auf die Studie von Tiffany Field vom Touch Research Institute, Miami. T. Field: »Mas-

sage therapy for infants and children«, in: *Journal of Developmental and Behavioral Pediatrics*, 16 (1995), S. 105–111. Siehe auch von Friesen (1995) S. 70

[19] Montagu (1995) S. 67ff., siehe auch den Hinweis auf Tiere S. 17ff. Hauptfunktion des Ableckens der Jungen ist hier nicht die Sauberkeit, sondern die Stimulation des Organismus in Richtung Eigentätigkeit und Aufbau der Immunität.

[20] Eliot (2001) S. 186, Ratey (2001) S. 96 und S. 444, Montagu (1995) S. 145, Ayres (1992) S. 45. Ayres und Ratey sprechen in diesem Zusammenhang von Ernährung des Gehirns.

[21] Steiner (1980) S. 126f. sieht in diesem tastsinnvermittelten Elementarerlebnis eine religiöse Dimension, wenn er vom »Durchdrungensein mit dem Gottgefühl« spricht, was dadurch entstehe.

[22] Hüther in: Gebauer und Hüther (2001) S. 15–34

[23] Vergleiche die Ausführungen zum »Haut-Ich« bei Anzieu (1996) S. 60; siehe auch Seikowski/Gollek (2001) S. 241

[24] Greenspan/Benderly (1999) S. 79

[25] Greenspan/Benderly (1999) S. 84

[26] Ayres (1992) S. 87

[27] Plessner (1980) S. 368: »Der Mensch bewohnt seinen Leib wie eine Hülle, ein Futteral ...«, siehe auch Merleau-Ponty (1966) S. 180

[28] Ähnlich schildert Anzieu zwei Fälle von Kindern mit »durchlöchertem« Haut-Ich, Anzieu (1996) S. 91ff.

[29] Zum Problem der taktilen Abwehr siehe Ayres (1992) S. 152f.

[30] Siehe auch das Kapitel über Persönlichkeitswahrnehmung im Tasten, S. 197ff.

[31] Greenspan/Benderly (1999) S. 247, Juul (1999) S. 70, Prekop (1995), siehe auch Rogge (2001)

[32] Ratey (2001) S. 97 weist in diesem Zusammenhang auf das Experiment Kaiser Friedrichs II. im 13. Jahrhundert hin, bei dem Kinder auf einer Insel isoliert und ohne Ansprache und ohne Berührung aufgezogen wurden. Sie starben durch Mangel an Zuwendung. Er verweist außerdem auf die in den neunziger Jahren des 20. Jahrhunderts gemachten Beobachtungen in den überfüllten rumänischen Waisenhäusern. Ayres (1992) S. 137 spricht davon, dass Berührungsmangel zu einer Destrukturierung des Gehirns führe. Auch sie verweist auf Erfahrungen mit Kindern in Waisenhäusern.

[33] Montagu (1995) S. 124

[34] Steiner hat diesen Sinnesbereich mit der Bezeichnung »Lebenssinn« eingeführt, z.B. Steiner (1981) S. 9ff.; die Verwendung dieser Bezeichnung bei Wilken (2003) S. 22ff. hat damit allerdings nichts zu tun.

[35] Schmidt in: Schmidt/Thews (1993) S. 333ff. beschreibt aus physiologischer Sicht ebenfalls ein solches Spektrum. Physiologisch scheinen nach Stand der Forschung verschiedene Faktoren bei der Hunger- oder Sättigungswahrnehmung eine Rolle zu spielen. Siehe auch Birbaumer/Jänig in: Schmidt/Thews (1997) S. 170ff.

[36] Sog. Durstschwelle: Erst ein Wasserverlust von 0,5% und mehr des Körpergewichts lässt eine Durstempfindung auftreten. Schmidt in: Schmidt/Thews (1993) S. 330ff.

[37] von Friesen (1995) S. 56, Eisenberg/Gronemeyer (1993) S. 115 sprechen in diesem Zusammenhang von »unvollständiger Menschwerdung«, wenn dieser Entwicklungsschritt nicht erreicht wird.

[38] Das entspricht ganz dem, was Csikszentmihalyi (2001) mit dem Begriff »Flow« meint.

[39] Lang (1995) beschreibt genau, unter welchen Bedingungen Abenteuer und Erlebnispädagogik zu einem starken Selbstwertgefühl führen.

[40] Siehe z.B. Semler (1997) S. 72ff. Der Extremsport hat nur dann etwas mit Flow zu tun, wenn das Ziel durch eigene Anstrengung und Leistung erreicht wird. Siehe Csikszentmihalyi (2001), z.B. S. 74ff.

[41] König (1986) S. 53 zitiert Landois-Rosemann: *Physiologie des Menschen*, München/Berlin 1950: »Am Ellenbogengelenk werden unter normalen Bedingungen noch Bewegungen wahrgenommen, die im Durchschnitt einer Winkeldrehung von nur 0,038 Grad entsprechen.« Zimmermann in: Schmidt/Thews (1993) S. 218 nennt für das Schultergelenk 0,2 bis 0,4 Grad, beim Fingergelenk 1,0 bis 1,3 Grad.

[42] Zimmermann in: Schmidt/Thews (1993) S. 218

[43] In den kleinen Handmuskeln z.B. 40, im Armtrizeps 500, insgesamt ca. 20000. Schmit/Wiesendanger in: Schmidt/Thews (1993) S. 90ff.

[44] Weinmann in: Wehr/Weinmann (1999) S. 25ff.

[45] Bei v. Campenhausen (1993) S. 44, Zimmermann in: Schmidt/Thews (1993) S. 218f., siehe auch Weinmann in: Wehr/Weinmann (1999) S. 27f.

[46] In der Literatur wird häufig die kinästhetische Wahrnehmung untergliedert in Stellungssinn, Bewegungssinn, Kraftsinn, Spannungssinn, z.B. Schmidt/Thews (1993) S. 218f. und Zimmer (1995) S. 117ff. Diese Unterscheidung hat nur Sinn, wenn man die physiologische Seite der Wahrnehmung, die Rezeptoren, im Blick hat. Das Wahrnehmen und das Bewegen macht diese Unterschiede nicht. Deswegen behandeln wir hier auch die Bewegungswahrnehmung als einheitliches Sinnesgebiet.

[47] Die schnellsten Bewegungen können mit den Fingern ausgeführt werden. Bei professionellen Pianisten z.B. wurden die schnellsten Fingerbewegungen von etwa 17 Anschlägen pro Sekunde (das sind 17 Hz) gemessen; Altenmüller in Wehr/Weinmann (1999) S. 86

[48] Siehe Mechsner (2004)

[49] Mechsner (2004) S. 47f.

[50] Ausführliche Beschreibung der Reflexe bei Beigel (2004) S. 83ff.

[51] Eliot (2001) S. 427 berichtet von Untersuchungen, die zeigten, dass Neugeborene den Gesichtsausdruck einer Schauspielerin, die die Kinder im Arm hielt, imitierten. (T.M. Field u.a. »Discrimination and imitation of facial expressions by neonates«, in: *Science*, 218/1982, S. 179–181) Bei Gopnik, Kuhl und Meltzoff (2000) S. 47f. wird von Untersuchungen berichtet, die A. Meltzoff selbst durchgeführt hat. Dabei wurden den Babys Gesichter mit geöffnetem Mund oder herausgestreckter Zunge gezeigt und ihre Reaktionen auf Video aufgenommen und neutralen Personen zur Beurteilung vorgeführt (z.B. A.N. Meltzoff/M.K. Moore: »Newborn infants imitate adult facial gestures«, in: *Child Development*, 54/1983, S. 702–709).

[52] Eliot (2001) S. 409, Ayres (1992) S. 134, siehe auch Spitzer (2000) S. 61f.

[53] Altenmüller in: Wehr/Weinmann (1999) S. 102. Altenmüller berichtet auch von den Untersuchungen der Gehirne von Musikern, insbesondere Pianisten, die außergewöhnlich große Handareale aufweisen, besonders übrigens, wenn sie im Alter von sieben Jahren und früher mit dem Üben begonnen haben (S. 95f.).

[54] Ayres (1992) S. 135 spricht hier von Körperwahrnehmung, die aus einer Art »Landkarten« besteht.

[55] Singh (1964)

[56] Kranich (1999) S. 109f.

[57] Diese Tabelle basiert auf den Tabellen von König (1997) S. 30f. und Eliot (2001) S. 375 sowie der Übersicht über die Entwicklung des Greifens bei Michaelis in: Wehr/Weinmann (1999) S. 215f.

[58] Malson in: Malson et al. (1972) S. 9–104

[59] Singh (1964)

[60] Siehe z.B. Spitzer (2000) S. 62f.

[61] Durch Giacomo Rizzolatti und Vittorio Gallese, bestätigt durch die Forschungen von William Hutchison. Hinweise in *Der Spiegel*, 49/2001, S. 252–255, *Die Zeit*, 45/2001, S. 39, Ratey (2001) S. 321f., ausführlich bei Bauer (2006)

[62] Zur Körpersprache des Kindes und ihrer Entwicklung siehe Molcho (1998b)

[63] Siehe z.B. die Untersuchungen von M. Mariela Kolzowa an Kindern im zweiten Lebensjahr, bei denen sie den fördernden und Entwicklung beschleunigenden Einfluss der Feinmotorik auf die Sprachentwicklung nachweisen konnte, Kolzova (1975); in Auszügen abgedruckt in »Studienmaterial der Internationalen Vereinigung der Waldorfkindergärten«, Heft 10, S. 48–53. Ausführliche Diskussion des Zusammenhangs bei Wilson (2000) S. 197ff. Siehe auch Ratey (2001) S. 328

[64] Es handelt sich um Untersuchungen der Forscherinnen Linda Acredolo und Susan Goodwyn von der Universität von Kalifornien in Davis, berichtet bei Ratey (2001) S. 216. Dort heißt es: »Die Kinder, die Gebärdensprache gebrauchten, waren den anderen im Vokabular und bei kognitiven Übungen und Intelligenztests weit voraus.«

[65] Eine Zusammenfassung der diesbezüglichen Forschung gibt Ratey (2001) S. 177ff. Zu Intelligenz und Konzentrationsfähigkeit siehe auch Bartmann (1990), von Friesen (1995) S. 55 und Zimmer (1981)

[66] Siehe Bericht von Christopher Schrader in *Süddeutsche Zeitung*, 8.7.2003, S. V2/9 sowie von Christoph Drösser in *Die Zeit*, 29/2003, S. 23

[67] Dies hat nichts zu tun mit einer Unterscheidung nach der sozialen oder personalen Bedeutung, die wir der Bewegungsfähigkeit geben können, wie sie z.B. Zimmer (1993) S. 15 als personale Funktion, soziale Funktion, produktive Funktion, expressive Funktion, impressive Funktion, explorative Funktion, komparative Funktion und adaptive Funktion darstellt.

[68] Siehe Köhler (1995) S. 114f. Lersch (1961) S. 157f. nennt die Fähigkeit »motorische Resonanzbereitschaft« und sieht in ihr auch die Grundlage von Empathie und Einfühlungsvermögen.

[69] Gardner (2001) S. 191ff. spricht hier von der »körperlich-kinästhetischen Intelligenz«, als deren Kernkompetenzen er die Kontrolle der Körperbewegungen und die geschickte Handhabung von Objekten sieht.

[70] Wilson (2000) S. 74f. spricht in diesem Zusammenhang von Inkorporation. Dabei weist er darauf hin, dass z.B. die Zuordnung von Hand und Instrument eine jeweils ganz individuelle ist und sein muss (S. 380, Anm. 4); Merleau-Ponty (1966) S. 175 spricht davon, dass der Orgelspieler den äußeren Raum der Tastatur dem eigenen Körperraum einverleibt.

[71] Vergleiche die Ausführungen von Ayres (1992) S. 128ff. zum Problem der Dyspraxie

[72] Zur Bedeutung dieser ersten Schritte der Ausdrucksfähigkeit für die Entwicklung der emotionalen Kompetenz siehe Greenspan/Benderly (1999) S. 78ff.

[73] Zu Geste, Gebärde, Gebärdensprache usw. siehe Wilson (2000) S. 200ff., zum Unterschied zwischen angeborenen und erlernten Gebärden Michaelis in: Wehr/Weinmann (1999) S. 210

[74] Eine Studie der Abteilung für Kommunikationsstörungen der Universitätsklinik Mainz (Prof. Manfred Heinemann) kommt zu dem Ergebnis, dass 24 Prozent der 4- bis 6-jährigen Kinder heute sprachentwicklungsgestört sind. Heinemann (1997) S. 12; siehe auch Patzlaff (1999)

[75] Bauby (1997). Die junge Journalistin Claude Mendibil kam Monate jeden Tag, sagte das Alphabet in der Reihenfolge der Häufigkeit der Buchstaben auf, und er klappte mit dem linken Augenlid, wenn es der richtige Buchstabe war. So entstand Wort für Wort. Näheres im Bericht »Blick aus dem Kerker« in *Zeit magazin*, 28/1997, S. 19ff.

[76] Auf den Zusammenhang des Bewegens mit dem Gefühl der Freiheit hat als Erster 1920 Steiner (1981) S. 125 aufmerksam gemacht. Siehe hierzu auch König (1986) S. 60. Köhler (1995) S. 107 spricht an dieser Stelle von »Autonymitätsgefühl«.

[77] Ayres (1992) S. 149f.

[78] Vergleiche Alfred Adlers Ausführungen über den Zusammenhang von Bewegung und seelischer Entwicklung. »Stellen wir uns jemand vor, dem wir jede Bewegung untersagt hätten: sein gesamtes Seelenleben wäre zum Stillstand verdammt« (Adler (1966), S. 29). Hier setzt z.B. die entwicklungsfördernde Motopädagogik an, vgl. Kiphard (1992) und Zimmer (1993) S. 187.

[79] Plato leitet im *Phaidros* aus dieser Beobachtung die Unsterblichkeit der Seele ab, denn wer selbst der Beweger ist, für den kann es weder Anfang noch Ende geben (Plato 245, (1964) Bd. 4, S. 27). Siehe auch Scheurle (1984) S. 108f.

[80] Vergleiche von Friesen (1995) S. 60f.

[81] Verschiedene Aspekte dazu bei Zimmer (1993) S. 24–30 und Zimmer in: Zimmer/Hunger (2001) S. 13–23

[82] Eliot (2001) S. 407f.

[83] Zimmer (2002a), vgl. auch Kretschmer/Giewald in: Zimmer/Hunger (2001) S. 44–55

[84] Beigel (2004) S. 83ff.

[85] Vergleiche von Friesen (1995) S. 54f.

[86] Schiffer (1995) S. 99: »Ich zapple, also spür' ich mich, also bin ich«; vgl. auch von Friesen (1995) S. 60

[87] Ayres (1992) S. 136, von Friesen (1995) S. 58, Struck (1996) S. 208, Freud (1997) S. 55

[88] Siehe z.B. Zimmer (2002a) und *Westdeutsche Allgemeine Zeitung*, 8.5.2002, Bericht von einer Untersuchung der sportwissenschaftlichen Abteilung der Uni Karlsruhe

[89] Siehe z.B. *KiTa spezial*, 1/2002 »Bewegungs-Kita«, Kronach 2002

[90] Zimmer (2002a)

[91] Projekt der Arbeitsgruppe Sportpädagogik der Universität Essen (Prof. G. Landau): *Das mobile Klassenzimmer*, Landau u.a. (o.J.), Landau/Sobczyk (1996), Landau/Sobczyk in: Zimmer/Hunger (2001) S. 226–231, Liebertz (2004)

[92] »Bochumer Modell«, neues Konzept der Rudolf-Steiner-Schule Bochum für die Eingangsklassen 1 und 2 der Waldorfschulen, seit acht Jahren praktiziert und inzwischen von vielen Waldorfschulen übernommen, siehe Auer (1999), (2000) und (2002); in ähnlicher Richtung das Konzept der Windrather Talschule in Velbert, siehe Undeutsch (2002)

[93] Heute meist vestibuläre Wahrnehmung genannt, was sich auf das Organ bezieht

[94] Ich beziehe mich bei der Schilderung des Gleichgewichtsorgans auf die Darstellungen von v. Campenhausen (1993) S. 85–90, Klinke in: Schmidt/Thews (1993) S. 291–297, Hudspeth (1994), Parker (1994) S. 56–67 und Zenner in: Schmidt/Thews (2005) S. 358–366.

[95] v. Campenhausen (1993) S. 89

[96] Eliot (2001) S. 213ff.

[97] Eliot (2001) S. 217

[98] Die Untersuchung wurde an Babys im Alter zwischen drei und 13 Monaten durchgeführt. Diese wurden vier Wochen lang intensiven zusätzlichen Stimulationen des Gleichgewichtsorgans ausgesetzt und zeigten gegenüber einer Vergleichsgruppe deutliche Fortschritte in den motorischen Fähigkeiten des Sitzens, Krabbelns, Stehens und Gehens. D.L. Clark u.a.: »Vestibular stimulation influence on motor development in infants«, in: *Science*, 196/1977, S. 1228–1229; Eliot (2001) S. 221f.

[99] Eliot (2001) S. 222

[100] Persönliche Berichte von Erzieherinnen und Erziehern innerhalb der letzten Jahre

[101] Siehe Petit (1998)

[102] Parker (1994) S. 60. Siehe auch Wallach (1987) und Fischer (1999) S. 20 und S. 23

[103] Siehe auch Guski (1996) S. 109

[104] Ayres (1992) S. 108, dazu auch Schäfer (1995) S. 106f.

[105] Siehe z.B. die Ausführungen von Ayres (1992) S. 141 über die Bedeutung des Gleichgewichtssinnes für die Bewegungsplanung und die »Körperlandkarte«

[106] Mit der Folge, dass heute vermehrt Unfälle beim Spielen und Herumrennen passieren, weil Kinder hier Defizite haben, siehe z.B. Freud (1997) S. 53, Struck (1996) S. 8 und S. 208

[107] Ayres (1992) S. 118 berichtet von einem Jungen, der nur dann zu einer Aktivität in der Lage war, wenn er zuvor auf dem Drehbrett gedreht wurde.

[108] Ayres (1992) erwähnt Untersuchungen, bei denen ein Zusammenhang zwischen Sprach- und Lernschwierigkeiten und einer Nystagmusschwäche festgestellt wurde (S. 101) sowie Erfahrungen aus der sensorischen Integrationstherapie, bei der Verbesserungen der Sprachfähigkeit ohne Sprachübungen, aber mit Gleichgewichtsübungen erzielt wurden (S. 117). (Nystagmus nennt man die reflexhaften Augenbewegungen, die z.B. nach einer Drehung um die eigene Achse auftreten und an denen man die Funktion des Gleichgewichtssinnes misst.) Einen Zusammenhang zwischen Gleichgewicht und Rechnen sieht z.B. Struck (1996) S. 9.

[109] Scheurle (1984) S. 112

[110] Messner (1992) S. 70f.

[111] Siehe die Sammlung von Berichten bei Messner (1992)

[112] Auf diese Erfahrung deutet Steiner (1981) S. 126 mit der Bemerkung, die Erfahrungen des Gleichgewichtssinnes führten zum Erlebnis der Unabhängigkeit von der Körperlichkeit und zum »Sich-als-Geist-Fühlen«.

[113] Siehe z.B. Landau/Sobzik in: Zimmer/Hunger (2001) S. 226ff. und Auer (1999), zu allgemeinen Fragen Zimmer (2002)

[114] Zum Körpergefühl siehe auch Haug-Schnabel (1997); in diese Richtung geht auch Merleau-Pontys Verständnis des Körperschema, Merleau-Ponty (1966) S. 126

[115] Siehe auch die Aufstellung der Grundfähigkeiten bei Ayres (1992) S. 84

[116] A. Jean Ayres ist die Erste, die den Zusammenhang zwischen Wahrnehmungsstörungen und Lernstörungen herausgearbeitet hat; Ayres (1979)

[117] Beigel (2004)

[118] Siehe hierzu z.B. Ratey (2001) S. 135ff. und S. 177ff.

[119] z.B. Hüther (2001) S. 21, Hüther/Bonney (2002) S. 11 u. S. 25, Eliot (2001) S. 48

[120] Eliot (2001) S. 43ff.

[121] Steiner (1981) S. 46 macht 1917, in einer Ergänzung zu seinem Sinneskonzept von 1909, darauf aufmerksam, dass es keine Wahrnehmung geben kann, ohne gleichzeitige Wahrnehmungen durch die Körpersinne.

[122] Siehe z.B. Spitzer (2000) S. 334f.

[123] Ayres (1992) S. 35: »Sieben oder acht Jahre des Sichbewegens und Spielens sind notwendig, um einem Kind die sensomotorische Fähigkeit zu vermitteln, die als Grundlage für seine intellektuelle, soziale und persönliche Entwicklung dienen kann.«

[124] Hierzu Ayres (1992) S. 82: »Von einem Kind im Kindergartenalter zu verlangen, dass es bereits Lesen lernt, bevor sein Gehirn für diese Tätigkeit vorbereitet ist, erscheint unter diesen Gesichtspunkten nicht nur unproduktiv, sondern es hält auch das Kind von sensomotorischen Aktivitäten ab, die sein Gehirn jetzt benötigt, um sich so organisieren zu können, dass es im späteren Alter in der Lage ist, lesen zu lernen.«

[125] Antonovsky (1997) und Schiffer (2001)

[126] Siehe z.B. Wustmann (2003) und K. Zimmer (2002) S. 39ff.

[127] Siehe z.B. den Bericht »Expedition Antarktis. Extremforschung im ewigen Eis«, in: *Der Spiegel*, 4/2003, S. 128

[128] Diese Phänomene am sogenannten Ganzfeld hat zuerst Metzger 1930 beschrieben. W. Metzger: »Optische Untersuchungen am Ganzfeld. 2. Mitteilung: Zur Phänomenologie des homogenen Ganzfeldes«, *Psychologische Forschung*, 13, 6–29, zitiert bei Guski (1996) S. 135

[129] Bei Versuchpersonen wurde für eine Sakkade von 10 Winkelminuten eine Dauer von 15 bis 22 Millisekunden gemessen, was einer Höchstgeschwindigkeit von 11 bis 15 Grad pro Sekunde entspricht; Bahill/Stark (1987) S. 73

[130] Eine Zeichnung von der Apparatur findet man bei Gregory (1966) S. 46 und Gregory (2001) S. 70

[131] Eine von Christian Morgensterns Grotesken aus der Sammlung Galgenlieder, »Zäzilie«, hat das zum Thema.

[132] v. Campenhausen (1993) S. 159

[133] Die da besagen, dass eben nicht *alle* Bestandteile des weißen Lichtes, sondern nur ein jeweils spezifischer Anteil oder eine spezifische Mischung vom jeweiligen Stoff reflektiert wird, während die anderen absorbiert werden, was dann dem Stoff die entsprechende Farbe gibt.

[134] Eine Übersicht und ausführliche Darstellung der wichtigsten natürlichen Farbstoffe findet man bei Welsch/Liebmann (2003) S. 155–202. Zur Geschichte einiger Farben in der Malerei siehe Albus (1999) S. 291–356

[135] Weißes Licht durch ein trübes Medium gesehen erscheint orange oder rot, Finsternis hinter einem beleuchteten trüben Medium lässt die Trübe blau erscheinen. Von Goethe unter Nr. 150 und 151 im Entwurf einer Farbenlehre beschrieben. Goethe (1999) Bd. 64, S. 62f.

[136] Zum Farbensehen siehe Gregory (1966) S. 117–130, v. Campenhausen (1993) S. 147–172, Goldstein (1997) S. 123–158, Welsch/Liebmann (2003) S. 227–272

[137] siehe z.B. v. Campenhausen (1993) S. 147

[138] Goethe (1999) Bd. 67, Taf. I

[139] Eine Übersicht über die verschiedenen Farbmodelle findet sich bei Silvestrini/Fischer (1998), Küppers (1999) S. 145–238; Welsch/Liebmann (2003) S. 115–132

[140] Zum Simultankontrast und zu anderen Farbkontrasten bzw. -verhältnissen siehe Itten (1961) S. 33ff.

[141] Kandinsky (1965) S. 64

[142] Siehe z.B. Goethe (1999) Bd. 64, Kandinsky (1965), Itten (1961), Heimendahl (1961), Küppers (1999)

[143] Auer (2002a)

[144] Im Prado, Madrid; Maße: 307,5 x 370,5 cm

[145] Kandinsky hat durch seine Formenlehre von 1926 wesentlich zur Erkenntnis der flächigen Ausdruckmittel beigetragen; Kandinsky (1969)

[146] Man geht heute sogar davon aus, dass das Gehirn hier sehr spezialisiert ist und bestimmte Neuronen zuständig sind für Linien bestimmter Richtung, Welsch/Liebmann (2003) S. 259

[147] So waren z.B. in der Zeitschrift *Der Spiegel*, 14/2003 von 62 ganzseitigen Anzeigen 29 auf der Diagonalen von links unten nach rechts oben aufgebaut, und bei 36 befanden sich Logo oder Name im rechten unteren Viertel.

[148] Siehe z.B. Molcho (2003); allgemein zur Körpersprache: Molcho (1998), Rebel (1986)

[149] David Wright: *Deafness*, New York 1969, zitiert bei Sacks (2001) S. 150f.

[150] Einen Bericht über empirische Untersuchungen zur Wirkung von Schul-Architektur findet man bei Rittelmeyer (1994). Rittelmeyer verwendet dabei die Methode der Aufzeichnung der Blickmotorik, was Aufschluss gibt über die Prioritäten beim Betrachten. Seine Ausdeutung der Blickbewegung als »blickmotorische Kompensationsbewegung« (S. 30), als emotionale Reaktion also, ist nicht nachvollziehbar und wird auch durch die sonstigen Untersuchungen zur Blickmotorik nicht gestützt. Siehe auch hier im Kapitel über Bedeutungswahrnehmung im Sehen.

[151] Grundlegend sind hier die Untersuchungen von Philipp Lersch, Lersch (1961), zur Geschichte der Ausdruckswissenschaft siehe Buser (1973)

[152] Hier sind neben den älteren Forschungen von Irenäus Eibl-Eibesfeldt (siehe hierzu Landau (1993) S. 145ff.) die neueren Forschungen von Paul Ekman zu nennen; Ekman (2004)

[153] Ekman (2004) S. 82 sowie S. 117ff.; dort finden sich detaillierte Beschreibungen dieser mimischen Ausdrucksmuster.

[154] Gopnik, Kuhl und Meltzoff (2000) S. 46ff., Landau (1993) S. 160

[155] Wachsmuth (2006)

[156] Siehe Bericht über die Versuche von Janet Rothwell und Zuhair Bandar von der Manchester Metropolitan University in *Der Spiegel*, 6/2003, S. 132

[157] Steiner hat ab 1910 auf diesen Wahrnehmungsbereich als einen eigenen Sinn hingewiesen und ihn Sprachsinn genannt, wobei sich seine Darstellung auf den entsprechenden Bereich des Hörens bezieht, Steiner (1965) S. 31 und Steiner (1970) S. 36f.

[158] Ergebnis der Forschungen von Eibl-Eibesfeldt, zitiert bei Landau (1993) S. 148

[159] Wilson (2000) S. 61 und eigene Beobachtung; Pettito, zitiert bei Boyes Braem (1990) S. 166, setzt den Beginn der Verwendung von Zeigegesten auf zehn Monate, wobei offen bleibt, ob damit das gleiche gemeint ist.

[160] Siehe Schmitt (1992) S. 164ff.

[161] Marceau nennt sie »Stilübungen«, Marceau (1989) S. 28

[162] Aschersleben (2004) S. 32f.

[163] Durch William C. Stokoe (1960). Siehe hierzu und zur Bedeutung der Gebärdensprache überhaupt Sacks (2001). Wilson (2000) S. 216f. weist darauf hin, dass schon 150 Jahre vorher in Frankreich durch Bébian die Auffassung vertreten wurde, die Gebärdensprache sei eine gleichwertige Sprache.

[164] Siehe Boyes Braem (1990) und Sacks (2001)

[165] Die Beispiele sind entnommen dem Gebärdenlexikon Maisch/Wisch (1994), (1998) und (2000)

[166] Ein einzelnes Wort auszudrücken, beansprucht mehr Zeit: gesprochene Sprache 4,7

Wörter/Sek., Gebärdensprache 2,37 Gebärden/Sek.; beim Mitteilen eines Satzinhaltes gilt aber: gesprochene Sprache 1,47 Sek./Satzinhalt, Gebärdensprache 1,27 Sek./Satzinhalt, Boyes Braem (1990) S. 46f.

[167] Etwa Sacks (2001) S. 166ff., auch Ratey (2001) S. 315

[168] Sacks (2001) S. 124 und Chomsky (1970)

[169] Siehe die Forschungen von Laura Ann Petitto, zitiert bei Boyes Braem (1990) S. 166, Wilson (2000) S. 218, Sacks (2001) S. 176. Die Gebärdensprache wird allerdings nicht mehr so vollkommem wie eine Muttersprache erlernt, wenn das Kind erst nach dem vierten Lebensjahr mit ihr in Berührung gekommen ist, Eliot (2001) S. 520

[170] Ratey (2001) S. 333, Sacks (2001) S. 140ff., Wilson (2000) S. 217f.

[171] Eine Ausnahme macht hier die Linguistin Helen Leuninger von der Universität Frankfurt; siehe Bericht von Annette Lessmöllmann in *Die Zeit*, 6/2003, S. 28

[172] Sacks (2002) S. 23–41: »Der Mann, der seine Frau mit einem Hut verwechselte«

[173] Sacks (2002) S. 26

[174] Einen anderen Fall optischer Agnosie findet man erwähnt bei Hoffmann (2003) S. 73, zur optischen Agnosie allgemein siehe Lurija (2001) S. 114ff.

[175] In diesem Sinn kann man auch die Äußerung Steiners verstehen, der als Voraussetzung für ein praktisches Denken nennt, sich klar zu machen, dass die Gedanken, die man sich über ein Ding macht, in diesem bereits enthalten sind; Steiner (1984) S. 103

[176] Hoffmann (2003) S. 123ff.

[177] Siehe z.B. Gregory (2001) S. 237ff. und Hoffman (2003) S. 73ff.

[178] Hoffman (2003) S. 84

[179] Hoffman (2003) S. 44

[180] Diese beschreibt Hoffman (2003), indem er in seiner Untersuchung des Sehens 35 solcher Regeln formuliert.

[181] Gibt man den Halt von erstem und letztem Buchstaben auch noch auf, dann sind die Worte nicht mehr oder doch sehr viel schwerer zu erkennen, was man an folgender Version erfahren kann:
Geßmä renei Situed neire gnilechnes Utästeriniv tsi se chitn tiwighc ni cehrlew Roglneefhei eid Bstachbneu ni einme Wtor nids, sda gezniei swa cthigwi sti, sit asd rde seret dun der zeltet Bsatchbenu na rde tihcrineg Pitosnio heestn. Rde Rtes ankn ine oteltar Bnilsdnö nesi, ortzdemt ankn mna hni hneo Pmoblere ensle. Sda sti os, ilew wri ctinh nejdne Bethscabnu zenenil seenl, dnernos sda Wtor sal mesgaste.

[182] Fischer (1999) S. 257

[183] Ratey (2001) S. 339

[184] So z.B. auch Merleau-Ponty (1966) S. 218ff.

[185] Daher sind beim Lesen im Gehirn zwei verschiedene neuronale Systeme beteiligt, die parallel den optischen und den akustischen Aspekt analysieren, weswegen es auch sinnvoll ist, beim Lernen diese beiden Aspekte zu berücksichtigen; Ratey (2001) S. 339f.

[186] Zur Geschichte der Blickbewegungsforschung siehe Mickasch/Haack: »Blickbe-

wegungsforschung – Einführung in die physiologischen Grundlagen, Techniken und in die Problem- und Anwendungsbereiche«, in: Issing (1986) S. 25ff.

187 Yarbus (1967) Fig. 110 u. 113

188 Yarbus (1967), Witt (1977), Menz/Groner (1986)

189 Yarbus (1967) S. 194 und Fig. 109

190 Bruggencate/Dieringer (2001) S. 695f.

191 J. Klingelhöfer/B. Conrad: »Sakkadenstrukturen von Wernicke-, Broca- und amnesischen Aphasikern beim Lesen«, in: Mühlendyck/Rüssmann (1990) S. 53–59

192 Steiner nennt diesen Wahrnehmungsbereich Begriffssinn (Steiner 1965, S. 32), an anderer Stelle Gedankensinn (Steiner 1980, S. 12), Göbel (1982) S. 84ff. nennt ihn Denksinn.

193 Siehe besonders die Forschungen von M. von Senden sowie von D.H. Hubel und T.N. Wiesel. Von Senden (1932), Hubel (1989), Zajonc (1997) S. 13f., Eliot (2001) S. 292ff.

194 Martha Graham, zitiert bei Stüber (1984) S. 126

195 Siehe z.B. das Rembrandt Research Projekt, in dessen Rahmen das Werk Rembrandts auf seine Authentizität hin untersucht wurde. Siehe: Ernst van de Wetering: »Rembrandts Malweise: Technik im Dienst der Illusion«, in: Christopher Brown/Jan Kelch/Pieter van Thiel: *Rembrandt, der Meister und seine Werke*, München 1991, S. 12–39

196 Eliot (2001) S. 313ff., Ratey (2001) S. 383ff., Gopnik (2000) S. 45

197 Spitzer (2002) S. 211ff.

198 Sog. Thatcher-Effekt, Spitzer (2002) S. 214–216

199 Guski (1996) S. 207

200 Der englische Künstler Julian Opie (geb. 1958) ist für diese Reduktion aufs Wesentliche besonders bekannt.

201 Siehe Geschwind (1986) S. 31f., Guski (1996) S. 202, Spitzer (2002) S. 211f.

202 Steiner nennt diesen Sinn Ichsinn, z.B. Steiner (1980) S. 9ff., eine Bezeichnung, die das Missverständnis, es handle sich um die Wahrnehmung des eigenen Ich, nicht ausschließt.

203 Eine ausführliche Schilderung der Vorgänge, die sich im Ohr und im Gehirn abspielen, wenn wir hören, findet sich bei Jourdain (2001); Vorgänge im Ohr S. 25ff., Vorgänge im Gehirn S. 78ff.

204 Siehe auch Guski (1996) S. 308

205 Das wird heute bereits bei der Produktgestaltung beachtet. So ist bei Keksen z.B. das Beißgeräusch eine wichtige Komponente des Produktdesigns, Bericht in *Der Spiegel*, 22/2004, S. 88

206 Minssen (2003) S. 95ff.

207 Hull (1992) S. 31

208 Hull (1992) S. 47

209 Hull (1992) S.41ff. Er nennt diese Fähigkeit dort »akustisches Sehen«.

210 Lusseyran (1989) S. 21f.

211 Bericht in *Der Spiegel*, 22/2004, S. 156–161

[212] Klinke in: Schmidt/Thews (1993) S. 310 spricht davon, dass sich bei diesem selektiven Filterprozess die Hörbarkeit eines Signals um bis zu 10 dB erhöht.

[213] Weitere Beispiele: »Der Wächter auf dem Türmlein saß«, »Erwacht ihr Schläfer drinnen«, »Ein Jäger längs dem Weiher ging«, »Ein Jäger aus Kurpfalz«, »Es blies ein Jäger wohl in sein Horn«, »Auf auf zum fröhlichen Jagen«, »Auf du junger Wandersmann«, »Wir sind durch Deutschland gefahren«, »Wohlauf in Gottes schöne Welt«, »Auf auf ihr Wandersleut«, »Im Frühtau zu Berge«, »Ich geh durch einen grasgrünen Wald«.

[214] Nach heutigem Stand der Forschung geht man davon aus, dass die Verarbeitung der harmonischen Verhältnisse in der rechten Gehirnhälfte, die für Raumverhältnisse zuständig gilt, die der rhythmischen Muster in der linken Gehirnhälfte, wo auch sonst zeitliche Verhältnisse verarbeitet werden, stattfindet. Siehe Jourdain (2001) S. 342

[215] Jourdain (2001) S. 112f.

[216] Siehe z.B. Liedtke (1996) S. 80ff. und S. 99ff.

[217] Siehe u.a. Liedtke (1996) S. 48ff.

[218] Wygotski (1974) S. 335

[219] Spitzer (2003) S. 155

[220] Gopnik (2000) S. 133, Eliot (2001) S. 527f., Spitzer (2002) S. 209

[221] Grimm (1971) S. 180

[222] Beide aus Enzensberger (1979) S. 198 und S. 221

[223] Goethe: »Ein gleiches«, in: Goethe (1999) I, S. 98

[224] Gerade bei C.F. Meyer kann man verfolgen, wie er an der sprachlichen Gestalt seiner Gedichte feilte, z.B. bei den zwölf Fassungen des Gedichtes »Der römische Brunnen«, Meyer (o.J.) S. 1046f.

[225] So auch Jourdain (2001) S. 333

[226] Siehe auch Jourdain (2001) S. 332f.

[227] Jourdain (2001) S. 335f. u. S. 341ff., Eliot (2001) S. 421 u. S. 509. Siehe hierzu auch den Bericht von Oliver Sacks »Die Ansprache des Präsidenten«, in: Sacks (2002) S. 115–120, in dem das Sprachverständnis von Menschen mit linksseitiger und rechtsseitiger Aphasie geschildert wird. Ratey (2001) S. 330 nennt die Sprache die am stärksten lateralisierte, das heißt asymmetrisch organisierte Hirnfunktion.

[228] Siehe die Darstellungen bei v. Campenhausen (1993) S. 80f., Levinson/Liberman (1994), Klinke in: Schmidt/Thews (1993) S. 314ff.

[229] Levinson/Liberman (1994) S. 35

[230] Levinson/Liberman (1994) S. 38

[231] Zinke (2001). Zu diesen Forschungen angeregt wurde sie durch verschiedene Darstellungen Rudolf Steiners aus den Jahren 1920–24, in denen auf solche beim Sprechen entstehenden Formen aufmerksam gemacht wird. Siehe hierzu S. 154ff.

[232] Vergleich von Patzlaff (2001) S. 14

[233] Etwa Zinke (2001) Taf. 5, 6, 7, 8, 10

[234] Der Sprachforscher Serge Maintier arbeitet an einem Forschungsprojekt zu diesen Fragen. Ergebnisse liegen aber noch nicht vor.

[235] Ratey (2001) S. 322ff.
[236] Siehe Bericht über die Universitätsklinik für Neurochirurgie in Bonn in *Der Spiegel*, 43/2002, S. 229ff.
[237] Ratey (2001) S. 321f.
[238] Condon (1988) S. 59, zitiert nach Lutzker (1996) S. 42
[239] Condon (1985), Condon/Sander (1974), siehe auch Eliot (2001) S. 347 und Lutzker (1996) S. 43f.
[240] Condon (1985) S. 130–141, Lutzker (1996) S. 45ff.
[241] Condon (1985) S. 138ff., Tadaaki Kato: »A Computer Analysis of Infant Movements Synchronized with Adult Speech«, in: *Pediatric Research*, 17/1983, S. 628, zitiert bei Lutzker (1996) S. 44
[242] Aus Sacks (2002) S. 115–120, »Die Ansprache des Präsidenten«
[243] Interview in *Der Spiegel*, 43/2002, S. 223, wieder abgedruckt in *Spiegel spezial*, 4/2003, S. 86
[244] Ratey (2001) S. 348f.
[245] Kleist (1960) S. 1032–1037
[246] Entnommen Meyer (o.J.) S. 1046f.
[247] Domin (1990) S. 33
[248] Gardner (2001) S. 79 spricht in diesem Sinn bei seinen Ausführungen über die linguistische Intelligenz von der »Logik des Lyrikers«. Vergleiche auch Enzensberger (1968) S. 55–79
[249] Interview von Johanna Adorján mit Isaac Stern, *Süddeutsche Zeitung*, 2./3./4.10.1998, S. 15
[250] Siehe z.B. Eliot (2001) S. 638ff., Ratey (2001) S. 49, Spitzer (2003) S. 137f. sowie die kritische Übersicht bei Altenmüller (2003)
[251] Eliot (2001) S. 237 und Altenmüller (2003) S. 76
[252] Jourdain (2001) S. 369
[253] Siehe Bericht über das Ausbildungsinstitut für Musiktherapie an der Universität Witten-Herdecke, *Süddeutsche Zeitung*, »SZ am Wochenende«, 24./25.11.2001, S. 2, sowie Spitzer (2003) S. 426ff.
[254] Spitzer (2003) S. 212
[255] Eckart Altenmüller, Institut für Musikphysiologie und Musikmedizin, Hannover, zitiert in *GEO*, 11/2003, S. 68
[256] Gardner (2001) S. 100ff.
[257] Eliot (2001) S. 239f., Spitzer (2003) S. 137ff., Altenmüller (2003) S. 89
[258] Siehe besonders die große Langzeitstudie von Hans Günther Bastian an Berliner Grundschulen, Bastian (2000) und das Interview mit Hans Günther Bastian, *Süddeutsche Zeitung*, »Spezial Lernen«, 23.9.2003, S. 18, Altenmüller (2003) S. 89
[259] Lusseyran (1989) S. 64
[260] Lusseyran (1989) S. 64
[261] Lusseyran (1989) S. 66
[262] Lusseyran (1989) S. 175
[263] Spitzer (2003) S. 155, Eliot (2001) S. 343f.

[264] Hull (1992) S. 39f.

[265] Der erste Text stammt von Gottfried Keller (1819–1890) und ist der Erzählung »Pankraz, der Schmoller«, erster Teil von »Die Leute von Seldwyla« entnommen; Gottfried Keller: *Werke in fünf Bänden*, Berlin/Weimar 1977, 1. Band, S. 157. Der zweite Text ist von Goethe (1749–1832), aus dessen *Novelle*; Johann Wolfgang Goethe: *Werke* (Sophienausgabe, Nachdruck), Weimar 1999, Band 21, S. 326f.

[266] Weiss (2001) S. 54f.

[267] Bericht über die Untersuchungen des Forschers Hubert Dinse an der Universität Bochum, *Süddeutsche Zeitung*, 30.1.2004, S. 11

[268] Siehe vorige Anmerkung

[269] Es handelt sich um den Bericht »Hände« in Sacks (2002) S. 88–96

[270] Bei eigener Aktivität wird von haptischer, bei fremder Aktivität von taktiler Wahrnehmung gesprochen. Zur Begriffsbestimmung siehe Grunwald/Beyer (2001) S. 7ff.

[271] Keller (o.J.) S. 21

[272] Zitat aus Olga I. Skorochodova: *Kak ja vospinimaju okruzajuzèij mir* (Wie nehme ich die mich umgebende Welt wahr), 1947, zitiert in: Leontyev (2002) S. 67

[273] Keller (1995), Abb. zwischen S. 112 und 113

[274] Siehe z.B. Schönhammer (2001) und Bericht »Fühlen Sie mal ...« von Burkhard Strassmann in *Die Zeit*, 31/2003, S. 29

[275] Röder/Rösler (2001) S. 92f., Kiese-Himmel (2001) S. 115

[276] Röder/Rösler (2001) S. 94

[277] Systematisch untersucht bei Lederman/Klatzky (1987), siehe auch Kiese-Himmel (2001) S. 114 und Alf Zimmer (2001) S. 82

[278] Siehe z.B. Hoffman (2003) S. 228f.

[279] Röder/Rösler (2001) S. 94f.

[280] Alf Zimmer (2001) S. 79

[281] Kennedy (1997) sowie Röder/Rösler (2001) S. 97

[282] Siehe hierzu Mescerjakov (2001), das eine ausführliche Darstellung der Problematik und der Erziehungsmethoden taubblinder Kinder und Jugendlicher sowie eine Reihe Schülerbiografien enthält.

[283] Mescerjakov (2001) S. 62f. und S. 123

[284] Siehe die Einführung von Wolfgang Jantzen zum Buch von Mescerjakov in: Mescerjakov (2001) S. 1–10

[285] Siehe die Zusammenfassung des Forschungsstandes bei Kiese-Himmel (2001) S. 117ff.; vgl. auch Kolzowa (1975)

[286] Kiese-Himmel (2001) S. 118

[287] Keller (o.J.) S. 23

[288] Keller (o.J.) S. 225

[289] Keller (o.J.) S. 225f.

[290] Lötzsch (2001) S. 220

[291] Röder/Rösler (2001) S. 89f.

[292] Zitiert nach Leontyev (2002) S. 64

[293] Auer (2000)
[294] Siehe Forschungen von Elena Nicoladis von der University of Alberta, in *Gestures*, Bd. 4, S. 143, 2004/05 und Bericht in *Süddeutsche Zeitung*, 17.5.2005, S. 11
[295] Ratey (2001) S. 216
[296] Kiese-Himmel (2001) S. 118; siehe auch hier im Kapitel über Bedeutungswahrnehmung im Tasten
[297] Siehe z.B. die Schilderung von Joseph und Massieu bei Sacks (2001) S. 66ff.
[298] Schwere Vernachlässigung und Isolation kann sogar zu verringerter Gehirngröße bis zu 30 Prozent führen, Eliot (2001) S. 465
[299] Kandinsky (1965) S. 21
[300] Siehe auch den Essay »Weise in der Wiege. Zuhören macht Kinder schlau: Ein Plädoyer für das Vorlesen« von Christine Brinck in: *Süddeutsche Zeitung*, 27.12.2002
[301] Siehe hierzu Holt (2003) S. 64
[302] Kiese-Himmel (2001) S. 120
[303] Kiese-Himmel (2001)
[304] Ratey (2001) S. 216, Mescerjakov (2001) z.B. S. 153f.
[305] Über diese verschiedenen Differenzierungsfähigkeiten in Bezug auf die Sprache siehe Breuer (1998) und Patzlaff (1999b)
[306] Eliot (2001) S. 556f.
[307] Altenmüller (2003) S. 91f.
[308] Dehaene (2003) S. 70
[309] Lusseyran (1970) S. 9
[310] John M. Hull nennt das Sehen deshalb eine antizipatorische Fähigkeit, Hull (1992) S. 65
[311] Hull (1992) S. 109, der als Blinder die hörbare Welt eine Welt der Offenbarung nennt (S. 101)
[312] Alle Angaben sind entnommen aus Sellin (1993)
[313] Sellin (1993) S. 140
[314] Ein beeindruckendes Beispiel des Erfolgs von Spieltherapie ist die Therapie von Dibs, Axline (1982)
[315] Schiffer (1995) S. 15f.
[316] Schiffer (1995) S. 16
[317] Selbst die sakkadische Augenaktivität, die Blickbewegung, wird durch das Fernsehbild ausgeschaltet, was wir ja vom »Fernsehblick« her als Glotzen kennen; Patzlaff (2000) S. 20ff.
[318] Siehe z.B. den Bericht »Die Kinder von Boltenhagen« von Kirsten Grieshaber in *Die Zeit*, 6/2004, S. 70
[319] So geschildert im autobiographischen Bericht von Kent Lindahl, Lindahl/Mattson (2001), zum letzten Punkt besonders S. 260ff.
[320] Eigentlich schon mit den ersten frühen Interaktionen, siehe z.B. Greenspan/Benderly (1999), S. 84
[321] Dieckmann (1994) S. 33f.
[322] Siehe Bericht in *Der Spiegel*, 48/1992, S. 129ff.

[323] Siehe Bericht in *Der Spiegel*, 9/1993, S. 232ff.

[324] Dieckmann (1994) S. 40

[325] Man vergleiche dazu z.B. die verschiedenen Täter-Porträts bei Marneros (2002)

[326] Schäfer (2003) S. 76

[327] So auch Schiffer (1995) S. 68

[328] Man denke z.B. an die Helene-Lange-Schule in Wiesbaden, die Regenbogen-Grundschule in Berlin, Preisträgerin des Sonderpreises Innovative Schulen der Bertelsmann Stiftung 1996, siehe Bertelsmann Stiftung (1996) S. 31ff., oder an die 85-jährige Praxis der Waldorfschulen.

[329] Auch gustatorischer Sinn; ich beziehe mich hier auf die Darstellungen von v. Campenhausen (1993) S. 48–54, Goldstein (1997) S. 483–496, Hatt in: Schmidt/Thews (1997) S. 316–321

[330] Die Bezeichnung stammt aus dem Japanischen, siehe Bericht von Martin Lindner in *Süddeutsche Zeitung*, 24.3.2004, S. 10, sonst v. Campenhausen (1993) S. 49 und Hatt in: Schmidt/Thews (1997) S. 318

[331] Etwa von Göbel (1982) S. 35ff.

[332] Hatt in Schmidt/Thews (1997) S. 318f.

[333] Auch olfaktorischer Sinn; Darstellung nach v. Campenhausen (1993) S. 54–58, Goldstein (1997) S. 469–485, Hatt in: Schmidt/Thews (1997) S. 322–327; siehe auch Joseph G. Brand, »Mechanismen der Signalumwandlung beim Riechen«, in: Kunst- und Ausstellungshalle der BRD (1995) S. 98–108; zur Entdeckung der Riechrezeptoren siehe Zippel (1994)

[334] Unterschiedliche Angaben bei Goldstein (1997) S. 471, Hatt in: Schmidt/Thews (1997) S. 322 und Gegenfurtner (2003) S. 70. Zum Vergleich: Hunde haben ca. 1 Milliarde Geruchssinneszellen.

[335] Grundlegend sind hierzu die Forschungen der Nobelpreisträger von 2004, Linda Buck und Richard Axel, siehe *Die Zeit*, 42/2004, S. 37

[336] Goldstein (1997) S. 478

[337] v. Campenhausen (1993) S. 54

[338] Persönlicher Bericht

[339] Ein relativ schlüssiger Ordnungsversuch ist das Geruchsprisma von Henning, bei dem sich an den Ecken des Prismas die Bezeichnungen faulig, fruchtig, harzig, brenzlich, würzig, blumig befinden und zwischen je zwei Begriffen andere Düfte nach ihrer Nähe zu diesen eingeordnet sind; aber auch dieses System ist letztlich unbefriedigend; Goldstein (1997) S. 477f.

[340] de l'Aigle (2002)

[341] de l'Aigle (2002) S. 76 (Ophelia)

[342] de l'Aigle (2002), S. 134 (Mme. Vincent Auriol)

[343] Vokabular der Rosendüfte bei de l'Aigle (2002), S. 55ff.

[344] Kraker von Schwarzenfeld (2005)

[345] Harro Albrecht: »Attacke auf die Nase«, in: *Die Zeit*, 31/2001, S. 26

[346] Hatt in: Schmidt/Thews (1997) S. 326; Harro Albrecht in: *Die Zeit*, 31/2001, S. 26

[347] Etwa das Erfahrungsfeld zur Entfaltung der Sinne in Essen-Zollverein; Kükelhaus (1991)

[348] Siehe v. Campenhausen (1993) S. 38ff., Zimmermann in: Schmidt/Thews (1997) S. 221

[349] Zimmermann in: Schmidt/Thews (1997) S. 222

[350] Bei v. Campenhausen (1993) S. 41

[351] Spitzer (2005) S. 79 spricht davon, dass Kinder etwa ab einem halben Jahr die Sinneseindrücke ganzheitlich verarbeiten können.

[352] Steiner (1960) S. 148 bzw. (1980) S. 46 hat diesen Umstand für den westlichen Kulturkreis wohl als Erster benannt. Für den östlichen Kulturkreis, besonders den buddhistischen, ist er eine Selbstverständlichkeit.

[353] Bei Merleau-Ponty (1966) S. 274f. heißt es: »Durch den Begriff des Körperschemas ist nicht allein die Einheit des Leibes auf neue Weise bestimmt, sondern durch diese auch die Einheit der Sinne und die Einheit des Gegenstandes.« Zur integrierenden Funktion der Körpersinne siehe auch Ayres (1992) S. 83ff. und Schäfer (1995) S. 106f.

[354] So auch Steiner (1960) S. 148 bzw. (1980) S. 46

[355] Siehe auch Piaget (1975)

[356] Cytowic (1995) S. 149f.

[357] Cytowic (1995) S. 13

[358] Siehe hierzu Maur (1985) S. 211ff., sowie Sara Selwood: »Farblichtmusik und abstrakter Film«, in: Maur (1985) S. 414–321 und Dietmar Guderian: »Serielle Strukturen und harmonikale Systeme«, in: Maur (1985) S. 434–437

[359] Kandinsky (1955) S. 15

[360] Kandinsky (1965) S. 91ff.

[361] Cytowic (1995) S. 198ff., siehe auch Ramachandran/Hubbard (2004) und Gray (2006)

Literatur

Adler, Alfred: *Menschenkenntnis*, Frankfurt 1966

Aicher, Otl/Krampen, Martin: *Zeichensysteme der visuellen Kommunikation. Handbuch für Designer, Architekten, Planer, Organisatoren*, Stuttgart 1977

Albus, Anita: *Die Kunst der Künste. Erinnerung an die Malerei*, München 1999

Altenmüller, Eckart: »Vom Spitzgriff zur Liszt-Sonate«, in: Wehr/Weinmann: *Die Hand – Werkzeug des Geistes*, Heidelberg/Berlin 1999, S. 80–111

Altenmüller, Eckart: »Die Einflüsse der Musikerziehung auf das Gehirn«, in: Gebauer/Hüther: *Kinder brauchen Spielräume. Perspektiven für eine kreative Erziehung*, Düsseldorf 2003, S. 76–95

Antonovsky, Aaron: *Salutogenese. Zur Entmystifizierung der Gesundheit*, Tübingen 1997

Anzieu, Didier: *Das Haut-Ich*, Frankfurt/M. 1996

Aschersleben, Gisa: »Probanden in Windeln«, in: *Gehirn und Geist*, 2/2004, S. 30–33

Auer, Wolfgang-M.: »Bochum: Neugestaltung der 1. und 2. Klasse«, in: *Erziehungskunst*, 6/ 1999, S. 698–703

Auer, Wolfgang-M.: »Kann man ein Kunstwerk verstehen?«, in: *Erziehungskunst*, 2/2000, S. 135–140

Auer, Wolfgang-M.: »Eine alte Schule erneuert sich«, in: Kleinau-Metzler: *Die Zukunft der Waldorfschule*, Reinbek 2000

Auer, Wolfgang-M.: »Was bedeuten Sinneserfahrungen für Kinder und Jugendliche?«, in: *textil. Wissenschaft, Forschung, Unterricht*, 1/2002, S. 4–6

Auer, Wolfgang-M.: »Halt und Orientierung«, in: *Mensch. Beiträge für Morgen*, Nr. 2, Frankfurt/M. 2002, S. 21f.

Axline, Virginia M.: *Dibs. Ein autistisches Kind befreit sich aus seinem seelischen Gefängnis*, München 1982

Ayres, A. Jean: *Bausteine kindlicher Entwicklung. Die Bedeutung der Integration der Sinne für die Entwicklung des Kindes*, Heidelberg 1992

Ayres, A. Jean: *Lernstörungen*, Berlin 1979

Bahill, A. Terry/Stark, Lawrence: »Sakkadische Augenbewegungen«, in: *Spektrum der Wissenschaft. Verständliche Forschung*, Heidelberg 1987, S. 68–77

Bartmann, Ulrich: »Der Psyche Beine machen«, in: *Psychologie heute*, 12/1990

Basfeld, Martin: *Wärme: Ur-Materie und Ich-Leib. Beiträge zur Anthropologie und Kosmologie*, Stuttgart 1998

Basfeld, Martin/Kracht, Thomas (Hrsg.): *Subjekt und Wahrnehmung. Beiträge zu einer Anthropologie der Sinneserfahrung*, Basel 2002

Bast, Alfred: »Von der Entdeckung des Stofflichen oder Die Sprache der Dinge«, in: Hauskeller: *Die Kunst der Wahrnehmung. Beiträge zu einer Philosophie der sinnlichen Erkenntnis*, Kusterdingen 2003, S. 9–34

Bastian, Hans Günther: *Musik(erziehung) und ihre Wirkung*, Mainz 2000
Bauby, Jean-Dominique: *Schmetterling und Taucherglocke*, Wien 1997
Bauer, Joachim: *Warum ich fühle, was du fühlst. Intuitive Kommunikation und das Geheimnis der Spiegelneurone*, München 2006
Beigel, Dorothea: *Flügel und Wurzeln. Persistierende Restreaktionen frühkindlicher Reflexe und ihre Auswirkungen auf Lernen und Verhalten*, Dortmund 2004
Bendl, Helge: »Der Gesang der Steine«, in: *Süddeutsche Zeitung*, 14./15./16.4.2001, S. III
Bertelsmann Stiftung (Hrsg.): *Schule neu gestalten. Dokumentation zum Sonderpreis Innovative Schulen*, Gütersloh 1996
Beyer, Lothar/Weiss, Thomas: »Elementareinheiten des somatosensorischen Systems als physiologische Basis der taktil-haptischen Wahrnehmung«, in: Grunwald/Beyer: *Der bewegte Sinn. Grundlagen und Anwendungen zur haptischen Wahrnehmung*, Basel 2001, S. 25–38
Boyes Braem, Penny: *Einführung in die Gebärdensprache und ihre Erforschung*, Hamburg 1990
Breuer, Helmut: »Sprachwahrnehmungsdefizite bei Vorschulkindern – ihre Diagnose und prophylaktische Einschränkung«, in: *Aktuelle phoniatrisch-pädaudiologische Aspekte Bd. 5*, Heidelberg 1998, S. 275–290
Bruggencate, G. ten/Dieringer, N.: »Sensomotorische Systeme: Körperhaltung, Bewegung und Blickmotorik«, in: Klinke/Silbernagel: *Lehrbuch der Physiologie*, 3. Aufl. Stuttgart 2001, S. 653–700
Buser, Remo: *Ausdruckspsychologie. Problemgeschichte, Methodik und Systematik der Ausdruckswissenschaft*, München 1973
Butin, Hubertus (Hrsg.): *DuMonts Begriffslexikon zur zeitgenössischen Kunst*, Köln 2002
Campenhausen, Christoph von: *Die Sinne des Menschen. Einführung in die Psychophysik der Wahrnehmung*, Stuttgart 1993
Chomsky, Noam: *Sprache und Geist*, Frankfurt/M. 1970
Chomsky, Noam: *Reflexionen über die Sprache*, Frankfurt/M. 1977
Condon, William S./Sander, L.W.: »Neonate Movements is Syncronized with Adult Speech. Interactional Participation and Language Acquisition«, in: *Science*, 183/1974, S. 99–101
Condon, William S.: »Sound-Film Microanalysis: A Means for Correlating Brain and Behavior«, in: Duffy/Geschwind (Hrsg.): *Dyslexia. A Neuroscientific Approach to Clinical Evaluation*, Boston 1985
Condon, William S.: »An Analysis of Behavioral Organisation«, in: *Sign Language Studies*, 13/1974, S. 285–318
Csikszentmihalyi, Mihaly: *Flow. Das Geheimnis des Glücks*, Stuttgart 2001
Cytowic, Richard E.: *Farben hören, Töne schmecken. Die bizarre Welt der Sinne*, München 1995
Dehaene, Stanislas: »Zum Lesen geboren«, in: *Gehirn und Geist*, 6/2003, S. 70–73
Dieckmann, Dorothea: *Kinder greifen zur Gewalt*, Berlin 1994

Domin, Hilde: *Hier. Gedichte*, Frankfurt/M. 1990
Eisenberg, Götz/Gronemeyer, Reimer: *Jugend und Gewalt. Der neue Generationenkonflikt oder Der Zerfall der zivilen Gesellschaft*, Reinbek 1993
Ekman, Paul: *Gefühle lesen. Wie Sie Emotionen erkennen und richtig interpretieren*, München 2004
Eliot, Lise: *Was geht da drinnen vor? Die Gehirnentwicklung in den ersten fünf Lebensjahren*, Berlin 2001
Enzensberger, Hans Magnus: *Gedichte. Die Entstehung eines Gedichts*, Frankfurt/M. 1968
Enzensberger, Hans Magnus (Hrsg.): *Allerleirauh. Viele schöne Kinderreime*, Frankfurt/M. 1979
Ettrich, Christine: »Haptische Wahrnehmung im Kontext der Sensorischen Integrationstherapie«, in: Grunwald/Beyer: *Der bewegte Sinn. Grundlagen und Anwendungen zur haptischen Wahrnehmung*, Basel 2001, S. 125–134
Fischer, Burkhart: *Blickpunkte. Neurobiologische Prinzipien des Sehens und der Blicksteuerung*, Bern 1999
Freud, Martina: »Ein Männlein spielt im Walde«, in: *Sinne und Wahrnehmen. GEO Wissen*, 9/1997, S. 44–55
Friesen, Astrid von: *Liebe spielt eine Rolle*, Reinbek 1995
Gardner, Howard: *Abschied vom IQ. Die Rahmentheorie der vielfachen Intelligenzen*, Stuttgart 2001
Gebauer, Karl/Hüther, Gerald (Hrsg.): *Kinder brauchen Wurzeln. Neue Perspektiven für eine gelingende Entwicklung*, Düsseldorf/Zürich 2001
Gebauer, Karl/Hüther, Gerald (Hrsg.): *Kinder brauchen Spielräume. Perspektiven für eine kreative Erziehung*, Düsseldorf 2003
Gegenfurtner, Karl R.: *Gehirn & Wahrnehmung*, Frankfurt/M. 2003
Geschwind, Norman: »Aufgabenteilung in der Großhirnrinde«, in: *Wahrnehmung und visuelles System. Spektrum der Wissenschaft. Verständliche Forschung*, Heidelberg 1986, S. 26–35
Göbel, Thomas: *Die Quellen der Kunst*, Dornach 1982
Goethe, Johann Wolfgang: *Werke. Sophien-Ausgabe*, Nachdruck, Weimar 1999
Goldstein, E. Bruce: *Wahrnehmungspsychologie*, Heidelberg 1997
Gombrich, Ernst H.: *Kunst und Illusion. Zur Psychologie der bildlichen Darstellung*, Stuttgart 1986
Gopnik, Alison/Kuhl, Patricia/Meltzoff, Andrew: *Forschergeist in Windeln*, Kreuzlingen/München 2000
Grabner, Hermann: *Allgemeine Musiklehre*, Kassel 1991
Gray, Jeffrey: »Mit den Ohren sehen«, in: *Spektrum der Wissenschaft*, Dossier 2/2006, S. 22–29
Greenspan, Stanley I./Benderly, Beryl Lieff: *Die bedrohte Intelligenz. Die Bedeutung der Emotion für unsere geistige Entwicklung*, München 1999
Gregory, Richard L.: *Auge und Gehirn. Zur Psychophysiologie des Sehens*, München 1966

Gregory, Richard L.: *Auge und Gehirn. Psychologie des Sehens*, Reinbek 2001
Grimm, Brüder: *Kinder- und Hausmärchen*, Darmstadt 1971
Grunwald, Martin: »Begriffsbestimmungen zwischen Psychologie und Physiologie«, in: Grunwald/Beyer: *Der bewegte Sinn. Grundlagen und Anwendungen zur haptischen Wahrnehmung*, Basel 2001, S. 1–14
Grunwald, Martin/Beyer, Lothar (Hrsg.): *Der bewegte Sinn. Grundlagen und Anwendungen zur haptischen Wahrnehmung*, Basel 2001
Guski, Rainer: *Wahrnehmen – ein Lehrbuch*, Stuttgart 1996
Haug-Schnabel, Gabriele: »Sich in seiner Haut wohl und stark fühlen. Zur Entwicklung des Körpergefühls«, in: *Kindergarten heute*, 10/1997, S. 6–12
Hauskeller, Michael (Hrsg.): *Die Kunst der Wahrnehmung. Beiträge zu einer Philosophie der sinnlichen Erkenntnis*, Kusterdingen 2003
Hauskeller, Michael: »Das unbeweisbare Dogma von der Existenz des Nachbarn. Über die Wahrnehmung des anderen«, in: Hauskeller: *Die Kunst der Wahrnehmung. Beiträge zu einer Philosophie der sinnlichen Erkenntnis*, Kusterdingen 2003, S. 157–176
Heimendahl, Eckart: *Licht und Farbe. Ordnung und Funktion der Farbenwelt*, Berlin 1961
Heinemann, Manfred: »Zunahme von Sprachentwicklungsstörungen – Konsequenzen für interdisziplinäre Zusammenarbeit«, in: *25 Jahre Sprachheilzentrum Ravensburg*, Festschrift 1997
Hengstenberg, Elfriede: *Entfaltungen. Bilder und Schilderungen aus meiner Arbeit mit Kindern*, Freiamt i.Sch. 2002
Holt, John: *Wie kleine Kinder schlau werden. Selbständiges Lernen im Alltag*, Weinheim 2003
Hoffmann, Donald D.: *Visuelle Intelligenz. Wie die Welt im Kopf entsteht*, München 2003
Hubel, David H.: *Auge und Gehirn*, Heidelberg 1989
Hudspeth, A. J.: »Die Haarzellen des Innenohrs«, in: *Physiologie der Sinne. Spektrum der Wissenschaft. Verständliche Forschung*, Heidelberg 1994, S. 2–13
Hull, John M.: *Im Dunkeln sehen. Erfahrungen eines Blinden*, München 1992
Hüther, Gerald: *Bedienungsanleitung für ein menschliches Gehirn*, Göttingen 2001
Hüther, Gerald/Bonney, Helmut: *Neues vom Zappelphilipp. ADS/ADHS: verstehen, vorbeugen und behandeln*, Düsseldorf/Zürich 2002
Imdahl, Max: *Giotto. Arenafresken. Ikonographie, Ikonologie, Ikonik*, München 1980
Imdahl, Max: *Gesammelte Schriften. 3 Bände*, Frankfurt/M. 1996
Issing, Ludwig (Hrsg.): *Blickbewegung und Bildverarbeitung. Kognitionpsychologische Aspekte visueller Informationsverarbeitung*, Frankfurt/M. 1986
Itten, Johannes: *Kunst der Farbe*, Ravensburg 1961
Jourdain, Robert: *Das wohltemperierte Gehirn. Wie Musik im Kopf entsteht*, Heidelberg 2001
Juul, Jesper: *Das kompetente Kind*, Reinbek 1999
Kandinsky, Wassily: *Rückblick*, Baden-Baden 1955
Kandinsky, Wassily: *Über das Geistige in der Kunst*, Bern 1965

Kandinsky, Wassily: *Punkt und Linie zu Fläche*, Bern 1969
Keller, Helen: *Die Geschichte meines Lebens*, Frankfurt/M. 1955
Keller, Helen: *Teacher. Meine Lehrerin Anne Sullivan-Macy*, Stuttgart 1995
Kennedy, J.M.: »Wie Blinde zeichnen«, in: *Spektrum der Wissenschaft*, 3/1997, S. 84–89
Kiese-Himmel, Christiane: »Sprachentwicklung und haptische Wahrnehmung«, in: Grunwald/Beyer: *Der bewegte Sinn. Grundlagen und Anwendungen zur haptischen Wahrnehmung*, Basel 2001, S. 109–124
Kiphard, Ernst J.: *Motopädagogik. Psychomotorische Entwicklungsförderung Bd. 1*, Dortmund 1992
Kleist, Heinrich von: *Sämtliche Werke*, Berlin 1960
Köhler, Henning: *Von ängstlichen, traurigen und unruhigen Kindern*, Stuttgart 1995
Kolhoff-Kahl, Iris: »Was mach die Hand im Kopf? Lernen in ästhetischen Erfahrungsfeldern«, in: *textil. Wissenschaft, Forschung, Unterricht*, 1/2002, S. 7–16
Kolzowa, M. Mariela: »Das Kind lernt sprechen«, in: *Der Kinderarzt*, 6/1975, S. 643–648 und 7/1975, S. 757f.
König, Karl: *Sinnesentwicklung und Leiberfahrung*, Stuttgart 1986
König, Karl: *Die ersten drei Jahre des Kindes*, Stuttgart 1997
Kraker von Schwarzenfeld, Brigitte: »Riech doch mal! Riechtherapie bei Kindern mit ADHS-Konstellation«, in: *Erziehungskunst*, 11/2005, S. 1195–1201
Kranich, Ernst-Michael: *Anthropologische Grundlagen der Waldorfpädagogik*, Stuttgart 1999
Kranich, Ernst-Michael: »Die personale Wahrnehmung des anderen Menschen«, in: Basfeld/Kracht: *Subjekt und Wahrnehmung. Beiträge zu einer Anthropologie der Sinneserfahrung*, Basel 2002, S. 85–101
Kranich, Ernst-Michael: *Der innere Mensch und sein Leib. Eine Anthropologie*, Stuttgart 2003
Kretschmer, Jürgen/Giewald, Carsten: »Können Kinder wirklich nicht mehr rückwärts laufen?«, in: Zimmer/ Hunger: *Kindheit in Bewegung*, Schorndorf 2001, S. 44–55
Kühn, Clemens: *Musiklehre*, Köln 1981
Kükelhaus, Hogo: *Entfaltung der Sinne. Ein Erfahrungsfeld zur Bewegung und Besinnung*, Frankfurt/M. 1991
Kunst- und Ausstellungshalle der Bundesrepublik Deutschland (Hrsg.): *Das Riechen. Von Nasen, Düften und Gestank*, Göttingen 1995
Küppers, Harald: *Harmonielehre der Farben. Theoretische Grundlagen der Farbgestaltung*, Köln 1999
Laban, Rudolf von: *Der moderne Ausdruckstanz in der Erziehung*, Wilhelmshaven 1981
l'Aigle, Alma de: *Begegnung mit Rosen*, Hamburg 2002
Landau, Gerhard u.a.: *Das mobile Klassenzimmer. Projektbericht, Arbeitsgruppe Sportpädagogik der Universität GHS Essen*, Köln 2003
Landau, Gerhard/Sobczyk, Barbara: »Bewegung in der Schule – Schule in Bewegung«, in: Schmitt: *Kindheit und Sport – gestern und heute*, Hamburg 1996, S. 139–144

Landau, Gerd/Sobczyk, Barbara: »Das Mobile Klassenzimmer – ein Konzept ›Unterricht in Bewegung‹ zu bringen« in: Zimmer/Hunger: *Kindheit in Bewegung*, Schorndorf 2001, S. 226–231

Landau, Terry: *Von Angesicht zu Angesicht. Was Gesichter verraten und was sie verbergen*, Heidelberg 1993

Lang, Thomas: *Kinder brauchen Abenteuer*, München/Basel 1995

Lavater, Johann Caspar: *Physiognomische Fragmente zur Beförderung der Menschenkenntnis und der Menschenliebe. 4 Bände*, Faksimiledruck nach der Ausgabe 1775-1778, Zürich 1968

Lederman, S.J./Klatzky, R.L.: »Handmovements: A window into haptic object recognition«, in: *Cognitive Psychology*, 19/1987, S. 342–368

Leontyev, Aleksj N.: »Rezension von: O. I. Skorochodova, Wie nehme ich die mich umgebende Welt wahr«, in: *Mitteilungen der Luria-Gesellschaft*, 1/2002, S. 59–72

Lersch, Philipp: *Gesicht und Seele. Grundlagen einer mimischen Diagnostik*, München 1961

Levinson, Stephen E./Liberman, Mark. Y.: »Computer lernen hören« in: *Physiologie der Sinne. Spektrum der Wissenschaft. Verständliche Forschung*, Heidelberg 1994, S. 32–46

Liebertz, Charmaine: »Sitzen – nein danke!«, in: *Gehirn & Geist*, 7/2004, S. 70–73

Liedtke, Rüdiger: *Die Vertreibung der Stille*, München 1996

Lindahl, Kent/Mattson, Janne: *Exit. Mein Weg aus der Neonazi-Szene*, München 2001

Linke, Detlef B.: *Kunst und Gehirn. Die Eroberung des Unsichtbaren*, Reinbek 2001

Lötzsch, Jürgen: »Sehschädigung, haptische Wahrnehmung und Sprache«, in: Grunwald/Beyer: *Der bewegte Sinn. Grundlagen und Anwendungen zur haptischen Wahrnehmung*, Basel 2001, S. 215–230

Lüer, W./Huber, W./Lass, U.: »Untersuchungen von Sprachstörungen durch Augenbewegungsanalysen«, in: Mühlendyck/Rüssmann: *Augenbewegung und visuelle Wahrnehmung*, Stuttgart 1990

Lüke, Alfons: *Das große Handbuch der Graphologie. Theorie und Praxis der Schriftpsychologie*, Genf 1991

Lurija, Alexander R.: *Das Gehirn in Aktion. Einführung in die Neuropsychologie,* Reinbek 2001

Lusseyran, Jacques: *Blindheit – ein neues Sehen der Welt*, Stuttgart 1970

Lusseyran, Jacques: *Das wiedergefundene Licht*, München 1989

Lutzker, Peter: *Der Sprachsinn. Sprachwahrnehmung als Sinnesvorgang*, Stuttgart 1996

Maisch, Günter/Wisch, Fritz-H.: *Gebärden-Lexikon. Bd. 1, Grundgebärden*, Hamburg 1998

Maisch, Günter/Wisch, Fritz-H.: *Gebärden-Lexikon. Bd. 2, Mensch*, Hamburg 2000

Maisch, Günter/Wisch, Fritz-H.: *Gebärden-Lexikon. Bd. 4, Aufbaugebärden*, Hamburg 1994

Malson, Lucien/Itard, Jean/Mannoni, Octave: *Die wilden Kinder*, Frankfurt/M. 1972

Marceau, Marcel: *Die Weltkunst der Pantomime. Bekenntnisse und Gespräche mit Herbert Ihering*, München 1989
Marneros, Andreas: *Hitlers Urenkel. Rechtsradikale Gewalttäter – Erfahrungen eines wahldeutschen Gerichtsgutachters*, Bern 2002
Masland, Richard H.: »Die funktionelle Architektur der Netzhaut«, in: *Spektrum der Wissenschaft. Verständliche Forschung*, Heidelberg 1994, S. 94–103
Maur, Karin von (Hrsg.): *Vom Klang der Bilder. Die Musik in der Kunst des 20. Jahrhunderts*, München 1985
Mechsner, Franz: »Bewegende Momente«, in: *Gehirn und Geist*, 7/2004, S. 46–49
Merleau-Ponty, Maurice: *Phänomenologie der Wahrnehmung*, Berlin 1966
Menz, Christine/Groner, Rudolf: »Blickpfade bei der Bildverarbeitung«, in: Issing: *Blickbewegung und Bildverarbeitung. Kognitionpsyhologische Aspekte visueller Informationsverarbeitung*, Frankfurt/M. 1986, S. 83–102
Mescerjakov, Alexander I.: *Helen Keller war nicht allein. Taubblindheit und die soziale Entwicklung der menschlichen Psyche*, Berlin 2001
Messner, Reinhold: *Grenzbereich Todeszone*, Köln 1992
Meyer, Conrad Ferdinand: *Sämtliche Werke*. München o.J.
Minssen, Mins: »Wahrnehmungen auf See«, in: Hauskeller: *Die Kunst der Wahrnehmung. Beiträge zu einer Philosophie der sinnlichen Erkenntnis*, Kusterdingen 2003, S. 88–107
Molcho, Samy: *Körpersprache*, München 1998a
Molcho, Samy: *Körpersprache der Kinder*, München 1998b
Molcho, Samy: *Körpersprache der Promis*, München 2003
Montagu, Ashley: *Körperkontakt. Die Bedeutung der Haut für die Entwicklung des Menschen*, Stuttgart 1995
Mühlendyck, Hermann/Rüssmann, Walter (Hrsg.): *Augenbewegung und visuelle Wahrnehmung*, Stuttgart 1990
Müller, Heinz: *Von der heilenden Kraft des Wortes und der Rhythmen*, Stuttgart 1967
Opie, Julian: *Portraits*, Zürich 2003
Papousek, Mechthild: »Spiel und Kreativität in der frühen Kindheit«, in: Gebauer/Hüther: *Kinder brauchen Spielräume. Perspektiven für eine kreative Erziehung*, Düsseldorf 2003, S. 23–39
Parker, Donald E.: »Gleichgewichts- und Orientierungssinn«, in: *Physiologie der Sinne. Spektrum der Wissenschaft. Verständliche Forschung*, Heidelberg 1994, S. 56–67
Patzlaff, Rainer: »Kindheit verstummt«, in: *Erziehungskunst*, 7/8/1999a, S. 779–802
Patzlaff, Rainer: »Sprachwahrnehmung und schulische Leistung«, in: *Erziehungskunst*, 10/1999b, S. 1129–1134
Patzlaff, Rainer: *Der gefrorene Blick. Die physiologische Wirkung des Fernsehens und die Entwicklung des Kindes*, Stuttgart 2000
Patzlaff, Rainer: »Jeder Laut eine strömende Plastik«, in: Zinke: *Luftlautformen sichtbar gemacht. Sprache als plastische Gestaltung der Luft*, Stuttgart 2001, S. 10–17
Perrottet, Claude: *Ausdruck in Bewegung und Tanz*, Bern 1988
Peterich, Eckart: *Götter und Helden der Griechen*, Frankfurt/M. 1963

Petit, Philippe: *Über mir der offene Himmel. Szenen aus dem Leben eines Hochseilkünstlers*, Stuttgart 1998
Piaget, Jean: *Der Aufbau der Wirklichkeit beim Kinde*, Stuttgart 1975
Platon: *Sämtliche Werke*, Reinbek 1964
Plessner, Helmuth: »Anthropologie der Sinne«, in: *Gesammelte Schriften*, Bd. 3, Frankfurt/M. 1980
Prekop, Jirina: *Der kleine Tyrann. Welchen Halt brauchen Kinder?* München 1995
Ramachandran, Vilayanur S./Hubbard, Edward M.: »Blauer Dienstag, duftende Fünf«, in: *Gehirn & Geist*, Dossier 2/2004, S. 21–27
Rang, Bernhard: »Die Wahrnehmung des fremden Ich nach der Theorie Max Schelers«, in: Basfeld/Kracht: *Subjekt und Wahrnehmung. Beiträge zu einer Anthropologie der Sinneserfahrung*, Basel 2002, S. 71–83
Ratey, John J.: *Das menschliche Gehirn. Eine Gebrauchsanweisung*, Düsseldorf/Zürich 2001
Rebel, Günther: *Was wir ohne Worte sagen. Übungsbuch der Körpersprache,* München 1986
Rittelmeyer, Christian: *Schulbauten positiv gestalten. Wie Schüler Farben und Formen erleben*, Wiesbaden 1994
Röder, Brigitte/Rösler, Frank: »Vergleich haptischer Wahrnehmungsleistungen zwischen blinden und sehenden Personen«, in: Grunwald/Beyer: *Der bewegte Sinn. Grundlagen und Anwendungen zur haptischen Wahrnehmung,* Basel 2001, S. 89–98
Rogge, Jan-Uwe: *Kinder brauchen Grenzen*, Reinbek 2001
Roth, Gerhard: *Das Gehirn und seine Wirklichkeit. Kognitive Neurobiologie und ihre philosophischen Konsequenzen*, Frankfurt/M. 1997
Sacks, Oliver: *Stumme Stimmen. Reise in die Welt der Gehörlosen*, Reinbek 2001
Sacks, Oliver: *Der Mann, der seine Frau mit einem Hut verwechselte*, Reinbek 2002
Schäfer, Gerd E.: *Bildungsprozesse im Kindesalter. Selbstbildung, Erfahrung und Lernen in der frühen Kindheit*, Weinheim 2001
Schäfer, Gerd E.: *Bildung beginnt mit der Geburt. Förderung von Bildungsprozessen in den ersten sechs Lebensjahren*, Weinheim 2003
Scheurle, Hans Jürgen: *Die Gesamtsinnesorganisation. Überwindung der Subjekt-Objekt-Spaltung in der Sinneslehre*, Stuttgart 1984
Schiffer, Eckhard: *Warum Huckleberry Finn nicht süchtig wurde*, Weinheim/Berlin 1995
Schiffer, Eckhard: *Wie Gesundheit entsteht. Salutogenese: Schatzsuche statt Fehlerfahndung*, Weinheim 2001
Schönhammer, Rainer: »Haptische Wahrnehmung und Design«, in: Grunwald/Beyer: *Der bewegte Sinn. Grundlagen und Anwendungen zur haptischen Wahrnehmung*, Basel 2001, S. 151–160
Schmidt, Robert F./Thews, Gerhard: *Physiologie des Menschen*, Berlin/Heidelberg, 25. Aufl. 1993
Schmidt, Robert F./Thews, Gerhard: *Physiologie des Menschen*. Berlin/Heidelberg, 27. Aufl. 1997

Schmidt, Robert F./Lang, Florian/Thews, Gerhard: *Physiologie des Menschen mit Pathophysiologie*, Heidelberg, 29. Aufl. 2005
Schmitt, Jean-Claude: *Die Logik der Gesten im europäischen Mittelalter*, Stuttgart 1992
Seikowski, Kurt/Gollek, Sabine: »Sexualität und haptische Wahrnehmung«, in: Grunwald/Beyer: *Der bewegte Sinn. Grundlagen und Anwendungen zur haptischen Wahrnehmung*, Basel 2001, S. 241–250
Sellin, Birger: *ich will kein inmich mehr sein. botschaften aus einem autistischen kerker*, Köln 1993
Semler, Gert: *Die Lust an der Angst*, München 1997
Senden, Marius von: *Raum- und Gestaltauffassung bei operierten Blindgeborenen vor und nach der Operation*, Leipzig 1932
Sherrington, Charles: *The Integrativ Action of the Nervous Systems*, Cambridge 1906
Silvestrini, Narciso/Fischer, Ernst Peter (Hrsg.): *Farbsysteme in Kunst und Wissenschaft*, Köln 1998
Singh, J. A. L.: *Die »Wolfskinder« von Midnapore*, Heidelberg 1964
Spitzer, Manfred: *Geist im Netz. Modelle für Lernen, Denken und Handeln*, Heidelberg/Berlin 2000
Spitzer, Manfred: *Lernen. Gehirnforschung und die Schule des Lebens*, Heidelberg/Berlin 2002
Spitzer, Manfred: *Musik im Kopf. Hören, Musizieren, Verstehen und Erleben im neuronalen Netzwerk*, Stuttgart 2003
Spitzer, Manfred: *Vorsicht Bildschirm*, Stuttgart 2005
Staeck, Klaus: *Plakate*, Göttingen 1994
Steiner, Rudolf: *Von Seelenrätseln*, Dornach 1960
Steiner, Rudolf: *Anthroposophie, Psychosophie, Pneumatosophie*, Dornach 1965
Steiner, Rudolf: *Anthroposophie. Ein Fragment*, Dornach 1970
Steiner, Rudolf: *Zur Sinneslehre. Themen aus dem Gesamtwerk, Nr. 3*, Hrsg. v. Christoph Lindenberg, Stuttgart 1981
Steiner, Rudolf: *Wege der Übung. Themen aus dem Gesamtwerk Nr. 1*, Hrsg. v. Stefan Leber, Stuttgart 1984
Stephan, Rudolf (Hrsg.): *Musik. Das Fischer Lexikon*, Frankfurt/M. 1960
Stokoe, William C.: *Sign Language Structure*, Silver Spring 1960
Struck, Peter: *Die Kunst der Erziehung*, Darmstadt 1996
Stüber, Werner Jakob: *Geschichte des Modern Dance*, Wilhelmshaven 1984
Tomatis, Alfred: *Das Ohr – die Pforte zum Schulerfolg*, Dortmund 2000
Undeutsch, Jörg: »Für jedes Kind offen sein«, in: *Mensch. Beiträge für Morgen. Nr. 2*, Frankfurt/M. 2002, S. 3–6
Wachsmuth, Ipke: »Der Körper spricht mit«, in: *Gehirn und Geist*, 4/2006, S. 40–47
Waldenfels, Bernhard: *Das leibliche Selbst. Vorlesungen zur Phänomenologie des Leibes*, Frankfurt/M. 2000
Wallach, Hans: »Wahrgenommene Stabilität der Umgebung und Eigenbewegung«,

in: *Wahrnehmung und visuelles System. Spektrum der Wissenschaft. Verständliche Forschung*, Heidelberg 1987, S. 114–121
Wehr, Marco/Weinmann, Martin (Hrsg.): *Die Hand – Werkzeug des Geistes,* Heidelberg/Berlin 1999
Weiss, Thomas: »Plastizität im somatosensorischen System«, in: Grunwald/Beyer: *Der bewegte Sinn. Grundlagen und Anwendungen zur haptischen Wahrnehmung*, Basel 2001, S. 53–60
Weizsäcker, Victor von: *Der Gestaltkreis. Theorie der Einheit von Wahrnehmen und Bewegen*, Stuttgart 1968
Welsch, Norbert/Liebmann, Claus Chr.: *Farben: Natur, Technik, Kunst*, Heidelberg 2003
Wetering, Ernst van de: »Rembrandts Malweise: Technik im Dienst der Illusion«, in: Brown/Kelch/van Thiel: *Rembrandt. Der Meister und seine Werkstatt*, München 1991
Wilken, Hedwig: *Kursbuch Sinnesförderung*, München 2003
Wilson, Frank R.: *Die Hand – Geniestreich der Evolution. Ihr Einfluss auf Gehirn, Sprache und Kultur des Menschen*, Reinbek 2000
Winnicott, Donald W.: *Familie und individuelle Entwicklung*, München 1978
Witt, Dieter: *Blickverhalten und Erinnerung bei emotionaler Anzeigenwerbung – eine experimentelle Untersuchung mit der Methode der Blickaufzeichnung.* Dissertation, Saarbrücken 1977
Woolfson, Richard: *Kinder und ihre Körpersprache*, Freiburg 1997
Wustmann, Corina: »Resilienz: Risikokinder fördern«, in: *Welt des Kindes*, 2/2003, S. 8–11
Wygotski, Lew Semjonowitsch: *Denken und Sprechen*, Berlin 1974
Yarbus, Alfred L.: *Eye Movements and Vision*, New York 1967
Young, Lailan: *Die Kunst, in Gesichtern zu lesen. Chinesische Physiognomik*, Berlin 1993
Zajonc, Arthur: *Die gemeinsame Geschichte von Licht und Bewusstsein*, Reinbek 1997
Zimmer, Alf: »Gestaltpsychologische Ansätze zur Analyse der haptischen Wahrnehmung«, in: Grunwald/Beyer: *Der bewegte Sinn. Grundlagen und Anwendungen zur haptischen Wahrnehmung*, Basel 2001, S. 77–88
Zimmer, Katharina: *Widerstandsfähig und selbstbewusst. Kinder stark machen fürs Leben*, München 2002
Zimmer, Renate: *Motorik und Persönlichkeitsentwicklung bei Kindern im Vorschulalter*, Schorndorf 1981
Zimmer, Renate: *Handbuch der Bewegungserziehung*, Freiburg 1993
Zimmer, Renate: *Handbuch der Sinneswahrnehmung. Grundlagen einer ganzheitlichen Erziehung*, Freiburg 1995
Zimmer, Renate: *Handbuch der Psychomotorik*, Freiburg 1999
Zimmer, Renate: »Identität und Selbstkonzept – Zur Bedeutung von Bewegungserfahrungen für die Persönlichkeitsentwicklung«, in: Zimmer/Hunger: *Kindheit in Bewegung*, Schorndorf 2001, S. 13–23

Zimmer, Renate: *Schafft die Stühle ab. Was Kinder durch Bewegung lernen*, Freiburg 2002a

Zimmer, Renate: *Toben macht schlau*, in: *Die Zeit*, 15/2002b, S. 55

Zimmer, Renate/Hunger, Ina (Hrsg.): *Kindheit in Bewegung*, Schorndorf 2001

Zinke, Johanna F.: *Luftlautformen sichtbar gemacht. Sprache als plastische Gestaltung der Luft*, Stuttgart 2001

Zippel, Hans Peter: »Die Entdeckung der Riechrezeptoren«, in: Zenner/Zrenner: *Physiologie der Sinne*, Heidelberg 1994, S. 128–138

Bildnachweis

akg-images, Berlin: 87, 124 r., 126 r. (Erich Lessing), 94 (Joseph Martin), 98 (Hilbich)

Aldridge, Vivian, Basel: 196 (www.braille.ch)

Auer, Wolfgang-M.: 92, 93, 112, 128

Bilderberg, Hamburg: 99 (Tobias Gerber), 111 (Joern Sackermann)

Campenhausen, Christoph von, Die Sinne des Menschen 2/e. Georg Thieme Vlg., Stuttgart, 2. Auflage 1993: 151

Getty Images, München: 124 l., 126 l. (The Bridgeman Art Library/Claude Monet)

Schmidt/Lang, Physiologie des Menschen. Springer Medizin Verlag, Heidelberg, 30. Auflage 2007, Abbildung 16.22. Ansatzrohr: 150

Verlag hörgeschädigte kinder, Hamburg: 106, 107, 108

Weidmann, Dieter, München: 97

Yarbus, A.L., Eye Movements and Vision, Plenum Press, New York 1967, S. 179, Fig.114: 120

Zinke, Johanna, Luftlautformen sichtbar gemacht. Verlag Freies Geistesleben, Stuttgart , 2. Auflage 2003. Fotos: Johanna Zinke © 2001 Verlag Freies Geistesleben & Urachhaus GmbH, Stuttgart: 153, 154

Trotz intensiver Bemühungen gelang es in einem Fall nicht, den Rechteinhaber der Abbildung zu kontaktieren. Der Verlag bittet diesen oder eventuelle Rechtsnachfolger, sich mit ihm in Verbindung zu setzen. Er verpflichtet sich, rechtmäßige Ansprüche nach den üblichen Honorarsätzen zu vergüten.